作 者

徐魯著

眉睫編

現代文人的背影

小引

眉睫

　　二〇〇八年九月，南京學者范泓告訴我，臺灣秀威出版公司主編蔡登山讀了我的〈新發現的一封沈從文佚信〉等文，想跟我聯繫。他還說，如果你的文章足夠結集了，可以拿給蔡主編出版，一點問題都沒有的。果然，我把我最有學術分量的文章編一個目錄發給他，很快蔡主編就告訴我說，稿件質量不錯，可以出版；並建議我將書稿分成兩冊，一是《關於廢名》，一是廢名以外的文人的研究文章。

　　不數月，我的兩本小書都順利出版了。書出後，我分寄不少書友，他們都驚歎於台版圖書的優良品質。有幾人就向我打聽蔡主編的聯繫方式，其實，這些並不是我推薦的。然而，我推薦的也很有幾本，比如龔明德的《昨日書香》、陳建軍的《廢名研究札記》、胡榴明的《胡榴明美文集》、蔣風的《悠悠文緣——兒童文學理論家蔣風文壇回憶錄》等，這些都是學術性或文學性很強的，並且有一定讀者需求（市場）的文史著作。

　　徐魯先生的《現代文人的背影》，也是我非常看好的一部書稿。之所以推薦這部書稿，其實在我是把它作為一個圖書策劃的點子的。徐先生為中國著名的兒童文學作家，已有《徐魯青春文學作品集》（六卷本）行世；同時又是一個著名的書評家，已經在中國大陸出版書評集、讀書隨筆集多種（如《劍橋的書香》、《黃葉村讀書記》、《書房斜陽》、《重返經典閱讀之鄉》）。在中國大陸，一個作者的知名度、影響力沒有到文壇中心的地步，是不可能有出版社付稿費為他出版書評集的。徐先

生的書評在我看來，創造了書評或書話的一個新體式。當很多人以史料挖掘為書話的核心內容，漸漸氾濫成一些所謂藏書家「曬舊書」（這個「曬」，近似「曬工資」的「曬」）為能事的時候，他作為一個普通讀者，寫下了充滿抒情氣息、書香味道的讀書隨筆。這是一條照顧學術、擁抱文學的書評、書話寫作之路，這使他顯得多麼的寂寞。這種文章的長處，或者就是它的短處，你只能説合不合你的口味，而不能妄自指摘。

然而，我很快就發現，徐先生在創作兒童文學和讀書隨筆以外，還寫下了一些關於現當代文人的篇章，以及許多書餘文字（序跋、前言、後記一類）。這些集外文，尤其是前者，如果加以搜集的話，也可以出一本很精彩的書吧！當我把這個「點子」提供給徐先生的時候，他很快就在腦海裏「鉤沉」起來，並為它們配了書影、照片、手跡等圖片。我也很樂意參與進去，為此書做了一點微不足道的工作。這當中很有做書的樂趣，對書沒有真感情的人是難以體味到的。

本書裏的文字，都是記錄一個愛書人所追尋的「人蹤書影」。其中不少文人、作家是徐先生接觸過的，比如沈從文、畢奐午、徐遲、胡天風、曾卓、綠原、嚴文井、鄒荻帆、陳伯吹等，由此透露了這些作家晚年的一些消息，同時也讓我們看到了徐先生的文學歷程——前輩作家是如何引導他的，對他的文學生命有著怎樣的促進生長的作用。徐先生以「背影」作為書名中的一個關鍵字，是非常熨貼的，讓人彷彿看到了文學老人們風燭殘年的背影、鉛華洗盡的人生。

徐先生本是一個詩人，因此他在回憶這些文人、探尋他們的文學生命的時候，也飽含著濃重的詩情。他不是以一個學者的身份來展現這些文人的生命，或返照他們的身影，而是以「作家寫作家」的方式來承續他們的文學生命。如果你真的熱愛文學，你會從中讀出許多學者（尤其是所謂的藏書家）所讀不出的東西。這種閱讀的幸福，就專門留給文學愛好者們吧！

二〇一〇年四月廿七日於武漢朗山軒

目次

第二輯　一知半解

第一輯

默默者存

載不動，許多愁

——沈從文在雙溪

我所知道的雙溪，至少有兩個。一是李易安五十二歲那年所作〈武陵春〉詞中「聞說雙溪春尚好，也擬泛輕舟，只恐雙溪舴艋舟，載不動，許多愁」的雙溪，在浙江金華；另一個則在鄂南咸寧境內，應屬古雲夢澤的一部分，即當年屈原因痛詆時事而被楚懷王放逐，披髮掛劍、含憤行吟的地方。

一九六九年冬天，沈從文隨文化部幹校下放到了咸寧雙溪這片多雨多霧、遍地紅土膠泥的大澤之上。

中國，好像從來沒有一處鄉村，會像這片遙遠的沼澤地，聚集過如此眾多的文化名人。史學家唐蘭先生在那兒的河埠頭守磚，廖沫沙先生成了牛背上的老牧童，冰心則幹起了養雞養鴨的營生。童話家嚴文井，戲劇家陳白塵，評論家侯金鏡，詩人臧克家、牛漢、綠原、李季、郭小

青年時的小說家沈從文先生

青年時代的沈從文先生

當年湖北咸寧「五七幹校」裏的勞動場面

沈從文（後右一）和家人在一起

川等等，他們在一夜之間都從繁華的京城來到江岸南邊，開始用自己的雙手，證實著「勞動創造世界」這個樸素的真理，自食其力，各得其所。

　　沈從文當時年已古稀。他被派到雙溪看守果園。說是果園，其實更像是菜園。收水果的時候少，而種蔬菜的日子多。一領蓑衣，一頂斗笠，再加上一盞只有在這當地才能見到的舊風燈。沒有人會相信，這個日日夜夜忠於職守地蹣跚在泥濘菜地裏的老農民，竟是一位從本世紀二十年代就開始馳騁文壇，僅僅憑著自己從湘西鄉村帶出來的一支筆，十八歲起便征服了大儒雲集、冠蓋若雲的京都，並且產量驚人——用一位評論家的話說，他寫下的小說疊起來足有兩個等身齊的大文學家。當然也沒有誰還能知道，這位老人又由一代名作家轉而成為了譽滿中外的卓越的文物考古專家，已經寫出了諸如《中國絲綢圖案》（一九五七年）、《唐宋銅鏡》（一九五八年）、《明錦》（一九五九年）、

《龍鳳藝術》（一九六○年）以及《中國古代服飾研究》等等拓荒與
「封頂」之作。

　　是的，離奇的時代編演著一個個離奇的故事。沈從文到咸寧後，不
足一年的時間裏，他的住處被調換了六七次。對這位過慣了深居簡出的
書齋生活的老人來説，一切都亂了套，一切都難以適應了。這裏的紅土
膠泥，下雨時是一團糟，天晴了是一把刀。尤其是雨後下地，腳上粘著
的厚厚的泥巴，使人每走一步都要付出大力氣的。何況是一位七十多歲
的體弱多病的老人！這裏的冬天，天氣嚴寒，由於無取暖設備，荒泥灘
上刮起寒風來，草棚內外一樣冷；而夏天一到，則酷熱難當，太陽曬得
人人都覺得快要化掉似的。

　　七十歲的沈從文就在這樣的環境裏，和那些熟識或不熟識的文化人
一起，強裝歡顏，而其實是非常愁悶地生存著。

　　一九七○年九月二十二日，他發著高燒，坐在低矮的窩棚裏，給他
的老朋友蕭乾寫信道：

　　　……因血壓常在二百，心臟又膨大，已不能勞動，多半躺在床
　　上。既無書可看，且不明本地語言……

　　　……有一份報可看。有個小收音機可聽聽重要新聞。住處是個四
　　無居人的鄉村醫務所，一天有時說不到十句話，清寂可想而知。
　　房子似乎適應「窄而霉齋」稱呼，雖不太窄，濕得可稱全區首一
　　位，平時雨中不過四五處上漏，用盆接接，即對付了。這月大雷
　　陣雨加五級北風，三次災難性襲擊，屋裏外已一樣不分，但屋外
　　易乾，屋中永遠不乾。每次掃除下浸積水到三四十盆，雨後過於
　　泥濘，即用百十斷磚搭成跳板，有時半小時得掃除積水二盆，才
　　不至於浸入隔屋。全區住處只我一房這樣，倒真是一生所未遇，
　　即少時在軍隊那五年也未有過。偏偏照顧到我這七十歲的人身上
　　……

這裏去湖邊交通雖只二小時，人來無個住處，也另無落腳處，並且五名老、弱、病是寄居公社一醫療所裏，由貧協主人負責，客人來時詢問一切，對客人極不方便，所以似不宜來此觀光。……

他對自己的老朋友是如此無可奈何地具告實情，然而對於日夜牽掛著他的動作行止的親人們，尤其是對於年壯氣盛的晚輩，他似乎更多的時候是強裝歡悅，儘量地往好的方面去美化著他所在的雙溪，那意思不外是讓他們仍然相信人間的美好，仍然要去熱愛生活。

譬如他給黃永玉寫信，就說：「……這兒荷花真好，你若來……」云云。對他自己的菜地生活，也儘量描述得極其親切生動，好像不是在下放，而是在度假、幽居，每天都充滿了隱逸與歡樂的田園情趣似的。不信請看這段文字：「……牛比較老實，一轟就走，豬不行，狡詐之極，外象極笨，走得飛快。貌似走了，卻冷不防又從身後包抄轉來。……（見《太陽下的風景》）

黃永玉說，那時他的每一封信，都充滿了歡樂情趣，簡直令人嫉妒，為那些沒有下去的人深感惋惜。

不僅如此。就在這樣一種離奇的日子裏，他居然還能破天荒地做起詩來！

沈從文先生和少年黃永玉

沈從文先生。背景是他的故鄉鳳凰老城。

　　他告訴蕭乾說，他正「試圖在『七言說唱文』和《三字經》之間，用五言舊體表現點新認識，不問成敗得失，先用個試探態度去實踐，看能不能把文、白、新、舊差距縮短，產生點什麼新意思的東西。或許還可以搞出些『樣品』……」多天真又認真的老人！他自己也奇怪這種在大雨天裏一邊掃水一邊寫詩的「奇跡」，怎麼會在一個已經七十歲的老人身上出現呢？他說，過去十多年，住八大處寫不出什麼，住頤和園也不成，住青島大連四五次，每次都是一兩個月，通通不曾寫過什麼有意義的東西。而這次卻在這麼一種「相當離奇不可設想的狼狽的情況下」，卻十分從容地寫了好些詩，可能有幾首「還像是破個人紀錄，也破近廿年總紀錄」的。他告訴老朋友說：「……你想想看，多有意思！人的適應力真是不可設想的。」

　　沈從文在雙溪寫下的這些詩篇，數量自然是不少的。只可惜我們目前能夠見到的，卻甚為寥寥。有一首五言古風體的〈喜新晴〉，即為一九七〇年所作：

　　　　勁風摧枯草，歲暮客心生。
　　　　老驥伏櫪久，千里思絕塵。
　　　　本非馳驅具，難期裝備新。
　　　　真堪托生死，杜詩寄意深。
　　　　偶作騰驤夢，間爾一嘶鳴。
　　　　萬馬齊暗久，聞聲轉相驚。
　　　　楓槭悄悄語，時時恐亂群。
　　　　天時忽晴朗，藍空捲白雲。
　　　　佳節逾重陽，高空氣象新。
　　　　不懷遲暮歎，還喜長庚明。
　　　　親故遠分離，天涯共此星。
　　　　獨輪車雖小，不倒永向前。

十年之後，即一九八一年，他把這首古風寫成了一個條幅，送給了他的另一位老朋友蹇先艾先生，其時沈從文已經七十九歲。

還有一首，應該也是沈從文先生在雙溪的較重要的詩篇，即一九七一年冬所作的「七十生日詩」。可惜的是我至今沒有見到這首詩。

一九八三年四月九日——沈從文時年八十一歲——他把這首詩以他慣用的章草書於一張狹長的皮紙上，寄贈給了黃裳先生。黃裳曾撰文記述過此事，文章發表在一九九二年三月二十四日的《新民晚報》副刊「夜光杯」上。但，文章中也沒有引錄出此詩。我曾寫信給黃裳先生，希望先生能夠見示此詩。黃老回信說：「……沈先生的七十生日詩我也未見過，無從抄奉，甚歉。如向沈夫人張兆和打聽，可能找到。……」（原信如此）這首詩在此後很長時間內，一直是一個謎，不知道上面究竟寫了些什麼。我想，他的七十生日詩，無論是怎麼寫的，反正總不會是和他同時期寫的另一首題為〈紅衛星上天〉的長詩內容相同吧？

讓這七十歲的老人在經過大風雨中的「洗澡」之後，也拿起筆來，無論是自覺地還是不自覺地，也來歌唱那「偉大時代」裏的「人間奇跡」，這本身就夠難為他的了啊！

沈從文先生在雙溪的「精神活動」，除了做詩之外，還有更重要的一項，便是日夜琢磨他的那部已經寫成初稿，但還未來得及刊印的學

青年時代的沈從文和戀人張兆和

術巨著《中國古代服飾研究》。——黃永玉在《太陽下的風景》裏題為《中國服裝史》，我想二者當是同一部書稿。

沒有任何資料，而僅憑記憶所及，他在雙溪的勞動間隙，竟奇跡般地寫出了有關書稿的全部補充材料，而且又對原稿中的疏漏或錯誤，一一摘記下來，以便日後修改增補這部巨著。

在寫給蕭乾的幾封信上，他也提到了自己正在日夜為這部書稿耗費心思：

> 我這廿年來，凡事得黨照顧，工作又得種種鼓勵和支持，也老老實實就條件許可，把罈罈罐罐、花花朵朵，學了廿年，似乎這一行也有了較多發言權，社會變化過大，像是又不免有「前功盡棄」勢，也不礙事！因為物有成毀，新陳代謝，十分自然。或許還可望爭點時間，把待完成的幾分工作，約有六十萬字的稿件，重抄一過，配上千把圖，向上有個交代，也就可告一段落。有些工作，或許和小說不同，大致對同行後來者還有點益處……

在另一封信上，他又寫道：「……不希望忽然死去，只是主觀設想，以為近二十年所學罈罈罐罐，花花朵朵，事事物物，東東西西，對新社會還有些用處，可望對其他研究、教學工作，對生產中『古為今用』落實到具體問題上時，起點協助作用。……」

差不多是二十年後，這部第一次系統研究中國古代服飾文化的巨型圖錄性學術專著，經過修訂，終於在國內隆重出版了。這部大書，上起殷周，下至明清，對三千年間的不同時代、不同階層的服飾的發展、沿革及其與當時社會生活、文化意識相關的問題，統統做了細緻而又深入的探討與論述。黃永玉稱這部巨著「充滿著燦爛的文采，嚴密的邏輯性，以及美學價值，以社會學、歷史唯物主義的角度闡明藝術的發展和歷史趨勢。」

這部大書，浸透了沈從文先生後半生的全部心血與情感。而雙溪的紅膠泥土，也有幸收留下了沈先生的關於這部大書的深深的思想的痕跡……。

　　一九八〇年，我正在咸寧西河橋邊念大學。我們學校的農場，即是當年文化部幹校的人馬返回京城後所留下的那片土地。那年夏天，我們去那兒勞動，我們在歷史學家放過牛羊的荒嶺上漫步；在文學家們插過秧苗的水田裏割穀；又在詩人們凝眸過黃昏的雲霞的小河邊洗了手臉……最後，我們來到了沈從文先生看守過的那個果園裏。記得當時，我們的文藝理論老師說過這樣的話：「如果是在蘇聯，如果這兒是米哈依洛夫斯克村或三山村，那麼這兒肯定會豎起一塊小小的界碑或木牌，上面一定還會寫著這樣的文字：這裏是普希金散過步的樹林。亞歷山大・謝爾蓋耶維奇的土地從這兒開始……」

　　然而我們這裏卻什麼也沒有，人已去，果園已經荒蕪，昨天也已老去。再過許多年，也許整個雙溪，不再會有人知道，他們的這片土地上，曾經來過那麼多那麼了不起的文化人，他們是一代歷史學家、戲劇家、作家、詩人……而除了歷史，當然也難以有人會明白，就在這片風雨交加，泥濘遍地的大澤之上，曾經誕生過詩，誕生過偉大的學術巨著，誕生過一代知識份子的最頑強的毅力和精神，以及最沉重的經驗與思想……

　　十年之後的一個深秋，我又一次來到了這裏。白楊樹的葉子已經被曬成了透明的金黃色，遍野的白荻迎風蕭瑟……穿過齊腰深的白荻叢和茶樹林，我徜徉在沈從文先生的菜地上。遠處是紅透的楓樹和蒼蒼的秋水。我不知道我來到這兒尋找什麼。尋找詩情麼？顯然不是。這是一片沉重多於浪漫的土地。那麼，我是在尋找一代文化英才的那最後一脈骨血嗎？

　　在菜地的邊緣。一個小小的野湖旁，我遇見了一位中學生模樣的農家少女。她正彎著腰在打豬草。我和她攀談了一會兒，便問她：

　　「知道一個名叫沈從文的人麼？」

畫家黃永玉為沈從文小說《邊城》所作
的一幅木刻插圖

　　她疑惑地搖搖頭：「村裏沒有姓沈的呀！」

　　「那麼，姓郭的叫郭小川的，姓陳的叫陳白塵的……村裏也沒有，
對不？」

　　少女又認真地點了點頭。在她看來，我找人顯然是找錯了地方。而
在我看來，我對這純樸的農家少女的期望，未免過高了啊！但我仍不死
心，又追問了一句：「那麼，你看過電影吧？看過《湘女蕭蕭》或《邊
城》嗎？」

　　少女笑了：「你這人，太小看人了！電影誰沒看過呀？不過，《邊
城》，看沒看過，記不得了……」說著，少女低下頭，繼續打她的豬草
去了……

　　這一瞬間，我真想把我所知道的一切都告訴給這少女，讓她知道，
《邊城》，還有很多很多大書，都是一個名叫沈從文的人寫的，他，還
有許許多多的非常有學問的人，二十年前，他們都是這裏的主人，他們
在你們打豬草的菜地、湖邊、河岸、荒嶺上，勞動過、住過，就像如今
村裏的老人們一樣……還有，這野湖邊生長著的這種小草——你們這兒
也管它叫「虎耳草」嗎？——就是這種很平常的小草，卻是《邊城》裏
的那個名叫翠翠的少女所最最喜愛的曾在夢裏採摘過的，也是那個名叫
沈從文的老人所最最喜愛的。那一天，當他平靜地告別了他所熱愛的人
世間的時候，他的枕邊，就是放著這樣一束只在荒野上生長著的、小小
的「虎耳草」。

「我存心放棄你們」

有記者來訪，承問這麼一些問題：沈從文先生離開我們二十年了，在他的文學家、歷史文物研究家等諸多角色中，您最認可的是什麼？在您的眼裏，他與中國眾多的作家相比有何特別之處？您追憶他身上的哪些美好東西？他的哪些作品給您留下了深刻的印象？

我是喜歡沈從文先生作品的。我的感受是：沈從文無論是作為文學家還是文物研究專家，都是值得敬佩的。他在這兩方面做得都很專業，都創造了奇跡，達到了高峰。我也特別能夠認同和欣賞他身上特有的湘西人的那種執著和堅韌精神。正是這種執著和堅韌，再加上他的文學天才，成就了這樣一位可以説是二十世紀上半葉最優秀的小説家。

沈從文先生一生經歷卓特，近乎一部傳奇。他少年從軍，漂泊四方。二十歲不到就一文不名地闖進冠蓋如雲的北京，連標點符號都不會使用，卻憑著自己的一枝筆，憑著對自己那片鄉土與人民的熟稔和熱愛，寫出了幾可等身的小説，征服了當時的文壇。他只念過小學，卻成了名滿海內外的大作家，成了著名大學殿堂的教授，晚年又成了著名的古代文物和服飾專家。

晚年裏守著罈罈罐罐、淡泊於名利的沈從文先生

晚年的沈從文先生

沈從文先生與張兆和

　　讀他的作品，我有一個最強烈的感受：他的故鄉湘西真是應該慶幸，擁有這樣一個悉心洞察她、感受她和熱愛她的兒子，並且他還能夠用自己的筆把這一切原原本本地呈現出來。中國現代文學史也應該慶幸，擁有這麼好的一位作家。

　　他的全部作品就是他為自己的鄉土和人民所寫下的史傳，是江山風雨傳，也是苦難心靈史。故鄉的一草一木、一牲一畜和雨絲風片，都在他的心底裏記憶得和保留得清清楚楚。他在一封家書裏這樣寫到過，「我心中似乎毫無什麼渣滓，透明燭照，對河水，對夕陽，對拉船人同船，皆那麼愛著，十分溫暖地愛著。」

　　記得根據他的小説《邊城》改編的同名電影劇本裏有一句描寫：「虎耳草在晨風裏擺著」。沈先生對這個文學劇本的許多細節有過十分仔細的修改和批註，其中對這一句，他這麼注解道：「不宜這麼説。虎耳草緊貼石隙間和苔蘚一道生長，不管什麼大風也不會動的。」沈先生對這種樸素的小草歡喜之至。劇本裏還寫到，端午節那天下著毛毛雨。他評點説，「端午節不會下毛毛雨，落毛毛雨一般是在三月裏」。

　　他對自己的鄉土與人民的愛與知，讓我想到俄羅斯白銀時代詩人曼德爾施塔姆寫給自己故鄉列寧格勒的一句話：「我回到我的故鄉，熟

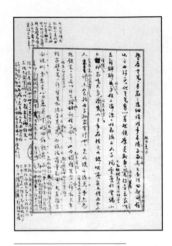
沈從文致施蟄存信札手跡

沈從文先生和家人

悉如眼淚，如靜脈，如童年的腮腺炎」。他對自己的鄉土和自己所處的時代所給予他的痛苦、孤獨、誤解與煎熬的隱忍與擁納，也是超過他同時代的任何一位作家；他的作品裏所呈現的故園風雨、人性的豐富與澄澈，還有語言文字的潤澤、樸素與原創性，也都是我過目難忘的。

沈從文先生曾說：「我會用自己的力量，為所謂人生，解釋得比任何人皆莊嚴些與透入些。」他骨子裏是多麼自信。可是他生不逢時，在一個不允許作家自由解釋人生的年代，他的智慧和心思，他對世界的愛，他對人性的理解，都只能付諸沉默。用香港著名學者、散文家小思的話說，「中國人冷待了他幾十年，我真不知道將來文學史家該如何向中國人交代？」

當然，作家有自己的尊嚴與人格。作家也有「不寫」的選擇和權利。沈從文先生還說過：「你們要的事多容易辦！可是我不能給你們這個。我存心放棄你們……」

　　他的作品我大約藏有六十多冊，包括他的各種單行本和別集、文集、全集。僅僅說出幾個篇名不足以表達我對他的作品的喜歡。他的作品是一個整體，我說不出哪篇我更喜歡，我只能這麼說，熱愛一個作家，我會連他並不優秀的作品也熱愛。就像我熱愛普希金，我是熱愛他全集的每一行文字。

　　我曾經寫過一篇文章〈載不動，許多愁〉，寫的是二十世紀七十年代裏他被下放在咸寧向陽湖文化部幹校參加種菜勞動的情景。這篇東西被復旦大學選入一部文科教材《近二十年熱點文化人物評述》中。我在裏面寫到了沈從文小說裏出現過的、在野外湖邊常見的「虎耳草」。

　　這種很平常的小草，也是小說裏的翠翠所喜歡、並且在夢裏採摘過的。沈從文先生在生命最後的日子裏，在他即將告別人世的時候，他叮囑家人，不開追悼會，不搞任何紀念活動。他的靈堂上也不播放哀樂，只播放他生前最喜歡的貝多芬的《悲愴奏鳴曲》。他一生的命運，也是一闋「悲愴」。他安睡的枕邊，放著一小盆他生前最喜歡的家鄉的小草：「虎耳草」。

　　《邊城》裏最後那句話，「這個人也許永遠不回來了，也許明天回來。」我認為是世界上最漂亮、最偉大的小說結尾之一，是最具有經典意味的一個結尾。我在自己的小說裏也模仿過這個結尾。

黃永玉為沈從文先生題寫的碑文：一個士兵要不戰死沙場便是回到故鄉。

尋訪一座「美麗的孤島」

現在的文壇上，熟悉「畢奐午」這個名字的人，恐怕是寥寥無幾的，而年輕如我輩者，對於這個名字則就更為陌生了。但是在中國現代文學史上，畢奐午這個名字，卻是應該和何其芳、卞之琳、曹葆華等詩人的名字排在一起的。他是早年從舊北平裏走出來的那批學貫中西、出手不凡的文學家之一。二十世紀三四十年代裏，巴金先生主持的文化生活出版社，曾出版過他的兩本詩集：《掘金記》和《雨夕》。那時他年僅二十來歲。其後，半個多世紀以來，他放棄了創作，而專心執教於杏壇。「桃李不言，下自成蹊」。現在，他是武漢大學著名的教授和學者，真正是桃李滿天下，享譽海內外。

余生也晚，知道並得見畢奐午先生，已是一九八六年秋天的事了。其時，中國散文詩學會湖北分會在武漢召開成立大會，年逾古稀的畢奐午先生由他當時的一位助手攙扶著，緩緩走進了會場。全體與會者以熱烈的掌聲，歡迎了這位「隱居」了多年的文學老人。

這是我第一次見到畢奐午先生。我猜想那大概也是他唯一的一次出來參加武漢的文學活動，因為參加那次大會的有他的幾位老朋友：詩人曾卓、胡天

老詩人畢奐午先生

風、田野、陽雲等。其後在武漢的許多文學場合，再也沒有見到老人的身影。至少我是沒有見到的。

今年夏初，畢奐午先生在北京的老同學張中行先生的兩位忘年小友靳飛、波多野真矢伉儷，因事來武漢，臨行前中行先生再三囑咐，要他倆一定找到奐翁，看看他的境況如何。靳飛把這話告訴了我，問我能否做引導，前去尋訪奐翁。我面露難色。我只知道奐翁住在珞珈山下，而我住在東湖邊上，相距自然不遠，但慚愧的是，我與這位老人除了一九八六年秋天的那一面之見，再無任何交往。不過我馬上想到了奐翁的老友、我所熟悉的老詩人田野先生。

我知道，每年的櫻花時節，田野先生和奐翁以及住在漢口的曾卓、胡天風等一些老朋友，都有一次歡快的聚會，聚會的地點便是奐翁的小屋。那麼，請田野帶我們去珞珈山，當最為合適。果然，田野先生一接到我的電話便欣然同意，他說他也正想去看看畢先生呢。

讓我先插敘一下這幾位老人的那個一年一度的櫻花時節的聚會吧。

大概是在十年浩劫後不久，每年四月中旬，珞珈山的櫻花盛開的時節，畢奐午先生和他的老伴兒就會準時向他的那些歷盡磨難而倖存下來的、分散在江南江北的老朋友們發出邀請，邀請他們到自己的家中聚會一次，名為賞櫻，實際上是邀老朋友們來互相見見面，談談天。因為經過了風雨坎坷的歲月之後，這些老朋友中有的已經不在人間了，而倖存下來的人，也都一個個白髮蒼蒼、進入晚境了，所剩的時間，尤其是互相見面的機會，實在是不太多了。他們都知道，這樣的聚會，是聚一次便少一次了。因此他們都格外珍惜，只要有可能，便決不爽約。

這些老人中，有詩人曾卓、胡天風、田一文、秦敢、田野、陽雲以及他們各自的老伴兒，還有已故詩人鄭思的夫人和伍禾的夫人。而作為東道主的奐翁夫婦，每年所發出的邀請信，往往是一則美麗的「詩束」。詩人曾卓在〈櫻花時節的聚會〉這篇散文中，就曾引錄過某一年的詩束：

這麼些天總是風風雨雨，
但在雨絲風片中花還是要開了，
春天還是要來了。

又到了桃花、櫻花的時節，
又到了我們老人也擠在
年輕的人叢中看花的時節。
你們哪天來呢？
我們每天都在盼望，等候⋯⋯
等候仙子和詩人的降臨。

可以想像，上十位白髮老人，圍坐在奐翁的小屋裏，一邊品著他為
朋友們準備下的新茶，一邊促膝而談。而窗外不遠處，也許就是開得正
繁茂的櫻花和桃花，就是熙熙攘攘的賞花的人流⋯⋯他們親密無間地坐
在一起，既追憶往事，也議議時弊，還有可能是彼此之間開開玩笑，談
論一些熟悉的朋友的趣聞逸事，而這樣的話題，又往往引得滿座哈哈大
笑，小屋裏洋溢著一種老年人的機智、天真、溫暖和愉悅⋯⋯

是的，他們是一些見過了世事滄桑、歷盡了世態炎涼的文學老人。
他們的處境較之以前，都有了根本的好轉。但無論處在怎樣的環境中，
他們都是最樸素和最純淨的人。他們心地善良，熱愛生活。他們當然更
不羨慕權勢，甘於淡泊。而且等一會兒，等他們談累了、笑夠了，他們就
會相互扶持著，甚至手挽著手，從容而緩慢地踏上那幽靜的櫻花小徑。他
們也將像年輕人一樣留戀在美麗的櫻花叢中，任憑繽紛的落英灑落在他
們的頭上、身上。透過樹叢的稀疏的陽光，照耀著他們每個人的白髮⋯⋯

當然，也正如曾卓先生的散文中所說，他們最後「總是要分手的，
互道珍重」。但是，「明年還將有春天。明年我們將收到老詩人的更美
麗的詩束」。

對此，胡天風生前也曾以詩記曰：「櫻花是幅湘繡／掛在無邊的春色裏／友誼是口清泉／湧自相互理解的心裏。」（〈贈畢奐午教授〉）田野也這樣寫道：「開，就熱烈的開／落，也瀟灑的落／天和地都因你而有了色彩／風雨中鋪築一條花路——／讓春過去／讓夏走來。」名為〈賞櫻〉，其實所詠歎的仍然是這美麗而純淨的人生。

我們進入武漢大學，依次穿過了楓園、桂園和櫻園。

到了。田野先生指著一棟也像一位歷盡滄桑的老人似的平房說：「這就是畢老的家。」開門的是奐翁的老伴兒趙嵐先生。她已經七十七歲了，比奐翁小六歲，一位硬硬朗朗、清清爽爽的老太太。雖然已是滿頭銀絲，臉上也被艱辛而漫長的歲月刻下了深深的皺紋，但透過銀絲和皺紋，仍然可以想像出她年輕時的端莊與靜美。田野先生告訴我們，老太太是當年北京師範學校英文和音樂科的高材生，著名的西部民歌藝術大師王洛賓（當時叫王榮庭）即是她當時的同班同學。

聽說是從北京來的，又是張中行先生的小友，老太太異常高興。她領我們穿過一間光線較暗的過道，走向里間。那裏便是兩位老人的起居室兼會客室。一張大床，一張小木桌，幾個非常簡易的，堆滿了書籍的書架，另有兩張鋪著厚棉墊的籐椅和五六隻小方凳。奐翁正在午睡。他一邊起身招呼著我們，一邊尋找衣服。田野先生顯然是這裏的常客，他一邊叮囑著奐翁：「快穿上，快穿上，別著了涼。」一邊讓我們坐下：「畢老家裏沒有沙發，有的都是些『硬席』。」他執意讓正懷身孕的波多野真矢坐在那唯一的一張坐上去可能會舒服點兒的籐椅上。老太太則忙活著給我們倒茶水。

奐翁已是八十三歲高齡的老人了，但看上去氣色甚好。頭髮自然早就花白了，臉上卻充滿紅潤和光亮，牙也很好。靳飛把張中行先生的意思告訴奐翁，他高興地說：「中行他好嗎？我們是幾十年的摯友了，剛才還在讀他的文章呢！」我注意到了，老人的床頭放著一本新到的《隨筆》雜誌，那上面有張中行先生的一篇〈左撇子〉。田野說：「畢

老這麼些年幾乎與世隔絕了，『不求聞達於諸侯』，每天不停地讀書、思考，思考、讀書。看，他的這些書都是好書，不好的書他是不看也不要的。他的書看起來放得這麼雜亂，其實都有自己的規律。某一本放在哪一層哪一摞上，別人是不能動的，一動，他就找不到了。還有樓上，整一房子的書，是他的『書城』……」

奐翁笑咪咪地說：「讀不完了，沒有時間了。」我說：「奐翁這麼些年來以書為伴，手不釋卷，而且授業解惑，誨人不倦，可謂『桃李滿天下』了！」老人搖搖頭說：「誤人子弟，誤人子弟！舊社會有一種叫『侍讀』或『侍講』的人，我就是這種吧？不過，那種『侍讀』侍奉的是皇上和王孫公子，我侍奉的卻是莘莘學子。被誤過的人何其多矣！」

靳飛把張中行先生近年在京的一些趣聞逸事講給兩位老人聽，引得老人不時地哈哈大笑，彷彿又回到了自己年輕的時候。奐翁說：「中行一貫機智、幽默，我這裏也有一例。武漢大學的一些中青年教師匯款給中行，去買他的書，但他那裏也早就沒有存書了。於是他就從北京寫信來，讓我把錢還給誰誰，並叮囑把他送我的書送給要買書的人看看。這樣一來，我把錢也替他還給了人家，結果書也一去不返，人家拿去便不想還了……」

畢奐午先生手札

　　説到這兒，奐翁忽然又想起了什麼似的，對靳飛説：「請回去告訴中行，我有了電話，可以通電話了。」靳飛問電話號碼，老人眨巴著眼睛，竟説不出來。我告訴他説，武大的總機號碼是多少，奐翁奇怪地看著我，問道：「你怎麼知道？」看來，老人除了讀書外，對於現代物質生活仍然是一片隔膜的。好歹弄清了他的分機號，田野笑著説：「我來試試吧。」於是便撥了個電話到他們的老朋友曾卓家。曾卓先生在電話裏頗覺驚奇，繼之便大笑著祝賀奐翁有了電話。於是，奐翁、我、靳飛都對著聽筒和曾卓先生對講了一番，大家這才確信，這是一部可用的電話。

　　由電話而又談到了住房。靳飛告訴奐翁：「張中行先生最近就要搬進一套三室一廳的新居裏了，而您還準備在這舊房子裏一直住下去嗎？」奐翁道：「學校派人來説過，要我們搬到新樓裏去。可我住慣了這個平房。這比當年的『牛棚』要好得多。我對他們説：謝謝！我這一生只準備搬最後一次家吧，那就是從這裏搬到火葬場去。正像《詩刊》上的一首寫骨灰盒的詩所説的：這樣一來，關於住房的問題，總算解決了，哈哈……」

　　老人這麼説著的時候，小屋裏充滿了異常快活的氣氛。這是一種老年人的樂觀主義。

　　既然老人提到了《詩刊》，我便不能不想到心裏存著的一個疑問：奐翁年輕時可謂才華橫溢，二十歲時就出版了兩本詩文集，而且有些還是中學時代的作品，然而卻得到了聞一多、巴金、靳以和艾青等著名編輯、詩人的賞識。巴金還親自為他的《雨夕》寫了「後記」。不僅如此，《掘金記》當年是和何其芳的《畫夢錄》同時出版的，一經問世，便蜚聲文壇。有位文學青年即四十年代常在胡風編的《七月》和《希望》上發表詩作的Ａ・Ｓ（馬希良）先生，當他年過花甲後還曾懷著敬意這樣回憶道：「我最崇拜而且受其影響至深的兩位詩人，就是奐午和艾青，他們的詩是我想學而又學不到的珍貴課本，他倆自然也就成了教導我學習寫詩的師尊。」（見《新文學史料》一九八六年第二期）

所有這些都説明，畢奐午先生的詩作在當年確實具有一定的藝術魅力的，在文壇上留下了自己的履印與光彩。那麼，為什麼後來詩人竟與詩神暌違了半個多世紀呢？直到十年浩劫之後，老詩人才又拿起筆來寫作了題為〈初出牛棚告白〉之一、之二的兩首新詩，但那也僅僅是為了告訴那些惦記著他的生死的人們，他尚存活著，只不過是由牧放牛兒的「牛倌」又改業當教師了而已。我試圖把這個疑問提出來，詢之於奐翁。但三思之後，終沒説出口來。我在想，這樣的問題讓他怎樣回答才好呢？也許，這正是老人此生最難言的心結之一吧？過早地謝幕於詩壇、文壇，其實並不意味著他不能寫，更不意味著他不愛。相反，這倒意味著一種對於詩神的更清醒的敬重，一種對自身的更自覺的審度和諫誠。當然，再加上世道多艱，命途多舛，就像向子期寫〈思舊賦〉一樣，剛寫了寥寥幾行，便不得不趕緊煞了尾。

　　是的，不寫，決不意味著不愛。我注意到了，奐翁的陳設簡單的房間裏，正中牆壁上卻掛著一幅用像框鑲起來的彩色的拜倫像，即詩人身著征衣，即將前往希臘參加希臘自由獨立戰爭的那一幅。而拜倫像的對面，則貼著他的另一位在北京的老朋友、詩人呂劍寫贈的詩句。其中有一聯是：「貽我含笑花，報君忘憂草。」我有意仔細地看了看老人的藏書，我發現擺在順手位置上的，也還是以中外古今的詩歌集為多，尤其是一些譯詩集。這一切彷彿也都在無聲地證明著，這位坐擁「書城」的老人，他的心仍然是顆詩心。他的生命之火，仍然為著青年時代所鍾愛的詩的女神而燃著。就像巴烏斯托夫斯基所描畫的伊里亞·愛倫堡老人：「老作家雙手仍然緊捧著文化，就像緊捧著一碗珍貴的活水，跨過時間的廢墟，穿過戰亂和空前的苦難歲月，竭力不使活水濺出一滴。」

　　也正因為如此，老人的身邊才聚集著那麼多的詩人、好友。他們也許經年不得相見，互相阻隔著千重山水，但他們的心靈是相通的，他們的友誼是那麼的純淨動人。這一切正源於奐翁的這種「人格的魅力」。我們從兩位老詩人呂劍和牛漢的通信中可略見一斑。牛漢在給呂劍的一封信上説：「畢奐午老先生，我近幾年見過不少回，只要到武漢，總要

叩訪他。他的人與詩文，他的生活情境，都是一種淨界，到他那裏，能
呼吸到真正的人的氣息。他幾乎成了一個美麗的孤島。」呂劍在回信中
說：「前些日子，曾寄『美麗的孤島』一信並附去小詩一首，尚未得其
回音。奧翁來信曾談到你，也談到我，談到『充實之謂美』，人如此，
生活如此，藝術亦如此。但要達到這一境界的較高層次並不容易……」
（見《隨筆》一九九三年第三期）

美哉此言。它使我確信，時間，或許就像那兇惡的鼠輩，能夠竊走
一些人的青春與健康，能夠使他們滿頭的青絲變成蒼蒼的白髮，甚至可
以改變他們的容顏，摧毀他們的肢軀，但終究無法竊走這些人心靈深處
的信念之火，無法使他們熱情的心變得冷漠，無法竊走他們對於人生的
一貫的期望與熱愛，以及他們的生命和靈魂中的大美與至善的歌。青春
早已消失，愛情也已遠去，歲月在不停地消逝……但歷史永在。人還活
著，水就流著……

一座美麗的「孤島」？——不，不是「孤島」。所有善良、正直的
心都是在一起的。證明島之不孤者，正是這精神的充實、人格的魅力，
以及那於無聲處的浩茫的心事。如果一定要用「孤島」這個詞，那也只

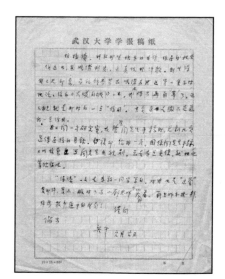

畢奧午先生手札

能使人做這樣的理解——如同愛默生的演講集中的一句話所言：「……珍惜你的靈魂吧，驅走你的夥伴，養成獨處的習慣，這樣，你的才智就會日臻完善。」

聽奐翁笑談，如坐春風。一個下午不知不覺就要過去了。我知道，我們也應該告別這座「美麗的孤島」了。同時我也想到，能夠與這樣的一位文學老人見面、對談的機緣，在我的一生中，恐怕是不會多的。我感到了一種戀戀不捨。

波多野真矢拿出相機，要為兩位老人拍照，好帶回去讓中行先生看看。奐翁欣然，於是大家擁坐到一起。我們當然執意要讓兩位老人坐在中間。這時奐翁卻對老伴兒戲說道：「您是否就免了吧？我們都是『作家』，而您，整天只在家裏坐著……」趙先生也不示弱，笑著譏道：「你聽你，說一句話用了多少頓號和逗號！怎麼就老得說不出一個整句來呢？讓大家多替你著急啊！」兩位老人的打趣引得我們哈哈大笑。

不能不告辭了。我們祝奐翁和趙先生健康長壽，奐翁說道：「請放心，今天不死，就意味著明天還將活著！」老人執意要多送我們幾步。他拄著拐杖，邁過了一組臺階，又拐過了一條小徑。在一排青翠的櫻樹邊，我們輕輕地揮手。走了很遠了，我們回頭，看見兩位老人互相扶持著，仍然站在那裏。

這是一個美麗而晴和的下午。

畢奐午先生續記

寫完了〈尋訪一座「美麗的孤島」〉，本來以為這篇訪問記就算做完了，便拿給一位友人看。友人看完後説：「看來奐翁好似一件出土文物，遙遠、古老，而且還有一些神秘色彩。而你的文章卻是浮光掠影的，讀者讀後對於這件文物的身世來歷，尤其是他漫長的『地下時期』，恐怕仍然不明其詳。」這倒也是。於是推想，倘再續寫一節，簡要地介紹一下這位文學老人的身世以及早些年的經歷，大約會是一些讀者所樂聞的吧。那麼以下便是這個內容。必須説明，所據資料，除口頭訪談的外，文字資料僅有兩篇：一是易竹賢、皮遠長兩位先生合撰的〈《金雨集》讀後記〉，載武漢大學出版社一九八八年六月出版的《金雨集》中；二是前面曾提到過的馬希良先生所撰〈老詩人畢奐午今昔記〉，原載《新文學史料》一九八六年第二期，《金雨集》中作為「附錄」收入。我僅僅把這些資料綜合一下而已，「信而好古，述而不作」，而所有資料則是田野先生提供的。

武漢大學出版社出版的《金雨集》封面（作者題簽本）

畢奐午先生，原名恒武，後改奐午。筆名有畢篥、李福、李慶、魯牛等。一九〇二年十二月出生於河北井陘縣賈莊。這是太行山東麓的一個礦區小山村，他在這兒度過了

二三十年代老北平的景象

文化生活出版社出版的
《掘金記》封面

自己的童年時代。他的祖母知書識字，他很小起便跟著祖母讀些《唐詩三百首》、《古文觀止》及《聊齋志異》、《封神演義》之類的文學書籍。這幾乎是他接受中國文學薰陶的啟蒙課程。所以他在念小學前便能背誦〈陋室銘〉和〈為徐敬業討武曌檄〉等。與此同時，家鄉的礦工們的苦難與悲慘的生活，也深深地刻鑿在他幼小的心靈裏，使他明白了這個社會的貧富不均和許多不公平。

一九二五年秋天，他由村小學而考入北京師範學校。這是當時極有名氣的一所中等師範學校，設備好，課程齊全，而且經常延聘名師任教。同時這所學校也有著良好的文學藝術環境，文學家老舍，就是這所學校較早的畢業生。在北師的各門學科中，畢奐午尤其喜歡文學和音樂。他在國文老師于澄宇、王西徵、高滔等人的影響下，開始了文學習作，並漸漸地顯露了他的創作才華。後來收入《掘金記》裏的部分詩文，便是此時創作的。其中一些詩作如〈春城〉、〈村

莊〉、〈田園〉等，原是國文教師在課堂上出的作文題。當時教他美術課的老師有李苦禪、趙望雲、汪采白等，音樂和美術也為他的詩歌風格的形成起了不少的作用。

　　一九二八年，正當青春年華的畢奐午，為嚮往光明的發源地，與同學王榮庭（即後來的被稱為「西部歌王」的音樂大師王洛賓）一起結伴到了哈爾濱，打算從哈爾濱奔往紅色莫斯科。但由於各種阻力，未能成行。在哈爾濱的三個月的流浪日子裏，他和同學一起住進了有如高爾基筆下的那種《夜店》式的雞毛小店裏。他至今還記得那地名叫地包小白樓，宿舍是地下室，窗戶比馬路還低。在這裏，他接觸到了當時最底層的生活和最下層的人物：賣苦力的、無家可歸的逃亡者、白俄浪人、小偷、乞丐、下等妓女等等。這些陰暗的生活面和被扭曲的靈魂，為他後來寫《雨夕》儲備下了素材。

　　一九三一年，畢奐午從北師畢業了。但那時候畢業即是失業，沒有找到工作，他只好暫時留居北京，繼續深造於「社會大學」。這期間，他的大部分時間是在北京圖書館度過的。生活也極其節儉，玉米麵窩頭或乾燒餅在火爐上一烤，就著一杯開水，便解決了一頓午飯。貧乏的是物質生活，而充實的是他的精神世界。有一年多的時間裏，他與北師時的國文教師王西徵先生合作，為《世界日報》編輯了文學副刊《慧星》二十多期，發表了不少傳誦一時的新文學作品，並最先發表了蘇聯詩人馬雅可夫斯基的〈怎樣寫詩〉的中文譯文。

　　這一時期，他的創作也一躍而上了一個高峰。其原因之一是他的一位好友李威深從太行山礦區來到北京，對他的思想觸動很大。李威深以前也在北師讀書，後因思想激進而被校方開除，繼之到了畢奐午的家鄉一帶參與了礦工運動，下過煤礦，當過井下工。李威深把太行山礦區的工運情景描述給畢奐午聽，引起了他童年時代的有關礦山、煤窯、高聳的煙囪的許多回憶，也喚醒了那潛伏在他心靈深處的創作的礦區。於是，他揮筆創作了〈人市〉、〈下班後〉、〈幸運〉等一組描寫礦山生活的散文和小說。用畢奐午自己的話說，「在那裏，我看見不知有多

少的人遭遇著像外國小說裏面所描述的濱海漁民的同樣命運——濱海居住的壯丁們的生活是都被大海吞噬了。河泊山下的居民的幸福也多半在那懷抱著煤塊的岩石上撞碎。於是我便描了這樣幾幅小畫。」（《掘金記·題記》）

　　一九三四年，經過考試，畢奐午先生被聘為天津南開中學教員，教初中的國文課。當時在南開中學教書的有李堯林（巴金的三哥）、何其芳、高遠公（王國維、梁啟超的學生）、李苦禪等。他們不僅在教學上給予了畢奐午直接的幫助，同時也成了創作上的摯友。那時正在北京編《文學季刊》的巴金和靳以，主編《水星》的卞之琳，編輯《大公報》文藝副刊的蕭乾，以及在天津女子師範學院任教的曹禺等，也都相繼成了畢奐午的師長和摯友。師友間的切磋幫助，使他的創作日臻成熟。

　　一九三五年，巴金先生把畢奐午的十首新詩和四篇散文編成一集，題為《掘金記》，列入了「文學叢刊」第二集的十六種書中。這是該集中唯一標明「詩集」的一種。後來據聞一多先生的遺札記載，他準備編選的《現代詩鈔》中，《掘金記》也是一部擬選進的重要詩集。稍後，巴金又將畢奐午新創作的另一些小說和新詩編成一本《雨夕》，列為「文學叢書」之一種出版了。巴金親自為這本集子寫了「後記」。

　　這兩本詩文集在思想內容上緊扣時代和民族的脈搏，直面現實和人生，與當時的「革命文學」取同一的步調。詩人的目光緊緊地注視著苦難深重的中國大地。而在藝術上，它們也迥異於當時正氾濫於詩壇的、帶有嚴重的「唯美主義」傾向的「新月派」詩歌作品。有一個細節頗能說明問題。何其芳當時和畢奐午在感情上親如兄弟，創作上也互相提攜。何其芳在〈夢中的道路〉中曾寫到：

　　　　有一次我指著溫庭筠的四句詩給一位朋友看：

　　　　　　楚水悠悠流如馬，
　　　　　　恨紫愁紅滿平野。

詩人何其芳先生

野火千年怨不平，
至今燒作鴛鴦瓦。

我說我喜歡，他卻說沒有什麼好。當時我很覺寂寞。後來我才明
白我和那位朋友實在有一點分歧。他是一個深思的人，他要在那
空幻的光影裏尋一分意義；我呢，我從童時……以來便墜入了文
學魔障。我喜歡那種錘，那種色彩的配合，那種鏡花水月。

　　何文中說的「一位朋友」即是畢奐午。何其芳的話是坦誠而中肯
的。他此後在思想上和藝術風格上的質的飛躍，固然還有許多別的原
因，但畢奐午對他的影響，使其有時「厭棄自己的精緻」而從「夢中的
道路」上逐漸醒悟過來，這一點是不可否認的。
　　《雨夕》集中有一首〈火燒的城〉，其中有這麼幾句：

是誰被拋棄於腐朽，熟睡
如沉臥於發賣毒液的酒家，
在那裏享受著夢境無涯？
歡樂的甜蜜，吻的溫柔誰不期待？
但那帶著枷鎖的苦痛的手指
將推你醒來……

畢奐午的這首詩不是寫贈何其芳的，但詩中的寓意卻深深打動了何其芳的心。讀後，他曾感慨地對畢奐午說道，是的，我們不能再做夢了，而應該如詩中所言，讓帶著枷鎖的苦痛的手，把我們推醒、搖醒了……

　　詩人艾青在〈抗戰以來的中國新詩〉一文中，大篇幅地引錄了〈火燒的城〉這首詩，並且如是評價道：「畢奐午，保持了《滅亡》的情感的深沉和語言的樸素與有力，寫了一些刻畫土地淪亡的痛苦的詩篇……」

　　還需提及的是，《雨夕》中目錄所列〈繳械〉和〈藝術的劫運〉兩篇，有目而無文。巴金先生的〈後記〉裏未說原稿缺佚，而印本裏剛好空了兩文所占的頁碼，可見是被當時的書報檢查官們強行抽禁了。由此也可見這作品其時是不能見容於當局的，其原因正是它們所蘊含的激憤與悲愴的聲息。半個世紀後，當艾青主編《中國新文學大系・詩集》（一九二七—一九三七）時，很自然地收入了《掘金記》和《雨夕》中的幾篇作品，並加以讚賞。

　　可是，就在這顆詩壇新星剛剛升起的時候，抗日戰爭爆發了，中華民族進入了空前劫難和艱苦的歷程。作為一介書生的畢奐午也在劫難逃，被日本法西斯投入了監獄，受盡了屈辱和非人的摧殘。有一段時期，他的精神和肉體都受到極大的損傷，幾乎喪失了記憶力。——這也正是艾青在他的文章裏說到畢奐午的詩時所寫的，「詩人似乎就一直生活在已經淪陷了的城市裏，除了讀到他這樣痛苦的詩之外，從來沒有得到他的消息」的原因了。是的，日軍的黑牢當然不是歌吟的場所，他被迫放下了詩筆，停止了歌唱。也許就是從那時起，他與心中的詩神默默暌離了。這當然是中國現代文壇的一個損失。

　　一九四六年，由巴金先生和李健吾先生介紹，清華大學中文系主任朱自清先生聘請了畢奐午到清華任助教。一九四八年，他又調任華中大學講師，翌年晉升為副教授。在這期間，全國的解放戰爭開始，「反饑餓、反迫害、反內戰」的民主風潮此起彼伏。畢奐午先生堅定地站在正

義的一邊，追求光明，嚮往民主與自由，全力地支持青年學生的民主愛國運動，與當時的清華大學、華中大學兩校的從事地下活動的中共黨員學生，保持著極其密切的關係，他的家也成了學生地下黨員的活動場所和掩護所。

不僅如此，他的塵封了多年的詩心也因學生的高漲的情緒而復活。他除了把剛剛領到的幾十塊銀元的「應變費」全數捐贈給了地下黨支部，編印了《毛澤東文選》等宣傳檔，而且還重操詩筆，寫了〈罷課〉、〈小溪〉等詩傳單和唱詞，曾在校園中傳誦一時。這些篇什可惜都散失了。

一九四九年新中國成立後，畢奐午先生出席了中華全國文學藝術工作者協會第一次代表大會，並先後擔任中南文聯、第一屆湖北省文聯、武漢市文聯、湖北省文化局等機構的領導職務。一九五〇年調武漢大學任中文系任教授。

十年浩劫期間，他作為一個從舊時代過來的老知識份子，也在劫難逃，先是被迫離開教學崗位，接著是下放到農場，整整當了十年的「放牛娃」。「教授」頭銜早就沒有了，工資被扣發，書籍也被查抄殆盡，還被勒令住進了「牛棚」，可以說是喪失了一切做一個最普通的人的權利。為此，他曾哭笑著把自己的名字「奐午」戲稱「喚牛」。

所幸他從這漫長的災難中倖存下來了。當他放下放牛鞭，重新拿起粉筆和教鞭時，他已經年近古稀了。為了回報和答謝四面八方的老朋友的尋找和關切，他又重新拿起詩筆，寫下了〈初出牛棚告白〉等幾首新詩。從這幾首詩中，我們不僅可以瞭解一位老詩人、老教授十年中所受的苦難和屈辱，以及他對那場噩夢般的浩劫的憤怒與控訴。更為難得的是，這幾首詩也坦露了這位飽經風霜的、正直而且善良的文學老人的眷戀人生、樂觀向上的襟懷。

此後，他便把自己全部的精力投入到了教學和科研上了。帶研究生，為中青年教師提供資料、審讀論文著作，為慕名求助的文學青年看習作，解答各式各樣的問題，真正是有求必應，有問必答，有勞必效，

「俯首甘為孺子牛」了。老人自己有言：「站在講臺上講課，我是體力不支了。但我可以像珞珈山上的拾柴人，多撿一些枯枝落葉，供中青年教師們燒火煮飯，做出美味佳餚來。」這也正如他的〈初出牛棚告白（二）〉中所寫的：

> 我願為成熟了的果實，
> 懷抱著充溢的甜蜜的漿汁，
> 在枝頭唱著豐收的歌曲，
> 隨著園丁的手沉重的落地。
> 或如田間的稻粱，
> 長熟了再運往田場。
> 讓連枷、打穀機去撿選、簸揚，
> 把飽滿的穀粒填進糧倉。
> 像一片綠葉也可以，
> 承受雨露陽光，日日夜夜，
> 養育樹幹枝條的成長。
> 工程完了，綠葉轉成紅葉的深秋也來了，
> 那時，我這衰竭、枯焦，
> 裸露著葉脈的軀體，
> 將坦然地隨風飄去。

一九九三年夏天，東湖梨園

淺水灣的落日

每次去香港，我都會帶上女作家盧瑋鑾（筆名小思）教授的那本《香港文學散步》，作為我在香港遊覽的「文學地圖」。這本書原是小思老師一九九五年題贈給徐遲先生的，後來徐老又轉贈給了我。再後來，我在香港的一次會議上認識了小思老師，她又在這本書上寫下了「忽睹送給徐老之書，悽然在心……」等幾句話，作為紀念。

在香港，我也幾次去尋覓當年徐遲先生所居住和散步的一些地方，不為別的，只為了感受一下那裏的綠樹間的光影和彌漫在空中的氣息。我知道，那是當年戴望舒、許地山、葉靈鳳、蕭紅……當然還有徐遲們所生活過和呼吸過的地方。我也去過美麗的淺水灣，拍過許多張淺水灣海濱的緋紅的落日。哎，淺水灣，淺水灣！我知道，這是曾經有兩位作家——兩位多情的男人，在一個傷心的黃昏，悄悄地把他們深深愛過的一位女作家蕭紅的骨灰掩埋了的地方；這也是詩人戴望舒「走六小時寂寞的長途」，來到蕭紅墓畔放上一束紅山茶的地方。寂寞灘頭，潮漲潮落，流浪的孤魂找不到歸路，只有海鷗在漫漫長夜裏伴著她「臥聽著海濤閒話」……

也不僅僅是蕭紅、戴望舒兩人把淺水灣這個使人刻骨銘心的地方寫進了中國文學史中。不，張愛玲也曾選擇了淺水灣來做白流蘇、范柳原等等人物的不斷翻新的愛情舞臺。那些為戰爭的災難、命運的無常所驅使的男男女女，都在這太平洋的邊緣，暫時平靜的灘頭，重新拾掇起未了的殘夢，演出了一幕幕浪漫而又傷感的「魂斷藍橋」。

我讀徐遲先生的長篇自傳《江南小鎮》中關於三四十年代在香港的那一段，雖然明顯地感到，戰爭給一大批文化人造成的背井離鄉的淒苦和漂泊無定的陰影，但也不能不為那時候的一個小小香江竟極文化一時之盛而自豪。如果要開列名單，那幾乎就是半部現代文化名人辭典了。

　　總之，當時群賢畢至，少長咸集，一個很大的局面眼看著即將蓬勃開展起來。而這些旅港的文化人，就像群星閃耀的銀河，無一不是光彩奪目的。他們以這南海小島作為舞臺，演出了多少精彩的好戲。在《江南小鎮》第四部裏，徐遲用了洋洋灑灑六七章的篇幅，描繪了那個時期的香港。而那個時期，在我看來，也正如查理斯‧狄更斯《雙城記》裏的「時代」相似：那是好得不能再好的年代，那又是糟得不能再糟的年代；那是閃爍著智慧的歲月，那又是充斥著愚蠢的歲月；那是信心百倍的時期，那又是疑慮重重的時期；那是陽光普照的季節，那也是黑夜沉沉的季節；那是充滿希望的春天，那又是令人絕望的冬日；我們擁有一切，我們又一無所有；大家都在直接升入天堂，大家又都在直接走進地獄……

　　徐遲是在一九三八年五月，和詩人戴望舒一家挈婦將雛，乘著一艘名為「芝沙丹尼」號的郵輪駛進香港的。當香港從海平線上出現之時，他的眼前一片迷茫。他想道：大難當頭，明天會怎樣呢？中國會怎樣，世界會怎樣？家鄉已經淪陷，上海成了孤島，香港是英國殖民地，能在那兒活下去嗎？而當時，希特勒剛剛吞下了奧地利，日軍正向廣州和武漢推進。艾略特在〈大教堂裏的謀殺案〉裏，用上了希臘悲劇裏的合唱隊，彷彿厄運之劍就懸在頭頂。徐遲說，當時他的耳邊，彷彿就迴響著悲劇合唱隊的聲音，他無法知道，這究竟是一個什麼樣的世界。

　　那麼多的文學家、詩人、歷史學家、政論家、教授、戲劇家、哲學家……都聚集在香港，過著彷彿「陰陽界」上的生活。薄扶林道，學士台，六國飯店，思豪酒店，孔聖堂，聖約翰大禮堂，九華徑裏，女皇道上，還有淺水灣海濱……處處都留下了這些文化精英們的心音與沉思，留下了時代的歎息，歷史的履痕，文化的行腳……這是災難的歲月促

成的文化盛會，這也是時間寫在
人們記憶中的組詩。當歷史的風
雨、歲月的煙塵消散之後，我們
看見的，是人類不朽的精神歷程
和思想蹤跡。

這時的徐遲，和翻譯家馮亦
代、詩人袁水拍一起，自稱為「三
劍客」。「三劍客」和同在香港的
喬木（喬冠華）、夏衍、戴望舒、楊
剛、葉淺予、馬耳（葉君健）、張光
宇、張正宇、魯少飛、廖冰兄、黃
新波、郁風、葉靈鳳等一批文化人
都過從甚密，並且參與了中華全國
文藝界抗敵協會香港分會的對外宣
傳抗戰的刊物《中國作家》英文版
的編輯工作。

這期間，對「三劍客」產
生了巨大的思想影響，差不多可
以稱之為「精神領袖」的一個
人，就是常在《時事晚報》上撰
寫國際述評社論文章的喬木（喬
冠華）。他成了這三位年輕的知
識份子的精神世界的播火者和追
求進步路途上的引路人。當然，
也不僅僅是「三劍客」，當時許
多流亡青年都曾受惠於喬木的風
雷文章，而且可以說是「深受其
惠」。

詩人戴望舒和女兒

當年的三位老友徐遲、郁風和葉淺予，晚年
聚會在富春江畔。

青年時代的徐遲和詩人戴望舒

喬冠華在他的《童年‧少年‧青年》（根據錄音整理的喬冠華臨終前身世自述）裏曾回憶到這段時間與「三劍客」們的交往：「我當時的工作用簡單的話講，就是夜晚寫社論，白天睡大覺，下午起來就找材料，或是找朋友談談天……在這裏結識的範圍比較廣泛，我認識了許多文化界的同志。其中在《香港日報》工作的白望春和白的好朋友徐遲。除了寫社論稿外，我還和一些志同道合的進步青年，在一起搞讀書會，研究學習馬列主義。我記得，我在香港搞起來的第一個讀書會，是在馮亦代家裏的一個讀書會，參加的人除了馮亦代夫婦之外，還有徐遲。……他們在灣仔那一帶有房子，比較寬敞一點。我們每個禮拜就在那裏聚會，大家一起念書，我當主持人。因為在這以前，這些朋友傾向進步，嚮往進步，但他們並不很瞭解馬列主義。我們念的最初的一本書，不是《共產黨宣言》，而是《法國的革命戰爭》。」

　　除了「三劍客」是這個馬列主義讀書會的三個主要成員，其他人員還有沈鏞、張宗祜、盛舜、鄭安娜（馮亦代夫人）等。徐遲還記得，每次集會，老喬都要先講一點國際時事。徐遲第一次參加這個讀書會那天，聽到的就是喬木的關於蘇芬戰爭的新發展的講演。他講了當時歐洲戰場的西線和東線，講了英法聯軍和美國之想要西線和平而把戰爭引向反蘇反共的東線的幻想。講完國際時事，大家再一起讀書，逐段逐頁地讀，讀一部分，喬木講解一部分。大家也插嘴議論，有時還爆發爭論，混戰一場，然後由喬木出來收拾，做總結性發言。他的話大都熱情洋溢，精彩極了，使徐遲覺得那「簡直就是詩朗誦」。

　　在由喬木主持的這個讀書會上，徐遲他們第一次讀到了米丁的《新哲學大綱》、馬克思的《資本論》等著作，而且開始明白了資本主義社會的內幕──血跡斑斑的歷史，看到了無產階級謀求自身解放的鬥爭的必要性……這些道理對於徐遲他們來說，簡直促成了他們在思想上的「飛躍」。徐遲承認說：「我個人則是如同從沉睡中被他喚醒了一樣，覺醒了過來，從此追隨真理而不捨了。」

　　馮亦代也回憶道，那時從座談會上老喬循循善誘的談話、犀利分析時事和評述抗戰形勢的文章中，他們看到了個人的前途和希望，同時跟著走上了為國為民不惜犧牲一切的道路。馮亦代還說到，「我自己就是在這個思想渾渾噩噩時，得到他指點而走上要求進步的道路的。」

　　喬冠華不僅從思想上和人生道路的選擇上導引和提升著他們，他的以「風雷之筆」抒寫出來的「史詩」般的激動人心的文章，也對他們產生著深遠的影響。徐遲稱喬木的國際述評是「我們這個時代的最好的史詩」，並為之傾心之至，直到晚年仍讚歎不已；袁水拍後來的從事國際題材詩歌的創作，其原因之一也不能不說是得之於喬木的影響。「三劍客」與喬冠華的友誼（確切地說是對喬的尊敬）一直保持到一九八〇年代喬冠華去世。喬冠華的去世，使他們都覺得失去了一位好兄長和老朋友。

　　「三劍客」之間也在互相幫助，互相關心和影響著。《袁水拍詩歌選》裏，保存了一首題為〈悲歌贈徐遲〉的詩，寫於一九四〇年一月十一日。這首詩是他們當年動人的友誼的記錄。

　　那時候，「三劍客」中比較起來，徐遲是一個更加「散漫」和「自由」的人。用徐遲後來的話說，「我一點也不知道我周圍有許多朋友在為我發著愁。他們真的是為了我好，還研究怎樣幫助我『進步』。」詩人袁水拍就是想幫助徐遲進步的最誠摯的一位。還在參加喬木主持的

青年詩人徐遲（左二）擔任戴望舒、穆麗娟婚禮的男儐相

那個讀書會之前，袁水拍就已是較早接觸了馬列主義書籍的人了。正是他，最先拖著徐遲去香港聯誼會（一些來港的銀行業、保險業機構的青年組成的社會團體）聽到了喬木的〈哀華沙〉的演講。在以後的日子裏，袁水拍又極力督促著徐遲去看一點馬列主義的書，並為徐遲找來了《什麼是列寧主義？》等書籍。

徐遲在《江南小鎮》第四部第十三章，用整整一節的篇幅，記下了和袁水拍在植物公園中發生的一場爭論。袁水拍誠懇地想和徐遲談談馬列主義，但徐遲卻更願和他談談《尤利西斯》。他們爭論了好半天，最後以袁水拍的「大發脾氣」來結束了這番談話。袁水拍說：「真正快活的人，首先要拋棄自己的偏見，最要緊的是拋棄自我。你是一個徹頭徹尾的個人主義者。你對社會漠不關心。人在哭泣，你在歡笑；人在生活，你在逃避。你就死抱著個人主義不放，可你要上班辦公、領薪水。吃的睡的，是人家給你勞動了，才讓你享受的。你只管享受，不替別人想想……」

這番話固然是衝著自己的好朋友徐遲說的，其實也點明了當時一大批像徐遲這樣的個人理想主義者思想深處的弱點，而徐遲今天原原本本地把它寫出來，卻也反映出了他的坦誠和自我披瀝的勇氣。徐遲說：當時我看他這樣激動，心裏有點抱歉，一連串的「人」字鑽進我的耳朵，心裏也有點動。我皺著眉頭聽著，而且膽怯起來了……

這番爭論性的談話，發生在三十年代的最後一年的歲末。雖然徐遲固執地覺得袁水拍就「像推銷什麼商品似的把那些書塞給我，他只能是一個很不高明的馬克思主義的推銷員」，而不像喬木那樣循循善誘，也不像另一位朋友、女畫家郁風那樣簡單明瞭，一語中的，但袁水拍的一番發自內心的「斥責」，還是引起了徐遲內心的極大的觸動的。

又有一天，那是一九四〇年一月十日晚上，袁水拍和夫人在家裏請客，座上除了徐遲，還有郁風。徐遲回憶說：「一晚上的話，講得那麼多，全不想它們了，可是有一句話在黑夜中閃耀著，散發出一種光亮：『什麼是人民？呵，人民，人民！工人農民，就是人民！』這麼簡單明

瞭！以前從沒聽說過……」這句話是郁風說出來的。僅僅是這一句話，使徐遲當夜「從深夜一直到黎明，腦袋裏好像有一個交響樂隊在演奏似的，演奏著我的一曲命運交響樂。」

第二天一早，徐遲就跑到一個書店裏去。非常巧合，另一位朋友葉靈鳳也在那裏挑書。徐遲說：「靈鳳，早安，幫我個忙，替我挑選兩本馬克思主義的入門書。」葉靈鳳驚奇不解地為他選了一本恩格斯的《社會主義從空想到科學的發展》，另一本是恩格斯的《費爾巴哈論》。當天上午，徐遲在滙豐大樓的四樓上讀完了這兩個小冊子。他的心裏豁然開朗，長久的疙瘩，解於一旦，原有的成見，隨即消除。當天中午，徐遲興沖沖地上樓去找袁水拍，告訴他，自己已讀了這兩本書，「堅冰已經打破，可以繼續灌輸什麼進來了，因為，孔隙已經疏通……」袁水拍大為吃驚和高興。交談了幾句後，兩人分手，各自回家進餐。午後上班

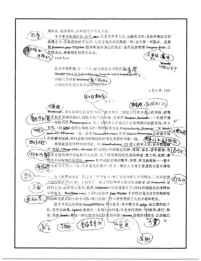

徐遲先生在本書作者整理的郁風致徐遲書簡上的修改筆跡

郁風手跡，文字上面是她手繪的客廳內外景色。

時分，袁水拍從五樓下來，交給徐遲一首詩，這就是那首〈悲歌贈徐遲〉。

詩中寫道：「……我們記得這裏的路，／這裏的天氣，永不變換……你會想遙遠的風景？／玻璃天窗明亮的，／一雙雙勞動的手，歌唱的輪軸？／麥場上的歡迎、寒喧，慶祝會的燈彩？／你會忘記火焰、城市與山頭的得失嗎？／鬥爭在遠地，燦爛的組織，構圖，／在日子後面……幾時他亦睡在船裏／車裏，走在泥土上……」徐遲說：「它不是悲哀的悲歌，而是慷慨的悲歌。」他還記得，最初詩裏還有這麼兩句：「幾時他也因房租太貴／而遷移了……」這首詩記下了寫作的時間：一九四〇年一月十一日。在以後漫長的人生道路上，徐遲一直是把這一天作為自己的「覺醒日」的。他承認自己的這個覺醒是一次「奧伏赫變」，一次「自我革命」。革命是一個最艱辛的漫長的歷程，這一天是徐遲的這個歷程的開端。

應該說，不僅僅是「永恆的女性，引我們上升」，除了郁風，重要的還有袁水拍、喬木等等，都站在徐遲這次「奧伏赫變」的背後，可謂「苦口婆心」而終於如願以償。如歌德的詩所言，「那不可思議的，在此地完成。」

一九四〇年八月三日，「文協」香港分會等文藝團體聯合舉行魯迅誕生六十周年的紀念大會，三百多人出席了紀念會，盛況空前。「三劍客」是紀念會的最得力的組織者和具體操辦者。

大會在孔聖堂舉行。許地山致開幕詞，蕭紅介紹魯迅先生生平事蹟，徐遲朗誦了《野草》中的〈立場〉〈聰明人、傻子和奴才〉，《二心集》中的〈我們要批評家〉，《偽自由書》中的〈從諷刺到幽默〉和〈現代史〉五篇文章。紀念會是下午開的，晚上繼續演出蕭紅創作的默劇《民族魂魯迅》和魯迅自己的詩劇《過客》，以及田漢改編、李景波導演的《阿Q正傳》第五場「阿Q之死」。

這場晚會可忙壞了「三劍客」。徐遲充當了前臺主任，接待來客、記者，安排座席，分發說明書，以及事先的佈置會場等等，一應俱全；

馮亦代則是後臺主任，實際是晚會演出的監督和導演，而在這之前，他又約請徐遲、小丁（丁聰）對蕭紅的默劇劇本作了適應於演出的修改，直使演出時和喬木並排坐在台下的蕭紅大加讚賞；袁水拍呢，則成了晚會節目的主創人員之一，他寫了一首句式很長的〈獻給魯迅先生六十誕辰〉的詩，徐遲拿了去找小提琴家趙不偉，趙不偉大加刪改後譜了曲。刪改後的歌詞成為這樣：「今天給生命歡呼，／八月浙江潮誕生。／民族魂誕生了，／歡呼今天，八月三日／歡呼革命人道主義的誕生……」

　　在這次紀念晚會上，魯迅的形象首次出現在藝術舞臺上。如今，這次紀念活動是早已作為一件盛事，寫進了魯迅研究活動史裏去了。徐遲為之自豪的是，還保留下了一張他當時朗誦魯迅作品時的照片，一身白色西服，神態激昂，顯得非常投入。

　　有一個在我看來十分有意義的細節，不知道為什麼，徐遲先生竟沒能寫在回憶錄中。那就是他曾給我講過的：一九三九年十二月三十一日十七點三十分，他是和他的兩位好朋友，畫家葉淺予、郁風，三人一起，坐在淺水灣，看著一輪緋色的落日慢慢沉入海平線的。他們是一同在淺水灣，在遠離了家鄉和故土的地方，送走了災難的、動亂的三十年代，而迎來了同樣是不可捉摸的四十年代的。也幾乎是在同一時刻，戴望舒在薄扶林道林泉居的林下，寫出了他那首著名的〈元日祝福〉：

　　　　新的年歲帶給我們新的希望。
　　　　祝福！我們的土地，
　　　　血染的土地，焦裂的土地，
　　　　更堅強的生命將從而滋長。

　　　　新的年歲帶給我們新的力量。
　　　　祝福！我們的人民，
　　　　堅苦的人民，英勇的人民，
　　　　苦難會帶來自由解放。

二十世紀四十年代的第一個新年，一九四〇年一月一日清晨，在新年的陽光下，徐遲在薄扶林道上又是讀著這首剛剛完成的詩，和戴望舒一起迎接了一個新年代的到來的。

　　如今，戴望舒、喬冠華、葉淺予、徐遲、馮亦代、袁水拍、郁風……都已先後離開了這個世界。天地者，萬物之逆旅；光陰者，百代之過客。那個文苑英華雲集的三十年代，如今也像淺水灣上的落日，早已降下了它最後的帷幕。香港回歸也已有十多年了。念及那些等不到這個日子而遠去的人們，我也忽然想到了陸放翁晚年的詩：「……家祭勿忘告乃翁」。

四十年代的詩人戴望舒

鎮江舊夢

——賽珍珠和徐遲

看到這個題目，請讀者千萬不要誤會，以為賽珍珠和徐遲之間，也有一段什麼情感瓜葛。沒有。和賽珍珠女士有過一場隱秘而無望的戀情的那位中國詩人，是新月派詩人徐志摩。一九五七年，六十五歲的賽珍珠在她寫的那本《北京書簡》中，曾經動情地記敘過這段戀情。而徐志摩的那首〈愛的靈感〉：「愛你，但永不能接近你。／愛你，但從不要享受你。／即使你來到我的身邊，／我許向你望，但你不能／絲毫覺察到我的秘密。……」也許只有賽珍珠更能讀懂。

她的這段纏綿悱側的中國戀情，在心中埋藏了半個多世紀。細心的人們發現，它似乎只在她的小說中若隱若現，例如，她讓自己作品中的所有的好男人，都去感受了那同一場災難——在飛機失事中羽化而進入天國。

美國女作家賽珍珠（一八九二至一九七三）

女作家劉宏偉寫過一部關於賽珍珠的傳記：《中國戀情──賽珍珠的故事》，非常真實而動人。作家以女性的心理，深深地理解和同情著賽珍珠的這場純真的戀情，為賽珍珠和徐志摩的愛情唱了一曲真誠的讚歌。對此，倘若賽珍珠地下有知，應該感到幾分欣慰的。

　　那麼，把賽珍珠和徐遲拉到一起，所為何來呢？有兩件事，頗值一說。一件事，劉宏偉在她的書中的「跋語」裏也提及了，那就是，當時還是青年作家的徐遲，應該算是中國較早的賽珍珠作品的中文翻譯者之一了。

　　那是一九三三年秋天，正在燕京大學就讀的徐遲，從一本叫做《亞細亞》（Asia）的美國雜誌上，讀到了署名「賽珍珠」的一篇小說〈兩婦人〉。小說寫了東西方的兩個婦人，一個是封閉型的，一個是開放型的。徐遲很喜歡這篇小說，也知道這位「賽珍珠」即是生活在中國鎮江的那位傳教士的女兒。於是他興致勃勃地把小說譯成了中文，並寄給了天津《大公報》的《國聞週報》文藝欄。其時，那個文藝專欄主編是沈從文先生。沈從文分兩期發表了徐遲的譯文。這是賽珍珠的作品差不多第一次與中國的讀者見面。在這之前，雖然她已寫出了她的成名作《大地》，而且剛剛獲了一九三二年度的美國普利茲文學獎，但在中國，知道賽珍珠的人還微乎其微。

　　〈兩婦人〉譯文的發表，使徐遲也從此和名作家沈從文建立起了友誼。只是不知為什麼，沈從文先生為徐遲的譯文署了個奇怪的筆名：龍八。這個筆名，徐遲後來還用過兩次，便沒再使用。大約是當年年底，徐遲把已出版的《國聞週報》寄了兩期給鎮江的賽珍珠，同時附了一封信。徐遲記得，一九三四年元旦剛過，他就收到了賽珍珠的一封親筆回信，信上說了很客氣的話，給徐遲留下了十分美好的記憶。從此以後，徐遲便密切注意和日益敬重這位在中國長大的美國女作家了。可惜的是，賽珍珠寫給徐遲的那封回信，因為歲月久遠而早已不知去向了。

　　離〈兩婦人〉發表僅僅五年之後，即一九三八年冬天，賽珍珠就以她的《大地》三部曲而獲得那一年的諾貝爾文學獎。其時，偉大的中國

賽珍珠故居內室一角

賽珍珠一家在廬山的別墅

賽珍珠故居內室一角

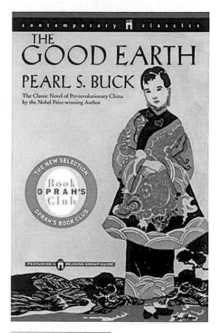

賽珍珠著作英文版封面

賽珍珠故居正門

正蒙受日本侵略者的踐踏，中國人民正處於戰爭的災難之中。瑞典學院的授獎辭中是這麼說的：「她的著名作品為人類的同情鋪路，這種同情跨越了遠遠分開的種族邊界；還由於她對人類思想的研究，這些研究體

翻譯賽珍珠作品時的青年徐遲

賽珍珠女士接受諾貝爾文學獎

現了偉大和生動的寫作技巧；瑞典學院感到這是與艾爾弗雷德·諾貝爾憧憬未來的目標和諧一致的。」而且，她的這些作品所顯示的傾向，「正朝著開拓一個通向更深入的人類洞察力與同情的遙遠而陌生的世界前進──這是一項崇高而艱巨的任務，需要以全部理想主義和豪爽無畏去完成……」而賽珍珠在她的受獎演說中，則動情地說道：「……假如我不按自己完全非正式的方式提到中國人民，我就不是真正的我了。中國人民的生活多年來也就是我的生活，確實，他們的生活始終是我的生活的一部分。……現在全體中國人民正在從事最偉大的鬥爭──爭取自由的鬥爭。當我看到中國空前地團結起來反對威脅其自由的敵人時，我感到從沒有像現在這樣欽佩中國。就憑著這種爭取自由的決心──在深刻的意義上是天性的基本美德，我知道中國是不可征服的……」

在這裏，賽珍珠向全世界袒露了她的真誠的中國情懷。應該說，她始終都是中國人民的可親和可敬的朋友。她愛美國，但她

現代文人的背影

更愛中國。而就她的作品而言，也有不少有識之士堅信，她寫得不比我們自己的最好的作品差，也比我們最好的作家多得多。

徐遲就是持這種看法的人之一。問題在於，長期以來，──用徐遲的話說，我們對這位可敬又可親的朋友是「不夠朋友」的，雖然也有不少欽佩她的人，但更有一些人對她毫不熱情，乃至非常冷漠，甚而至於口出惡言，予以中傷，結果使她不明不白，失望而去，黯然無語，最後夢斷大洋彼岸──美國賓夕法尼亞州的青山農場的寓所之中。她生前最大的願望──想再到中國看一看，終於成了泡影。這太不公平。在對待賽珍珠及其作品的態度上，一些人的心胸未免過於狹窄了，不知道究竟為了什麼。而更糟糕的是，多少年來竟沒有人出來說句公道話，彷彿現代文學史上壓根兒就沒有過一個外國女士以三部曲的形式反映了中國近代一個農村家族的變遷這樣一回事。

那麼，我們要說的，徐遲之於賽珍珠的第二件事，就是長期以來，徐遲一直在尋找、等待機會，為賽珍珠「翻案」。他無法容忍一些自以為「大旗在手」的人對於賽珍珠的蔑視和譏笑。他更不理解為什麼這些人對一位寫了上十本關於中國人民生活的作品的女作家，不以為榮反以為恥。徐遲說，這是他長久以來的一樁「心事」。好在機會終於有了。

一九九一年元月，幾十位中國學者雲集鎮江，舉辦了一個「賽珍珠文學創作討論會」，對這位女作家第一次公開而公正地評頭論足。在大會收到的論文中，就有老作家徐遲寫的一篇〈紀念賽珍珠〉。在文章中，徐遲除回憶了點往事，表達了一點對一些人的譏笑和漠視賽珍珠的不以為然，還坦誠地寫出了自己對賽珍珠的作品的敬重。他說：「三十年代的創作，到九十年代再來讀，我覺得更有把握來判斷了。我的感覺怎麼樣呢？我覺得那個文苑英華的三十年代確實不簡單。賽珍珠當時是一個家庭婦女（應稱為布克夫人），和美國文藝界並無關係，和中國文藝界也毫無接觸，而能完成這三部巨大著作（指《大地》、《兒子們》和《分家》這個近二百萬字的三部曲），誠然難能可貴。如果說她並不是寫得盡善盡美的，那又有什麼奇怪呢？可是她確實寫出了那麼豐富的內

容，那麼形象又那麼生動，而且是對茫茫神州有那麼深厚的感情，又怎能不給予較高的評價呢？她的局限可以批評，當然應當是善意的批評。不應當作出惡意的中傷，或者說至少應當避免給她以中傷的。全面地來看這三部書，它們是成功地寫出了中國民國的那個時期的生活風貌來的。」

喉有骨鯁，一吐為快。徐遲的文章，盡情地表達了對賽珍珠的悼念、感謝、感喟和欽佩。人生冷暖，世態炎涼，賽珍珠生前已經感受了很多，而在她身後，我們又怎忍心讓她仍然處於一片淒冷之中呢！她是在中國大地上長大的女兒。如果說，賽珍珠在中國詩人徐志摩那裏獲得過真切而無望的愛情，那麼，她在另一位詩人徐遲這兒贏得的，卻是一片溫暖無私的友誼了。「四海之內皆兄弟也」，這原也是她生前最美好的願望。

蔡元培墓前的雛菊

——香港某日紀事

一九三七年，抗日戰爭爆發後，內地大批文化名人相繼南下。這年冬天，「五四」元老之一、北大校長蔡元培先生也帶著家眷南遷至香港。其時先生已罹重病，那雙曾經搖動過五四新文化搖籃的手臂，「在驚魘和失眠交替的現代」，已變得有點倦乏無力了。一九四〇年三月五日，這位畢生追求著思想自由、學術獨立的教育家，不遺餘力地為中國爭取人權、引進先進科學和新文化思潮的思想家和文化鉅子，在香港溘然長逝。

青山有幸埋忠骨，一代「新文化的保姆」，被安葬在香港仔華人「永遠墳場」。據說，三月十日，先生舉殯之日，全港學校、商店和公

蔡元培（前）和那一代「五四之子」

蔡元培先生塑像

蔡元培先生在北京的故居

魯迅、蕭伯納和蔡元培的合影

中年時期的蔡元培先生

益場所，都降半旗志哀。先生的靈柩途經之處，市民列隊送別，舉目致哀。而在南華體育館裏舉行公祭儀式時，參加者有上萬人之多。人們在哀悼這位文化巨人的同時，心裏浮漾著另一種感情，那就是：蔡先生能夠安息於香港，這是香港無上的光榮。

蔡元培先生避居香港的時間雖然不長，而且深居簡出，幾乎沒有什麼公開活動，但據說當時的市民都知道，有位「蔡老師」住在香港，一般的市民也都知道，「蔡老師」就是赫赫有名的蔡孑民先生。

一九三八年五月二十日，蔡元培先生曾應「保衛中國大同盟」和「香港國防醫藥籌賑會」的邀請，到香港聖約翰大學禮堂參觀了一次木刻美術展覽，並做了一次簡短的演講。蔡先生說：「當此全民抗戰期間，有些人以為無賞鑒美術之餘地，而鄙人則以為美術乃抗戰時期之必需品。抗戰時期所最需要的，是人人有寧靜的頭腦，又有強毅的意志。……最要緊的，就是能互相愛護，互相扶助；而此等行為，

全以同情為基本，同情的擴大與持久，可以美感上『感情移入』的作用助成之……」他的演講詞裏，傳佈著一位教育家在亂世之時的民生關懷和文化憂思。

　　在蔡元培先生逝世三十七年後的一天，一九九七年六月二十五日，自稱為蔡元培先生那一代文化巨擘留下來的「孤兒三代」的三位學者和詩人：周策縱、余光中和黃國彬，幾經打聽，費盡周折，終於站到了這位「新文化的保姆」的零落的墳墓前。

　　三位前來拜墳的人，分別留下了三首詩。三首詩彷彿在告訴世人，斯人已經長眠有日，但文化的骨血卻連綿未斷；故人墓前木已成拱，然而那「乳名叫做五四」的嬰孩，仍在高啼著「洪亮的哭聲」。

　　周策縱在詩中寫道：「別人抹了粉黛的高墳，全盤伸出雙手／仍不足扶持一朵出水白蓮。／涅槃後鳳凰樹又灑滴滴翠──／千點萬點並蒂綠樹影，借與／金谷幾片生意。這東方奧林比亞／山頂蒸鬱相容並包的煙雲……／我摘一枝紫花回來細讀，詩頁間夜夜／噓出春風，茁長更茁長……」（〈頑石──蔡孑民先生之墓〉）

　　開在蔡元培先生墓前的紫花，在余光中看來，那只能是一代文化巨人的心血所化：「六十年後隔冷漠的白石／灼熱的一腔心血／猶有餘溫，那淋漓的元氣／破土而出化一叢雛菊／探首猶眷顧多難的北方……」（〈蔡元培墓前〉）

晚年的蔡元培先生

當他們三人結伴朝拜而來，站在這位民主先驅、文化鉅子的幾近蕭條的墓前，「想墓中的臂膀在六十年前／殷勤曾搖過一隻搖籃／那嬰孩的乳名叫做五四／那嬰孩洪亮的哭聲／鬧醒了兩千年沉沉的古國／從鴉片煙的濃霧裏醒來……」他們的「孺慕之情」怎能不「同此一心」呢！「你的名字，磊落卻赤裸，／赤裸向天空／向風雨，／向東北向京華；／山下，汽車擾攘，／向太白向畫舫，／向週末的淺水灣。」（〈遊蔡元培之墓〉）

　　也許，我還可以在這裏為黃國彬的詩再續上一段：你的名字，如那世紀初的雷電；雛菊怒放，從故國遙遙開滿天邊。中原烽火早已平定，太平洋上的飄篷正駛在歸航的途中。家祭之日，怎能忘記安睡的諸公？魂兮歸來！攜著一百年的風雨，向著故國，向著五四，向著民族的強大與昌盛！

巍然清華

我 從「蓮花過人頭」的江南，來到水木燦燦、萬物秀鍾的清華園。
沿著朱自清先生當年散過步的那條幽僻的小路，我找到了他的清
瘦的荷塘。

　　我來遲了。這裏已不再是荷風習習的夏天。塘裏的綠荷已經凋殘，
幾枝枯梗，彷彿是從一幅古老的水墨秋荷圖上伸出來似的，只給人們留
下如許想像的空間，而一代文苑英華都已經走遠。今夜的月色，雖然也
還隔著樹枝照過來，在寂靜的荷塘邊落下團團參差的黑影，但我知道，
這月色不再是二十年代的月色，秋蟲的吟哦，樹梢上的晚風，一聲聲，
一陣陣，彷彿都像在喚起我心中那份懷舊的情緒……

　　坐在朱自清先生那漢白玉的雕像下，
我默念著那首古老的清華校歌：「西山蒼
蒼，東海茫茫；我校莊嚴，巍然中央。
東西文化，薈萃一堂，大同爰躋，祖國
以光。莘莘學子來遠方，春風化雨樂未
央……」我想到，歲月在流逝，時代在更
替；十年樹木，百年樹人；遙想世紀初葉
的清華學堂，雖然都已成為陳跡斑斑的歷
史，但新一代莘莘學子追求科學、民主

荷塘邊的朱自清先生塑像

清華大學門坊

清華園裏的詩人聞一多塑像

和文化的腳步，卻仍然是匆匆而堅實的，這是撞向明天、跨向未來、邁入新世紀的步履啊！

百年滄桑，更能消幾番風雨？美麗的清華園，以器識為先，左圖右史，文藝其從而致知窮理，怎能不使滿園生輝，赫赫而復巍巍乎！

從三十年代初起擔任國立清華大學校長的著名教育家梅貽琦先生，在就職演說中為後人留下了這樣一句膾炙人口的名言：「所謂大學者，非謂有大樓之謂也，有大師之謂也。」

清華自一九一一年建校那天起，就一直是一座大師雲集、人才薈萃的聖殿。早年的那一代清華學人，幾乎創造了中國近代學術文化的半壁江山。僅以文科而言，早期清華國學院的四大導師王國維、梁啟超、陳寅恪、趙元任，皆學貫中西、博古通今，其學問才識，可謂前無古人後無來者；集學者、文學家於一身的朱自清、聞一多、王力、胡適、梁實秋、俞平伯、錢鍾書、陸侃如、曹禺等等，更是中國現代文學和學術史上光芒四射的一代驕

子，他們是清華的驕傲，也是整個中華民族的瑰寶。至於教育家梅貽琦、蔣南翔、何東昌，哲學家馮友蘭、張申府、金岳霖，歷史學家吳晗、雷海宗、蔣廷黻，社會學家陳達、張奚若、潘光旦、費孝通，經濟學家馬寅初、陳岱孫，等等，都似一個個光華璀璨的星座，交互輝映，而又無可替代，各領一代文化和學術風騷。

而在理工方面，清華園更是中國近現代以來的一座科學重鎮，許多學科領域裏的重大發現、發明和創造，都凝結著清華人的智慧，閃耀著清華學人炫目的光芒。熊慶來、華羅庚、楊武之、陳省身等等都是蜚聲中外的數學大師；在物理學界，既有葉企孫、吳有訓、周培源等我國物理學的先驅和奠基人，更有楊振寧、李政道、錢三強、何澤慧、錢偉長等等曾經登上令全世界矚目的科學高峰的一代俊彥；建築大師梁思成，以博大精深的學術成果蜚聲中外；工程技術學的大師劉仙洲，承前啟後，風範獨具；還有地質學家翁文灝、袁復禮，動物學家陳楨，植物學家李繼侗等，都堪稱各自學科領域裏的一代宗師，在許多重大的科技成果上，都赫然鐫刻著他們不朽的名字。

有一個統計數字表明，新中國成立以來，中國科學院前後四次公佈的七百四十七名學部委員（院士）中，就有二百四十七人曾在清華園學習或工作過，占學部委員（院士）總數的百分之三十三點一。新中國成立後創建的第一個原子科學研究機構——中國科學院近代物理研究所（現為原子能研究所）首位所長、副所長全部為清華學人。「兩彈元勳」鄧稼先，「航空先驅」華風翔，「中國導彈之父」錢學森，中國第一顆人造衛星「東方紅一號」的研製者之一趙九章，「長二捆」火箭總設計師王德臣，澳星發射總顧問屠守鍔等等，也都是令所有清華人為之驕傲和自豪的校友。

「水木清華眾秀鍾，萬悃如一矢以忠，赫赫吾校名無窮。」清華代有人才，群星燦爛，成為中國近現代科技文化學術的一道光華奪目的風景線。同時，她也為中國近現代和當代政治舞臺輸送了一大批聲名顯赫的政治家、外交家、社會活動家和革命的領導人。如姚依林、胡喬木、

喬冠華、宋平、榮高棠、蔣南翔、何東昌、艾知生等。現在正在擔任著
黨和國家領導人職務的朱鎔基、胡錦濤、吳邦國、黃菊等也都是清華
出身。「立德立言無問西東。孰介紹是，吾校之功，同仁一視，決決大
風。」清華大學將近百年的校史，早已把一個偉大的預言變成了現實。
多少夢想，多少奇蹟，都在這漫長的百年風雨歲月中得以完成！哦，
「無窮，無窮，赫赫吾校名無窮……」

　　早期的清華，雖然是以培養合格的留美預備生為己任，在教學上也
施行英美式的「自由教育」（或曰「通才教育」、「博雅教育」），但她
的血脈卻是與中華民族的優秀文化傳統緊緊相連的。清華學風素以「中
西相容，古今貫通」而著名於世。而「自強不息，厚德載物」在清華
建校之初便是她醒目的校訓。清華大學的百年校史──無論是世紀初的
「清華學堂」和「清華學校」（清華大學前身），還是一九二八年八月
正式定名的「國立清華大學」，抗日戰爭時期的「西南聯大」和戰後復
原的清華大學──她的校史就是一部與民族的興衰血脈相連、與國家的
命運息息相關的歷史。「天下興亡，匹夫有責」，中華民族的自強不息
的性格和整個國家獲得新生之後的現代化進程，都可以在清華校園裏找
到足跡和履痕。

清華大學老圖書館外景

　　當歷史進入二十世紀九十年代，清華大學這所百年老校，重新煥發了她青春的朝氣。今日清華已經是一座以工科為主體，兼有理科、管理學科和人文社會學科的綜合大學，並以一流的教學、一流的研究和引人注目的社會實踐、生產開發相結合的辦學風格，躋身世界著名高等學府之列。處在世紀之交的古木森森的清華園，既是一座大師濟濟的教育聖殿，又是一個人才輩出的科研靈地。如果説，招天下英才而育之，是清華的驕傲，那麼，向社會輸送多方面的優秀的高級專門人才，也是清華引以為榮的使命和責任。凡有大抱負大志向的莘莘學子，誰不愛清華？誰不以步入這座雲蒸霞蔚、氣象萬千的聖殿為榮呢？

　　漫步在綠陰郁郁的清華校園裏，徜徉在古老的清華園園門前，或者沿著任何一條綠樹縈繞的迴廊小徑，走向朱自清、聞一多、吳晗等一代文苑英華的塑像跟前，你都會覺得，那一代學人雖然也像這個世紀一樣正在變得遙遠，正在成為歷史典籍，但校園弦歌，豈能被歲月的風雨淹沒和隔斷？邁向人類文明的腳步聲又怎會在世紀之末停滯不前！春風化雨，春華秋實。清華的偉大，既屬於昨天，更屬於未來，屬於下一個全新的世紀！

　　撫摸著清華學堂那莊重的老牆，望著遠處那使人肅然起敬的百年古木，我似又聽到梅貽琦先生那意味深長的期許之音：「他日校友重返故園時，勿徒注視大樹又高幾許，大樓又添幾座，應致其仰慕於吾校大師又添幾人也。」

　　西山蒼蒼，東海茫茫。巍然清華，唯日月與其同光！

哲學家的愛

是一個很平常的日子，誰也記不起來的某一天，年老的哲學家，——地向他的一些老朋友發出了聚會的邀請。老朋友們收到請柬都感到納悶：他到底為了什麼要請客？待到大家都到齊了，哲學家只輕聲地說了一句：今天是她的生日。

這位哲學家就是金岳霖先生。他所紀念的人，就是建築學專家、現代女詩人林徽因。

金岳霖先生（一八九六—一九八四）是湖南長沙人，早年曾留學美國，獲哥倫比亞大學政治學博士。之後又在英、德、法等國留學，從事意識形態領域的研究工作。一九二五年，金岳霖回國，擔任清華大學教授，並創辦清華大學哲學系。我國傑出的外交家喬冠華，即是清華大學哲學系初創時期金岳霖的學生。金的主要著作有《邏輯》、《論道》、《知識論》等。

學生時代的林徽因（右一）

少女時代的林徽因

哲學家金岳霖先生

中國現代女詩人、建築學家林徽因

　　小説家汪曾祺先生寫過一篇〈金岳霖先生〉，其中寫到，在西南聯大時，金先生開了一門《符號邏輯》課，這門學問對許多人來説簡直是「天書」，選這門課的人很少，教室裏只有幾個人，其中一個學生叫王浩。金先生講著講著，有時會停下來，問：「王浩，你以為如何？」這堂課幾乎就成了他們師生二人的對話。王浩後來果然不負金先生的期望，成了國際知名的文化學者和邏輯大家。王浩先生現居美國，曾專門寫過論述金先生之學的長篇文章。汪曾祺讚歎道：「王浩的學問，原來是師承金先生的。一個人一生哪怕只教出一個好學生，也值得了。當然，金先生的好學生不止一個人。」

　　一九二八年，多才多藝的林徽因從海外學成歸國。在成為詩人的同時，她也成了一位優秀的建築學家。其時，她已與梁啟超的長子、年輕的建築學家梁思成結婚。林徽因的天生麗質和超人才智，以及優雅的教養，使她周身充滿了一種令人神往的東方美人的神韻。她的美不僅使浪漫詩人徐志摩為之傾倒，就連大智若愚、擅長邏輯推理的哲學家金岳霖先生，也為之寤寐思服、輾轉反側。

　　但金先生到底是一位哲學家。他崇尚美，景仰美，卻又能夠完全擺脱那種凡夫俗子的佔有慾，而以柏拉圖式的愛，獻身於他心中的至高

青年時期的哲學家金岳霖先生

青年時代的女詩人林徽因

無上的「美神」。據說，正是為了林徽因的緣故，金終身未娶，而且和胸襟開闊的梁思成相處無間，共同尊重和愛護著一位曠世才女。有一段關於他們三人的逸事是這麼說的：有一天，林向梁道明了自己的苦惱，即不知自己在梁和金之間該如何取捨。梁說，如果你覺得自己是真愛金的，那麼他情願退出。林以此語具告了金，金沉默了一會說：看來，思成也是深愛你的，你應該跟他在一起。於是，金退出了。

林徽因在一九三一年五月的香山上寫過一首詩〈激昂〉，所寫的是否與哲學家有關，不敢妄猜，但以這首詩來比擬金岳霖先生對林徽因的崇仰，似乎又是那麼恰當。詩中寫道：

> 我要借這一時的豪放
> 和從容，靈魂清醒的
> 在喝一泉甘甜的鮮露，
> 來揮動思想的利劍，
> 舞它那一瞥最敏銳的
> 鋒芒，像皚皚塞野的雪
> 在月的寒光下閃映，
> 噴吐冷激的輝豔；——斬，

斬斷這時間的纏綿，

和猥瑣網布的糾紛，

剖取一個無瑕的透明，

看一次你，純美，

你的裸露的莊嚴。

……

然後踩登

任一座高峰，攀牽著白雲

和錦樣的霞光，跨一條

長虹，瞰臨著澎湃的海，

在一穹勻淨的澄藍裏，

書寫我的驚訝與歡欣

獻出我最熱的一滴眼淚，

我的信仰，至誠，和愛的力量，

永遠膜拜，

膜拜在你美的面前！

　　金岳霖先生顯然正是這樣，超凡而無私地膜拜在美與愛的面前。無論是抗戰前在北平東城北總布胡同，還是抗戰勝利後遷回清華園，單身的金總是和梁思成、林徽因夫婦一家緊鄰而居。學識淵博的哲學家是梁家的常客，他手把手教著梁、林的一對子女梁再冰、梁從誡的英語，一點也不含糊，「視若己出」。其時梁再冰在北大外語系讀書，梁從誡也在城裏的中學住宿。每逢星期日，哲學家就會悄悄地進城去陪這兩個孩子逛上一天，然後再帶著他們回家去看望父母。

　　翻譯家文潔若（當時她是清華大學外語系的學生）回憶說，有一次她在騎河樓上校車返回清華時，恰好和金先生同車。坐在車上的哲學教授，一反平時在講臺上的學者派頭，和身邊的兩個孩子說說笑笑，指指點點——原來他們正在數著從西四到西直門之間的電線桿子玩兒。那兩

哲學家金岳霖先生

個孩子，當然就是梁再冰和梁從誡了。文潔若由衷地讚美說：「我十分崇敬金教授這種完全無私的、柏拉圖式的愛，也佩服梁思成那開闊的胸襟……這真是人間最真誠而美好的關係。」

金岳霖先生對林徽因愛得很執著。那時林徽因患有肺病，身體不好。有人親眼看見，金先生體貼入微地給林端來一盤蛋糕。那年頭，蛋糕是稀罕物，只有哈達門的法國麵包房和東安市場的起士林才能買到那麼好的蛋糕。很難想像，虔誠的哲學家雙手捧著蛋糕穿過人群時，他的心裏，是懷著怎樣的感情。

一九五五年四月一日，一代才女林徽因病逝。哲學家金岳霖則孤獨地活到了八十年代。而照拂著年老、孤單的哲學家安度晚年的，正是梁思成、林徽因的兒子梁從誡夫婦。

故人漸遠，風雨飄零。不知道心懷大愛的哲學家，在那漫長的歲月裏，是怎樣日日回想著那「沉在水底記憶的倒影」。或許，在女詩人每年生日那一天，哲學家會默默地在心裏誦讀著林徽因那首令人傷感的〈題剔空菩提葉〉——

認得這透明體，
智慧的葉子掉在人間？
消沉，慈淨——

那一天一閃冷焰，
一葉無聲的墜地，
僅證明了智慧寂寞
孤零的終會死在風前！
昨天又昨天，美
還逃不出時間的威嚴；
相信這裏睡眠著最美麗的
骸骨，一絲魂魄月邊留念，
……
菩提樹下清蔭則是去年！

不朽的大堰河

　　——十世紀四十年代末，俄羅斯散文作家康・巴烏斯托夫斯基完成了——一部關於詩人普希金的話劇《我們的同時代人》。為了寫作這部作品，散文家曾沿著詩人當年旅居過的村莊採訪和生活了很長的時間。他說：「普希金的一生比我們所知道的要豐富得多。要想把這動盪的、光輝燦爛的一生，塞進一個很不完全的傳記框子，這可不是一件輕而易舉的事。」最後，作家從普希金的一生中給自己的話劇挑選了一個最有意義的時期，即流放奧德薩和幽居米哈依洛夫斯克村時期。

　　這是普希金作為一個詩人和公民的成熟時期，是兩次流放、創作了《葉甫蓋尼・奧涅金》、熱愛自由的思想業已成熟和準備十二月起義的時期。而在這個時期裏，對於普希金來說，最有影響、至關重要的朋友之一，便是他的乳母阿琳娜・羅季奧諾芙娜。這位普通的俄羅斯農婦，頂替了普希金的母親、姊妹和朋友。普希金對她的愛是一往情深的。「我的冷酷歲月中的伴侶，我的老邁年高的親人……」詩人在描寫自己任何一個親朋好友時，都不像描寫乳母那樣懷著如此感人和深厚的柔情。有人評價，獻給乳母的這一部分作品，是普希金一生中最動人的抒情詩之一。巴烏斯托夫斯基也由衷地寫道（大意）：這個普通的粗通文墨的婦女的名字已經載入俄羅斯文化史冊。阿琳娜是俄羅斯的天才、智慧和誠懇的完美的體現。與此同時，阿琳娜・羅季奧諾芙娜也和詩人一起，分享著俄羅斯全體人民的愛、景仰和感激。（巴烏斯托夫斯基關於話劇《我們的同時代人》的創作札記）

中國現代詩人艾青先生

一九二九年，在巴黎留學的青年畫家艾青。

　　散文家的這段議論，使我很自然地想到了詩人艾青和他的保姆大堰河。艾青之於大堰河，不正像普希金之於阿琳娜一樣嗎？在閃爍著詩人的生命和藝術的光芒的地方，也同樣閃耀著這些普通的、善良而苦難的、甚至沒有留下自己的名字的母親們的生命和靈魂的光華。

　　那是一九三三年元旦剛剛過去不久的一個凌晨，在江南的一座監獄裏，已經被宣判了六年徒刑的青年畫家艾青，透過碗口大的鐵窗，望著漫天飛舞的大雪，想起了他的去世了的保姆——一位像母親一樣養育了他、疼愛過他的普通農婦。

　　艾青出生於浙江金華畈田蔣村的一個地主家庭。據說他是難產的，三天三夜，母親才生下他。一個算卦的說他的命是「剋父母」的，於是他成了一個不受歡迎的人。他的父親蔣忠樽信以為真，便把他送到了貧婦「大堰河」家作為乳兒寄養。

　　「大堰河」是金華大葉荷村人，姓曹，但沒有名字。是的，舊中國的許多可憐的母親們都是這樣，沒有自己的名字的。「大堰河」只是「大葉荷」這個生她的村莊的名字的諧音。她是一位童養媳，備受過人世生活的凌侮和淒苦。但她的身上卻凝聚著中國鄉村婦女的全部美德和

情操：勤勞淳樸、善良無私、默默地忍受人世間的一切苦難和艱辛。她和乳兒之間的感情也超過了一般的母子之愛。她愛乳兒愛得那麼深，而唯一的希求不過是幻想有一天，在乳兒的婚宴上，能聽到嬌美的媳婦親切地叫她一聲「婆婆」。然而還沒有等到她的夢做醒，苦難的生活便奪走了她的生命。她死時，乳兒已不在她的身旁。但她卻流著淚水，輕輕地呼喚著乳兒的名字，直到咽下了最後一口氣……

　　在監獄的鐵窗之下，冬末的大雪勾起了艾青對於乳母的深切的追思和痛苦的懷念。他想到了她的被雪壓著的草蓋的墳墓，她的關閉了故居簷頭的枯死的瓦菲；想起她為了生計，提著菜籃到村邊的結冰的池塘去，背了團箕到打麥場上去；想起了她在寒冷的冬天裏，默默切著冰屑窸窣的蘿蔔，匆忙地用手搯著豬吃的麥糟……他還想到了乳母的死：「同著四十年的人世生活的凌侮，同著數不盡的奴隸的淒苦，同著四塊錢的棺材和幾束稻草，同著幾尺長方的埋棺材的土地，同著一手把的紙錢的灰……」懷念乳母的痛苦，使身在獄中的艾青情腸百結，焦灼難安。在那個寒冷而黑暗的世界裏，他的目光變得深沉而明亮。大堰河的血乳釀成的生命之泉，流貫在他的胸腔裏，一種神聖的情感，一種對於整個舊中國的「被侮辱與被損害的」母親們的命運的關注，壓在青年畫家的心上。

文化生活出版社出版的艾青詩集
《大堰河》封面

　　就在這大雪彌天的黎明時分，中國現代文學史上的一部傑出的詩作——《大堰河——我的保姆》，在冰冷的鐵窗之下誕生了！而伴隨著這篇現實主義傑作，一位優秀的抒情詩人，從此也就站立起來了。正如大堰河的乳汁養育了他的生命一樣，大堰河的苦難的命運，也喚醒了他心中沉睡的詩神。也可以說，是一個普通的中國農婦，推出了一個偉大的詩人。

　　這首詩寫好之後，艾青設法躲過獄卒的監視，託人將詩稿帶出了監獄，交給了他的朋友李又然。一九三四年，這首詩發表在莊啟東、方土人編輯的《春光》雜誌上，署名「艾青」。這是「艾青」這個名字第一次在文壇上出現。詩一經問世，便立即轟動了整個文壇。聞一多、馮雪峰、茅盾、胡風等先後著文，高度評價了這篇力作。胡風先生在其論文〈吹蘆笛的詩人〉中這樣動情地寫道：「在這裏，有了一個用乳汁用母愛餵養別人的孩子，用勞力用忠誠服侍別人的農婦的形象。乳兒的作者用素樸的真實的語言對這形象呈訴了切切的愛心。在這裏他提出了對『這不公道的世界』的詛咒，告白了他和被侮辱的兄弟們比以前『更要親密』。雖然全篇流著私情的溫暖，但他和我們中間已沒有了難越的限界了。」

　　圍繞著這首詩，當時還有兩件小事，頗值一說。一是李又然先生在把這首詩發表以前，曾將原稿給一個詩人看過。那個詩人說「有詩的氣息，但是寫得太嫩，要改一改。」李又然聽後勃然大怒，大聲說道：「一個字也不能改！」在他看來，這首詩是「神聖」的，誰有資格來改？第二件小事是，艾青的母親知道了這首詩，說：「你寫大堰河，她只是你的保姆。你為什麼不寫你的親母親呢？」艾青後來說，這位親生母親大概忘記了，兒子曾經被認為是父母的「剋星」的。他不是吃著親生母親的奶，而是吮吸著大堰河的血乳而長大的。《大堰河》的問世，是具有歷史意義的。它使我們失去了一個或許也是優秀的畫家，但卻從此換來了一個譽滿中外的大詩人。

晚年的詩人艾青先生

　　一九八二年六月，距這首詩發表近半個世紀之後，已逾古稀的詩人，再一次回到故鄉，見到了大堰河的第二個兒子蔣正銀。大堰河有五個兒女，死了四個。蔣正銀比艾青大六歲，是個篾工。「幼年灑淚別家親，老邁回村祭祖墳。」當艾青和正銀手挽手地坐在一起時，我們不能不想到他那摯切的詩句：「當我經了長長的飄泊回到故土時，在山腰裏，田野上，兄弟們碰見時，是比六七年前更要親密！這，這是為你，靜靜的睡著的大堰河所不知道的啊！」

　　又過了十年，詩人八十三歲了。他已經老了，完全坐在輪椅上活動了。這年五月，他再一次回到故鄉金華──這也可能是他生前最後一次回到故鄉了。

　　他被人推擁著，沿著畈田蔣村，沿著小時候多次走過的田埂和渠道，最後一次走向大堰河的墓地。他是來這裏，為自己親愛的乳母的詩碑揭幕的。大堰河的墳墓是樸素的，正如她的樸素的一生。那只是一個小小的長方形的土堆，磚砌的墓牆成弓形靜伏著。紫雲英、蒲公英、車前草和金黃色的苦菜花等，環繞在小小的墓地四周，彷彿在安撫著一個善良和忠厚的靈魂。不遠處就是她勞作了一生的田野和村莊。風輕輕地吹過來，吹著遍地的野花和小草，大堰河在地母的寬厚和仁慈的懷抱裏安睡著……

　　茨威格曾說列夫・托爾泰斯的墳墓是「人世間最美的墳墓」──保護列夫・尼古拉耶維奇得以安息的沒有任何別的東西，惟有人們的敬

意。大堰河的墳墓也是世間最美的墳墓。永安著她的善良和苦難的靈魂
的，除了人們的敬意，還有她的年老的乳兒的無盡的懷念和全部的深情
──他的生命裏凝結著大堰河的血脈，也永生著大堰河的精神。

　　大堰河是不朽的。每一個熱愛艾青的人，都將景仰大堰河。離艾青
所題寫的「大堰河之墓」的墓碑正前方不遠處，有一方醒目的詩碑，碑
的正面鐫刻著的艾青的詩，其實也表達了所有的人對這位含辛茹苦地養
育了詩人的平凡的勞動婦女，對這位苦難而偉大的母親的敬意：

　　大堰河是我的保姆

　　我敬你

　　我愛你

一九九四年四月三日

艾青題寫碑銘的大堰河之墓

捧住那文化的「活水」

一

俄羅斯古老的神話裏，有一種能夠起死回生的神水，被稱為「活水」。一九五六年二月，散文作家巴烏斯托夫斯基在慶祝伊里亞·愛倫堡六十五周年誕辰晚會上，這樣致辭讚美愛倫堡這位忠誠而嚴肅的老文化戰士：「老作家雙手緊捧著文化，就像捧著一碗珍貴的活水，跨過時間的廢墟，穿過戰爭和空前的苦難歲月，竭力不使活水濺出一滴……」

我讀這段文字，不由地想到了老作家駱文先生。他們這代人的命運和經歷，都同我們這個動盪的世紀息息相關，不可分割地聯繫在一起。體現在他們身上的那些豐富的閱歷、創造的熱誠和人道的愛心，也都將「作為具有巨大教育力量、熔道德與美學於一爐的一種因素」（巴烏斯托夫斯基語），不僅過去存在，而且必將永遠存在。而對於人類的文化園林，他們也永遠是最忠誠的園丁和不遺餘力的保衛者……

老作家駱文先生

二

　　初夏時分，我受《長江文藝》雜誌之託，去拜訪了老作家駱文先生。他的小院收拾得非常整潔、清爽。一株老葡萄已經抽出了新條，長出了新葉，而且青枝綠葉的一大片了。仔細一看，像米粒大小的青葡萄粒兒，已經密密麻麻地結滿枝椏了。要不了幾個月，葡萄又將滿架了。

　　駱老的花也養得非常好。尤其是那大大小小的十幾盆君子蘭，似革質又非革質的墨綠的蘭葉，豐腴、厚實。從那彷彿用小篩篩過的細細的腐殖土，和那潔淨到幾乎纖塵不染的花盆邊沿，便可看出養花人的耐心和細心。

　　這是他的「綠色勞動」。不是非常熱愛生活的人，對於花草，哪裡能有如此的愛心？我們的交談就從花草開始。

　　老作家剛剛寫完了一篇短文。用七百字寫了他種養的一盆曇花從扡插到開花的全過程。不妨在此先欣賞幾個片段，因為見過曇花的人畢竟不多：

> 曇花扡插時才幾片小葉，十七個月後，長成蓬蓬鬆鬆的一大缽。數點一下，肉質感的葉片共有三十多盆，和別的藤蔓類植物相仿，葉枝葉椏攤得很開。灼熱天，把它放在遮陰大樹下，一到霜降就搬進屋內……
>
> 山隈樹間鷦鴣叫的時候，見它葉緣現了蕾，一直長到小拳頭那樣大，正如以花為事的人，心裏說不出的喜悅。
>
> 處署節令前十一天，妻子對我說：「估計曇花今夜要開，抬它到屋裏去，好看。」晚上十一點多鐘，蕾，綻開了。花三層，二十六個苞片。雌蕊在內，雄蕊在外，鵝兒一樣淡黃。花色卻如月亮般皎潔……

待到凌晨兩點，曇花瓣慢慢綻開，從相反方向下垂。原來它總在
閣動，絕無一息靜止。只是我們的感官功能趕不上它纖纖細細地
閣動。並沒有眨過幾回眼睛，瓣片復又翻捲、攏起。而散發的清
香仍在四隅流連。

四點零八分，報時表開始鳴叫，曙光將露未露，小鳥兒驚醒了，
它才漸漸萎謝……

　　這是多麼細膩和親切的文字啊！而要寫出這樣的文字來，又需多麼
耐心和細緻的觀察，以及對於生活點滴的深深的關注……

　　由此，駱老談到了散文創作。

　　近幾年來，「年歲稍大，正事卸掉」，駱老有了一些寫作時間，便
同散文打上了交道。除了已經出版的兩部散文集《對人的鍾愛》、《菱
花女》外，他晚年寫作和發表的散文作品更不在少數。他認為，散文作
為一種文體，好處甚多：「一石之嶙，可以為文；一水之波，可以寫
意；一花之瓣，可以破題。但兜子放開了，還要攏得住口。如茨菰葉上
水珠，清早看四處都是，但漸漸它就匯為一起了。緊靠葉柄窩窩裏的美
麗晶體，不正是凝聚了的水滴？」

　　正如一位著名作家所說的，一部作品的本身就是目的。駱老也認
為，散文（豈只是散文）也應該講究它的目的與意義。它應該是作者強

駱文和文藝界朋友們在一起。自右至左：
駱文、碧野、徐遲、美國詩人保羅·安格
爾、聶華苓、畫家張振鐸。

烈的感情的自然流露，應該增強（或曰「強化」）一點人們對作品（進而對世界）的理解，有比較強烈的感受性。否則，這篇散文也就失去了它的價值與意義。這也使我想到他在《對人的鍾愛》的後記裏的一段話：「詩的世界（散文也一樣）如何投射進光，詩的世界的光又如何反照出來，不是稀光而能顯得燦亮，高下有致，這就需要艱苦的勞動了。」

駱老還有一個說法：文章是有血脈的。它是凝結著寫作者的愛與憎的。他曾引用過歌德的話來說明作者的情感在作品中的不容忽視的地位：「我像鵜鶘一樣，是用自己的心血把那部作品哺育出來。」

三

由散文而不禁談到了整個文學與文化。還在今年元旦時，我就讀到了駱文先生一篇有關「純文學」的隨筆，直抒胸臆，有若空谷足音。他的焦慮，也正是這個世紀末的整個文學界的焦慮。

他這樣說道：一個國家的文學（乃至整個文化）的基座，「不可能築在『地攤』上，不可能寄希望於《金瓶梅》式的仿本上，不可能在黃色界樁和雜色邊緣構成。它只能是朗照天空的陽光——著眼於社會主義

駱文先生手跡

精神文明建設的文學，純淨，透明，輝煌而壯麗。——這才是我們極高的基座，從這個基座展望世界，走向世界。」

然而現實中確也有著令人擔憂的狀況。它們像病疫一樣在侵蝕著嚴肅的文學和高雅的文化。物慾橫流，商潮澎湃，《共產黨宣言》所指陳的景象正在變本加厲，而文人學者們的所謂「下海」之聲，洋洋盈耳，一種可怕的「世紀末情緒」，似乎已成為拂之不去的文化主潮……

老作家不能不憂心忡忡地思考著：我們的文化園地並非絕對不能變成荒漠，因為切近而過的流沙，它是長著硬翅的。同時，他也在殷切地期待著吉祥鳥的歌唱。他祈祝著：我們能夠成功，「不計收穫，全力耕耘」，避開那不愉快的史頁再被掀起……

這也是這個世紀的良心與良知！他不能容忍任何人把這文化的「活水」弄髒。因為它是屬於整個人類的瑰寶。既然要為美德懿行唱讚歌，也就不能不對澆風漓習施針砭。且看老作家懷著一顆正義之心，對一切非文化的，和一切對於文化的虐待者與踐踏者的嘲弄與譴責——

他讚美偉大的貝多芬，堅信「貝多芬只有一個」。但對那位幻想能夠操縱貝多芬之手來彈出使他悅耳的「音樂」來的李希諾夫斯基親王，卻這樣回敬道：「這是無邊天空一切星辰樣的音樂呵，怎麼能在一堆磚牆裏限死！」「這個尊貴的莊園主，可以用琵琶桶盛滿金幣，但並不能收住貝多芬的心。因為他的心是清朗的萊茵河水孕育的。是在焚燒封建專制統治的火焰裏煉成的。……」（〈貝多芬只有一個〉，《隨筆》一九九一年第六期）

他懷念老舍先生和詩人何其芳。但他的回憶卻伴著深深的痛苦。他對老舍先生的「哪怕隻言片語，都洋溢著俚趣、鄉情、非凡的智慧」的文化品格記憶猶深，同時，怎麼也無法繞開吞沒了老舍先生的那片太平湖水。他痛苦地想著：「老舍曾活在六十年代，為什麼轉瞬間會成為兩千三百多年前的靈均？」七十年代中期，他到北京古舊的裱褙胡同去看延安時期的老戰友何其芳。他走進那煙薰火燎的暗樓，看著那黝黑低暗的小窗，窄而又窄的樓梯，快要坍塌的書架，以及很硬的板床……他不

能不痛心疾首：「縱使在白天，也只能寫黑夜的歌了。」他於心緒紛亂之中走出了破舊的裱褙胡同。他沒有看見褙字也未見到裱畫，倒是想到了受辱的文化！（〈回憶是痛苦的〉）

他在思索著：「人民的藝術家王大化同志之墓」的石碑，何以在悲劇迭起的十年中被粗暴地砸倒？（〈呼嘯的性格〉）對於一位身經百戰的老將軍朱德，懷著一種善良而隱秘的愛蘭惜蘭之心，偶爾侍弄幾盆綠色的盆栽，有什麼必要給以蠻橫的攻貶？（〈他的綠色勞動〉）還有，為什麼會有那麼多的人，一有時機，便會別出心裁地折磨自己的同志？能夠原諒那些打人的人的意識嗎？（〈石中藤〉）

不禁想起了他的那個小小的寓言：

> 有一天，他把小小的啄木鳥放進黃鶯鳥籠，爾後，精緻的方形亮籠細篾棒折了，籠底板碎了。水缸食缸和棲木不知散到何處。又一天，他把花貓塞進雞窩，早上，籠口擠出一攤雞毛。過不久，他索性抓條蛇，起先四下張望，繼而讓它蜷曲在一個朋友的被蓋……

他是多麼奇怪於這一類人的行為，為什麼如此叫人費解！他最後只好請教哲學家：「我們生活中是不是有一種喜愛混亂生活的人？」

是的。老作家從來沒有停止過對於一些非文化、非人道的現象的思考與批判。月旦是非，評衡清濁，其忠仁之心，愛恨分明之情，守至老邁，老亦不改……

四

駱老從延安時期起，就對民歌推崇備至。尤其是對陝北的「信天遊」和東蒙民歌，是做過深入的搜集、整理和研究的。五十年代初，他又深入贛南的吉安、遂川、井岡山、贛州、興國等地採錄過山

歌。我曾多次聽他談過民歌，也曾在一篇散文裏稱他有一顆「民歌的心」。

這次訪談，自然也要談到民歌。

我說，最近我也正在讀韓燕如先生編選的《爬山歌選》，爬山歌主要是流傳在西蒙大青山、土默川、河套和伊克昭盟等地區的民歌。它們質樸、高亢、悠遠，富於濃郁的浪漫色彩和生活氣息。確實稱得上是「真詩」。然而很可惜的是，近幾年的新詩創作，已經看不出任何民歌傳統的影響了，年輕一代的作者幾乎遠離了民歌。其實民歌就是一個民族最優秀的文化傳統和文化遺產之一，決不應該忽視的……

對此，駱老也深有同感。他脫口而出：

東山上點燈西山上明，
四十里平川瞭也瞭不見人。

你在你家裏生病我在我家裏哭，
稱下的梨兒送也送不上門。

他說，這幾句民歌（信天遊），對於當時那種封建割據的天地裏的男女感情，表達得多麼悽愴和真切！還有：

酒盅盅舀米不嫌你苦，
蛋殼殼點燈不嫌你窮。

前溝的糜子後溝的穀，
哪噠想起來哪噠裏哭。

它們在表達生活、心理上的感覺，表達情操、愛戀、希望、失望、道德……都是那麼的真切、自然和強烈。再如東蒙民歌，悠遠，高亢，

既表現了強悍、無畏的蒙族人民的性格特徵，也與大草原的遼遠、開闊的自然環境相吻合，它們在表現天地、日月，甚至世紀、宇宙、時空輪換等方面，都顯示了一種非凡的魅力，讓人產生一種廣闊的遐想和強烈的藝術震撼……

> 我真想變成蝴蝶憩在你肩頭，
> 把你美麗的眼睛看飽看夠。
> 只是我變不成蝴蝶呵，
> 急得我一塊塊落下我的心上肉！

　　駱老説，東蒙民歌裏大都是雅俗共賞的。有的民歌不論在形式上，還是在內容上，都全無原始的性質，而是依據比較恰當的藝術方法，如「比」、「興」等，創造出來的，讀來如覺置身雨後山花叢中，爛漫耀眼而不妖豔。它們是生活的牧歌，是人與自然的歌。它的鮮活、清新、貼切、生動和富於音樂美的語言，決不亞於我們的「純詩」，或者説，是我們的新詩所無法企及的。民歌是詩的源頭之一。優秀的詩人總會從傳統中吸收那豐富的營養的。駱老説，這是一個老話題，但也是一個常新的、須臾不可忘卻的話題。

五

　　從五十年代開始，到新時期，駱老曾多次出訪過波蘭、前蘇聯、南斯拉夫、捷克和斯洛伐克等國家，他對沙皇俄國的歷史、波蘭起義以及西伯利亞的流放者們……產生了濃厚的興趣。近幾年來，他集中精力，閱讀了大量的關於東歐歷史，尤其是關於俄國、波蘭歷史方面的著作。也許是很早時候起他就有了一個心願：寫一部長篇的小説，其中當然包括戰爭、壓迫、起義、生死相依的愛情……以及女皇的驕妄，革命者的英勇，流放者的苦難，女性的忠貞……

駱老說，也許僅僅是一種嘗試──對於長篇小說這種大場景、大容量的文學樣式的嘗試。但我卻想到了，這個題材也許──不，應該說是正好適合於駱老這樣的老作家來寫的。這裏面除了才能的問題，還有一個氣質與胸懷的問題。或許可以說，只有駱老這樣的老作家，才有資格來駕馭這樣的歷史題材。完全可以預想，那如同貞德（一四一二年生於法蘭西，卒年一四三一年）一樣的女革命者的形象，那不可一世的沙俄女皇，還有在風雪和鐐銬聲中高昂著頭顱的西伯利亞的囚徒……都將在不久，就會站立到我們的面前……

　　不禁想起駱老三次走過西伯利亞風雪路的經歷，想起他留在這個被稱為「受難者的墳」的風沙荒漠上的詩句：「西伯利亞風雪路，而今又聞鐐銬聲……」原來，一段壯烈、複雜和苦難的歷史，早就在老作家的心中激蕩著、沉澱著和思索著。這也是他雙手緊捧著的「活水」。對於整個人類的歷史和文化，他們這輩人，永遠是最清醒的觀察家，最富正義和良知的批判者與分析者。

一九九四年初夏

又拾丹青畫霜葉

最早知道「秦兆陽」這個名字，還是在大學裏的當代文學課上。一九五六年，秦兆陽先生的論文〈現實主義──廣闊的道路〉，署名「何直」發表在當年九月號的《人民文學》上，於是引發了一場關於現實主義和社會主義現實主義問題的大討論。秦先生的文章中有這麼一段：「文學的現實主義，以無限廣闊的現實為對象、為依據、為源泉，並以影響現實為目的。現實生活有多麼廣闊，它所提供的源泉就有多麼豐富，人們認識現實的能力和探索的能力能夠達到什麼樣的程度，現實主義的視野、道路、內容、風格就能達到多麼廣闊，多麼豐富。」正是從這一認識出發，秦兆陽對當時的文藝理論和創作上的一些重大問題，表達了自己獨立的見解，其中特別對文藝界長期以來存在著的教條主義，以及簡單地把文藝當作某種政治概念的圖解等做法，提出了尖銳的批評。這在當時，無疑是需要極大的勇氣的──秦兆陽先生為此也確實付出了沉重的代價。

一九五七年反右開始後，〈現實主義──廣闊的道路〉一文被批成了「修正主義的文藝綱領」；到了「文化大革命」，此文又被定為「黑八論」之一，受到更為粗暴的批判。秦兆陽本人則被戴上右派帽子，被開除黨籍，被發配到邊疆……其間受盡了非人折磨和深重的屈辱。

中年時的秦兆陽先生

現在看來，其中的是非曲直早已昭然，不值一提了。但歷史留給我們的教訓卻是沉重的。正如秦先生自己所言：「歷史，從來就是無字之處的文字比有字之處的文字要多得多。多少事，多少話，被活著的人忽略了，被複雜的矛盾抵消了，又被死去的人帶走了……」

　　再後來，陸續讀到了秦先生的一些文學作品，如中篇小說《女兒的信》、長篇小說《大地》、散文集《風塵漫記》等。從《風塵漫記》中才知道，秦先生是湖北黃岡人，一九三八年奔赴延安，在陝北公學分校和「魯藝」美術系學習過數月，先後擔任過編輯、美術教員、《黎明報》社長、《前線報》副社長等職。

　　早在鄉村師範讀書時，他曾立志當一名畫家，為此，他在鄉村小學教書期間自學書法、篆刻和漫畫。他的啟蒙老師是他的父親，一位學識較為豐富的鄉村私塾教師。他邊學邊向當時的兩種漫畫雜誌──《時代漫畫》和《抗戰漫畫》投稿，所畫漫畫內容多是宣傳抗日、歌頌民眾的。居然發表了不少，發表時即署名「兆陽」或「秦兆陽」。

　　抗戰初期，以葉淺予（他當時任《抗戰漫畫》主編）為首的一大批漫畫家雲集武漢，組成了一支陣容可觀的「抗日漫畫宣傳隊」。當時，葉淺予先生曾委託廖冰兄到黃岡去找過秦兆陽，打算在他任教的學校裏舉辦一次抗日漫畫宣傳活動。但因為種種原因，他們沒能接上頭，以至於秦先生後來想起來都引以為憾事──他與葉淺予、廖冰兄們的失之交臂，或許正是他後來沒能在美術上繼續發展的原因之一。當然，再加上世道不濟，命運多舛，一個鄉村知識青年的畫家之夢，最終沒能得以成全。這一點，似乎也可以用秦先生自己的一段話來做總結：

　　「我常常問自己：我從哪裡來？回答是，從美麗而又困苦的地方來。我往哪裡去？回答是：往那革命理想的未來去。我經過什麼路？回答是：如果我的故鄉，我的祖國，必須經歷難以想像的艱苦的路程，那麼，我所走的路也就不會是平坦的。」（《風塵漫記・童年》）

　　秦先生曾為他的一幅自畫像題過一首「打油詩」，那上半首是這樣寫的：

學畫不成學爬格，想從方格求超脫。

轉眼爬了數十年，酸甜苦辣難盡說。

　　這是他的夫子自道。的確，他學畫不成，旋即改弦易轍，轉向了文學。抗戰後期寫有長詩〈長城〉、〈祖先的開拓〉、〈松花江怒吼了〉等，另有短篇小說、獨幕話劇數種。解放後創作出版了短篇小說集《農村散記》和長篇小說《在田野上，前進》等。這些作品以樸素清新的風格反映了新中國農村的巨變。而《大地》則以肅穆偉岸的氣勢描寫了中國農民的歷史命運和轟轟烈烈的鬥爭生活，是具有「史詩」性質的作品。

　　他的文學評論，除了那篇著名長文〈現實主義──廣闊的道路〉外，還有〈概念化公式化剖析〉、〈再談概念化公式化〉、〈形象與感受〉等。這些論文對於擺脫教條主義、庸俗機械論的束縛，繁榮和發展真正的現實主義文學，具有切實的指導意義。

　　除了創作和評論，秦先生在建國後，主要時間和精力都用在了文學刊物的編輯工作上。他曾任《人民文學》小說組組長、副主編，《文

秦兆陽長篇小說《在田野上，前進！》初版封面

秦兆陽先生在文學會議上。中為《林海雪原》的作者曲波。

藝報》執行編委，新時期以來則一直擔任《當代》的主編，孜孜矻矻，切切實實，發現和扶植了一大批剛健、厚實的，現實感和歷史感極強的新作品。而在「為他人作嫁衣裳」的同時，他也不忘自己鍾情的文學理想，寫下了不少文學散論，評衡清濁，直抒胸臆，為美德懿行唱讚歌，而對澆風漓習施針砭。一切服從於真理，個人的升遷榮辱則在所不計。「文章千古事，得失寸心知」。我常常想，依秦兆陽先生在文壇上的曲折經歷，他對這句話的理解，或許比一般人更添了幾分寒溫吧。

余生也晚，與秦兆陽先生只有一面之緣。一九九一年五月，我忝為湖北作家代表團成員之一，到北京參加那個被稱為是「培養二十一世紀中國社會主義文學接班人的大會」的全國青年作家會議。會議開幕前夕，有人提議，一起去看望湖北黃岡籍的老作家秦兆陽，大家一致同意。於是，劉醒龍、劉益善、陳應松、鄧一光、葉大春和我一共六人，便七拐八拐地拐進了離故宮不遠的北池子胡同裏一座小四合院裏。

這是秦兆陽先生的家。他清瘦而慈祥，話語間仍帶著黃岡口音。醒龍是秦老的同鄉，用地道的黃岡話向他講述了一番家鄉變化景象，並熱誠邀請他能有機會回故鄉看看。秦老的眼睛裏似有淚水，不時地點頭說：「要回去的，一定回去⋯⋯」

一切作家都是「還鄉」的，秦先生也不例外。我還記得他的《風塵漫記》裏有這麼一些句子：「童年啊，從一片混沌開始，在血光淚影中結束。在窮苦裏誕生而不知窮苦的滋味，在憂愁裏孕育而不知憂愁的

北京東總布胡同60號的一個院落。這裏曾住過作家作家羅烽一家、嚴文井一家（羅雪村繪）。

意境，你的每一段情節都是在故鄉美麗如畫的背景上映現出來的，你就是我一生幾十年的故鄉，是美麗、多情，然而又是血和淚所浸染過的故鄉，永遠忘不了的故鄉……」

　　我們去拜訪秦先生那天，他正好在家裏寫字畫畫。牆上釘滿了他剛畫完的墨竹，署名為「老芹」。他告訴我們，他正在籌辦他個人的書畫展覽。這使我一下子又想到了他早年的那個未圓的畫家之夢。情之所鍾，終難割捨。他為自畫像題寫的那首「打油詩」的後半首便是這樣寫的：

　　　　而今雙鬢白如銀，又拾丹青畫霜葉。
　　　　興來信手漫顛狂，管它要得要不得。

　　「文變染乎世情，興廢繫乎時序」。生活裏的許多事，就是這麼值得咀嚼和回味。

　　　　　　　　　　　　　　　　　　　　　　一九九二年春天

葉家風範

　　一九八八年二月十六日清晨，九十五歲的文學家和教育家葉聖陶先生，最後一次合上了他那長長的白眉下的慈祥的雙目，與世長辭了。他再也不能用他的那枝辛勤耕耘了一輩子的筆，來給他所鍾愛的孩子們寫作童話和小說了，他再也不能為一代又一代的孩子編寫和審閱新學年的課本了。這是一顆文化和教育巨星的隕落。他的逝世，使祖國的幾代人同時感到深深的悲痛。

　　這年五月，《兒童文學》雜誌──這是葉聖陶先生從它的創刊到復刊，一直都付出了心血和深情的一份兒童文學刊物──在封二和封三上登出了葉聖陶先生的一組照片，有他青年時代的，有他晚年的，有他和一群小孩子在一起的，也有畫家華君武為《稻草人》誕生六十周年而畫

葉聖陶先生和冰心老人在一起

的葉老和天真的稻草人在一起的……看著這些照片，看著葉老慈祥的面容，每個人都會為之感動的。

　　就在這期刊物上，葉老的大兒子、著名科普作家和編輯出版家葉至善先生，寫了一篇題為〈教育〉的散文。這篇文章告訴了我們葉聖陶先生和孩子的幾個小故事。從這些小故事裏，我們不難感到老作家的一顆善良、慈愛和高尚的心。

　　葉聖陶先生早年寫過一首題為〈成功的喜悅〉的小詩：

　　　兒欲爬上凳子，
　　　玩弄桌上擺著的
　　　積木，搖鼓，小錫船，耍孩兒。
　　　他右膝支著凳面，聳身屢屢，
　　　可是力量不濟，
　　　不能成就他的嘗試。

　　　老太太看見了，
　　　把他抱起來，讓他坐上凳子。
　　　她的動作十分輕易。
　　　但是，這使他十分失意，

葉至善和他的父親葉聖陶先生

啼聲乍發，身子一溜，
兩腳又站在地。
為什麼哭泣？
要發展你獨創的天才？
要鍛煉你奮發的潛力？
要期求你意志的自由？
要享受你成功的喜悅？

他不作什麼說明，
只是繼續他的嘗試。
忽然身子一聳，兩腳離地，
他又坐上凳子。
玩具在他的手裏，
笑容浮上他的兩頰。

　　這首樸素的、紀實性的小詩，是葉聖陶先生為不滿三歲的小至善寫的。我們從中可以看出他對所有的小孩子如何發展自己的思索和期望，看到他對童心的喜悅。在至善五歲那年，一個大雪天，為了使孩子們高興，葉聖陶便拿了塊大木板，冒著紛飛的雪花，從院子裏取回一大堆白雪。他和孩子們一起堆了個大肚子的咧嘴彌勒佛，然後他又帶著孩子一

葉至善先生

起唱起好笑的兒歌來：「雪花堆個雪彌勒，袒著肚皮上面坐。你在那裏想什麼？為何向我笑呵呵？」他用即興創作的一首兒歌寓教於樂，啟發孩子的想像力。由此，我們可以想見作家的那顆未泯的童心。

葉老對孩子的教育從一點一滴做起。而他自己則以身作則，成為孩子們的風範。他非常孝敬自己的老母親。當母親還在世時，他每天早晨上班以前，一一地侍奉完母親的早點，有時還親自為老母親梳頭捶背。他曾在一頁日記上這樣寫過：「……晨因小事與母親爭執，余至擊桌，母亦大怒。既而深悔之，乞母容恕。母謂他均無謂，惟爾不宜出此態耳。談半小時許，母恕解……益感愧赧。」其時葉老已年過半百了，但他仍像一個做了錯事的孩子似的在母親面前承認錯誤。他的這些細節，直接教育了後來的孩子們。有些作家和編輯回憶說，他們每次去葉老家，孩子們一代總是非常謙恭地讓座倒茶。客人走時，葉老把他們送到堂前，再由孩子一代送到天井或二門以外。

葉老的另一個兒子葉至誠先生，也回憶過父親的這樣幾件小事：有一次，他讓至誠遞給他一枝筆，至誠隨手遞過去，不想把筆頭交在了父親手裏。父親就跟他說：「遞一件東西給人家，要想著人家接到了手方便不方便，一枝筆，是不是脫下筆帽就能寫；你把筆頭遞過去，人家還要把它倒轉過來，倘若沒有筆帽，還可能弄人家一手墨水。刀子剪子這一些更是這樣，決不可拿刀口刀尖對著人家……」這些很平常的話，至誠牢牢地記在心裏，直到如今，他說他每遞東西給別人，總是把捏手的一邊交給對方，報紙書本也讓人家接到手就能看。另外，葉老還告誡他，開關房門要想到屋裏還有別人，不可以呼的一聲開或關得很重，要輕輕開、輕輕關，時時想到他人。良好的家風源於葉老潛移默化的教育的影響。葉老的子女葉至善、葉至美、葉至誠三兄妹，如今都是著名的作家和編輯家。他們每個人寫出的稿子都像父親的手稿一樣，字體工整，筆劃清楚，一絲不苟。而在討論某一個文學問題或教育問題時，葉老則非常民主，像朋友和同事一樣聽取孩子們的意見……這種良好的家庭教育，被一些著名的作家親切地讚譽為「葉家風範」。

葉聖陶先生一生不僅寫下了《稻草人》、《古代英雄的石像》等童話名篇——魯迅先生曾評價《稻草人》「是給中國的童話開了一條自己創作的路的」——他還把一生中的大部分時間和精力投入到給少年兒童們出版的《中學生》、《中學生文藝》等兒童雜誌的編輯工作之中。其中著名的《中學生》雜誌曾哺育了一代又一代的少年讀者，如今許多老作家、老科學家和教育家，當年都曾是《中學生》的小讀者。可以說，葉聖陶先生的一生是獻身於孩子的文學與教育事業的一生。他的心為數代孩子們所共有。不僅如此，他還親自編輯過幾十種中小學語文教科書，撰寫過十多部語文教育方面的論著，為中國兒童的語文教育事業做出了不朽的貢獻。

　　葉老的道德、文章為世人所共仰，他是我們所有孩子的永遠的楷模。讓我們摘錄他的童話〈蠶和螞蟻〉中的一首小詩，敬悼長眠了的葉老吧：

　　　　我們讚美工作，
　　　　工作就是生命。
　　　　它給我們豐富的報酬，
　　　　它使我們熱烈地高興。
　　　　我們全群繁榮，
　　　　我們個個欣幸。
　　　　工作！工作！
　　　　——我們永遠的歌聲。

　　這是辛勤的蠶與螞蟻的歌，也是葉聖陶先生一生勤懇為孩子們勞作的寫照。

詩人的友誼

——記「七月派」詩人鄒荻帆和曾卓

一九九五年九月五日，農曆中秋節前三天的午後，一陣急促的電話鈴聲傳來，我抓起一聽，是曾卓老師打來的。老師劈頭就說：「徐魯，告訴你一個不幸的消息：荻帆走了……」話未説完，他在那邊已經哽咽起來了。

「走了？到哪裡去了」我難以相信這是真的，「前天的《湖北日報》上剛剛發表了鄒荻帆的文章呢！」

「這一次是真的走了……」曾卓啜泣著説，「我想明天就買飛機票，到北京去送送他，這是最老的一位老朋友了……」

我在電話裏還説了幾句「您要節制悲痛」之類的話。但我也深知，依曾卓和鄒荻帆他們這代人的友情來說，一旦永訣，其悲痛與沉重是

詩人鄒荻帆先生

中年時期的曾卓先生

詩人娜荻帆先生（前）

曾卓先生手跡

不難想像的。我在心裏也為曾老的身體和精神憂慮，畢竟他也是七十四歲的老人了。

曾卓老師是在九月七日晚上趕到北京的，為的是在八日上午荻帆先生的遺體火化前見他一面。其時的情景，我們在曾卓幾天後寫下的一篇短文〈送荻帆〉裏知道了一點。

曾卓老師寫道：「但我們不能交談了。他安靜地躺在那裏。我沒有勇氣直視他。我向他鞠躬。我在他的親人們的低泣聲中緩慢地走過他的靈床。我竭力控制自己的感情卻還是忍不住眼淚。幾十年來，我們曾多次分手又相聚。這一次，卻是永別了。是的，荻帆，永別了。『斯世當以同懷視之』，我正是一直以你為兄長的。你一走，不僅使我有難以承擔的悲痛，而且我感到這樣的寂寞，深深的難以承擔的寂寞……」

曾卓是在一九四〇年夏天認識鄒荻帆的，到現在已經超過半個世紀了。我們在這裏稍作一點回顧吧。

　　那時候，鄒荻帆已經是國內著名的青年詩人了，巴金先生已經為他出版了《在天門》、《木廠》和《塵土集》等三部詩集。他是湖北天門縣人，因為他在詩作中大膽地揭露了舊社會的黑暗，也痛斥了家鄉地方黑勢力的醜惡與兇殘，所以他的詩集一出版，就遭到了反動派的查禁。而他家鄉的地主和黑幫勢力人物也揚言，他再返回天門就要打斷他的腿子。抗日戰爭爆發後，鄒荻帆在武漢參加發起成立「中華全國文藝界抗敵協會」。其時，馮乃超、穆木天、蔣錫金等人正在籌辦《時調》詩刊，鄒荻帆也參與了籌組工作，並在上面發表了短詩〈別〉。這首詩寫於一九三七年五月，是後來收入《鄒荻帆抒情詩》的第一篇作品。其中有言：「我胸中正有萬箭穿心，／搖著手，我要走，／去聽那風沙中戰馬的嘶聲……」

　　不久，因為馮乃超等人的介紹，鄒荻帆又與於黑丁、曾克等作家結識，他們一同參加了以臧克家為首的第五戰區文化工作團，進入了大別山抗日烽火之地，風餐露宿，熱情澎湃地從事著抗日救亡工作。同年又轉入電影藝術家金山、王瑩領導的上海救亡演劇第二隊，在武漢、桂林、香港等地演出抗日劇作如《放下你的鞭子》等。一九四〇年，詩人輾轉到了號稱「陪都」的重慶。原是計畫奔赴大西北聖地的，但由於種種原因，未能如願。為了找一個棲身的地方，他進入了嘉陵江邊的復旦大學外文系。

　　曾卓作為一個流亡青年，也是這個時候從家鄉武漢流亡到了重慶，在嘉陵江南岸一所中學教書。在相識之前，他已經讀過鄒荻帆不少詩作了。從《文學》和《中流》上，也從胡風先生主編的《七月》上。曾卓回憶說：「由於知道荻帆也是湖北人，所以另有一番感情。我當時特別喜歡他在抗戰初期發表在《七月》創刊號上的一首〈江邊〉，充溢在那裏面的對祖國真摯的感情使我感動。」

　　他們是在一九四〇年暑假裏相識的，一見面就熟悉了。因為放暑假，曾卓無事可幹，便在鄒荻帆的小土屋裏用木板搭起地鋪棲身，伙食則在復旦大學的食堂裏冒名頂替暑期離校的學生名額「混飯吃」。當時

復旦聚集著一批文學愛好者，如田一文、綠原、冀紡、姚奔、馮白魯等等。他們惺惺相惜，聚集在一起讀詩歌、辦《詩墾地》、朗誦、議論時局，乃至打打鬧鬧，過著又貧困又快樂的日子。鄒荻帆是這樣看待他們那段艱難時世裏的青春時光的：

> 我永遠不會忘記在嘉陵江邊小鎮大學的那段時日。如同狄更斯在《雙城記》開卷時所寫的：「那是最好的年代，那又是最壞的年代；那是智慧的歲月，那又是愚蠢的歲月；那是信任的世紀，那又是懷疑的世紀；那是光明的季節，那又是黑暗的季節；那是希望的春天，那又是失望的冬天；我們有一切在我們的前面，我們又一無所有在我們前面；我們正朝向天堂，我們又正走向地獄……」那是因為在多霧的山城，光明與黑暗正在鬥爭，理想與現實正在尖銳發生矛盾。實在，我們那幾個年輕人也不知自己在讀什麼專業院系，但可以不折不扣地回答，讀的是詩歌和愛情系……

　　曾卓在好幾篇文章中，也動情地寫到過這段生活。在一九七九年寫的那篇〈從詩想起的……〉裏，他說：「（因為）都是剛剛寫詩的年輕人，他們有才華，有抱負，也有所追求。但並沒有真正走進生活和接近人民。他們的歌聲動人，但有些飄渺；他們的激情的喊聲是真摯的，但並不深沉。這是幾棵剛出土的新苗。對於老一輩的知名的詩人，除了少數幾個以外，他們是缺少尊重的。」這是就他們當時的詩歌而言，其中含有嚴苛的自省的成分。而說到他們當時的生活和精神狀態，是不能不使人莞爾的：

> ……在那間小土屋裏的小油燈的暈黃的微光下，舉行過一次小型的詩歌朗誦會。十多個人將那間小房擠得滿滿的。荻帆用他那帶著濃重天門腔的普通話（他一生都沒有能改變他的鄉音），朗誦了

艾青的〈雪落在中國的土地上〉。與會者中間有幾位女同學,其中有一位使荻帆傾心,後來終於成了他終身的伴侶。我、荻帆和他的女友「小絲」常常在一起,在大石橋上,在通向北溫泉的一片桑樹林中,在嘉陵江邊,我們談詩,談生活,談自己的經歷,談理想……荻帆高興起來就在石階上大跳自編的黑人舞,我有時就高唱自編的「騎士歌」。我們就這樣度過了一些美麗的時光。

曾卓那時在朋友們中間已有「中國的雪萊」之稱了。就是這樣的青春時光,就是這樣貧窮而又浪漫的青年詩人。他們對詩歌的追求是統一在對於崇高理想的追求的光照之下;他們在大時代的浪潮中經受著洗禮和考驗。他們歌頌民主、光明、進步,他們鞭撻黑暗、專制和倒退。他們在大是大非面前態度明朗,毫不含糊。他們當中有的人例如曾卓,就已經是中共地下黨員了。他們的「門」決不向「叛逆者」開。他們把所有「在並不洶湧的波濤中,就投進了殘害我們的兄弟的人的懷抱」的人,都嚴正地拒之門外,而寧願讓「血漬裝飾我的青春」。即使是處於政治的逆流當中,他們仍然經常以「涸轍之鮒,相濡以沫」相叮嚀,以「莫若相忘於江湖」來互相安慰和鼓勵。他們在光明與黑暗的大爭鬥中,在與人民、祖國共命運的大風浪中,成長和成熟起來。事實已經證明了,他們這群朋友,各自在成為真正的詩人、作家的同時,都也成為了「戰士」。

果然,由於《詩墾地》叢刊明顯的進步與自由的傾向,以及他們之中不少人對於延安的嚮往與崇拜,他們都不同程度地受到了國民黨當局的注意。到了一九四三年春天,曾卓在重慶已無法立足,便只好遠走黔貴。臨行時,朋友們都為他唱了送別的驪歌,並且在《詩墾地》上出了一個專輯。

後來雖然曾卓又回到了重慶,並與鄒荻帆又暢談過幾次,但他們最終還是勞燕分飛,先後離開了那個小鎮。嘉陵江邊留下了他們青春的蹤跡和身影,也記下了他們艱難時世裏的珍貴的友誼。

新中國成立初期，奔赴朝鮮戰場採訪的曾卓先生。

　　抗戰結束後，曾卓和鄒荻帆又在他們的家鄉漢口見面了。這時候他們都成了踏踏實實的革命者。以漢口出版的《大剛報》文藝副刊《大江》（先後由葛琴、曾卓等擔任主編）和《武漢時報》的副刊《北辰》以及鄒荻帆發起和編輯的《北辰詩叢刊》等園地為中心，他們又並肩戰鬥了一個時期。他們秘密團結和扶植了一大批進步的青年作者，在白色恐怖狷獗而文藝園地荒涼的武漢，吹起了一陣強勁而清新的風。一九四八年春天，鄒荻帆去了香港。曾卓則在家鄉堅持鬥爭，迎接了大武漢的解放。等到他們再會面時，已經是在新中國的首都了。

　　按說，他們的友情也將隨著新中國的誕生而進入一個更好的時期了，實際上他們也都是這樣企望著和祝願著。然而沒過幾年，一九五五年一場突然的大風暴刮起來，他們的命運之舟都在巨大的波濤中沉沒了。當歷史蒙羞、真理蒙難之時，他們自然也不能企望個人的友誼能有什麼更好的命運。結果是，曾卓一瞬間成了一棵臨近深淵的「懸崖邊的樹」，幾乎遭受滅頂之災，長時期被整個世界遺忘；鄒荻帆經過隔離反省，雖然僥倖地得以恢復工作，然而他已經無從再見到曾卓了，甚至連通信的可能都沒有了！他們的友情就像旱天裏的蘆葦，再也發不出任何聲息。

　　曾卓被剝奪寫作的權利長達二十多年。「文革」中他在「牛棚」裏接受改造時，幾次有人來向他調查鄒荻帆的材料。曾卓只能從外調者嚴

厲的態度和偶爾透露出來的幾句話裏，默默地想像和體會到荻帆的日子其實也不好過。他只能夠在心裏為老朋友默默祈禱。有時候依依靠回憶著過去那親密無間的友情，來撫慰自己孤獨的和痛苦的心靈。

　　一九七九年，隨著許多詩人、作家的「歸來」，曾卓也從「煉獄」回到了人間。這年四月，徐遲先生在他主編的《外國文學研究》上發表了曾卓的評論〈陰影中的凱旋門〉。這是曾卓闊別文壇二十多年後第一次發表作品。同年九月，《詩刊》也發表了他的〈寂寞的小花〉、〈懸崖邊的樹〉、〈有贈〉、〈凝望〉等六首詩歌。這六首詩告訴了文壇一個消息：沉冤二十多年的「七月派」詩人之一的曾卓還活著，只是他已經白髮蒼蒼了。而幫助曾卓發表了這六首後來被公認為是曾卓歸來後的代表作的人，正是老友鄒荻帆。九月裏，曾卓在北京看到了六首詩歌的清樣。他說：「我拿著那一份清樣，有著比幾十年前第一次發表作品時更激動的心情。那是我在艱難的歲月中唱給自己聽的歌，決沒有想到會有發表的可能的。而且，當時我的問題還沒有處理，現在卻將以一個『人』的身份出現在讀者面前……」作為後輩人，我第一次知道「曾卓」這個名字，就是通過這六首詩。這年年底，曾卓得到徹底平反，恢復了黨籍和行政職務。更重要的是，他又可以作為一個堂堂正正的詩人來從事創作，可以作為一個「人」，去大聲地呼喚和四處尋找他那些失去了消息已有二十多年的友人了！

　　陽光之下，倖存的朋友們一個個被找到。劫後重逢，相對如同夢寐初醒。然而，幾十年的風風雨雨最終未能使他們的友誼之花凋敝，相反，隨著歲月的變幻、滄桑的更改，那些友情竟變得更加深摯和牢固，而且依然保持著青春時代純潔和崇高的基調。不少人都著文說過，當鄒荻帆、曾卓、綠原、牛漢這些歷盡劫難的老朋友重新相聚時，只在一瞬間便又變得那麼親密無間，說說笑笑，熱烈樂觀，完全不像是六七十歲的老人。他們自己也覺得，當他們重新歡聚在一起時，他們就又像回到了四十年代的嘉陵江邊，回到了那又貧窮又快樂的青春年代，回到了那

彌漫著友誼、詩意、愛情和理想氣息的小土屋裏。鄒荻帆在一九七九年寫贈曾卓的一首詩歌〈拒絕〉裏，有這樣的句子：

> 想江邊不復是那樣月色，
> 思念之樹常青——
> 你還是那少年的影子？
> 我知道波濤已捲上你的額頭，
> 浪花已濺上你的髮絲。
> 但是波浪並沒有吞沒你，
> 勝利者的笑是把悲哀拒絕於門檻外，
> 江水有情，明月有意，
> 為我們歌難忘的真理之曲！

正是這相慰相勵之心，守至老邁，老亦不改。我想起一八二七年的那個玫瑰色的黃昏，十四歲的赫爾岑和十三歲的奧加遼夫曾經雙雙站在莫斯科郊外的麻雀山上，望著西沉的太陽起誓，要為各自選定的理想獻出終身！許多年之後，赫爾岑回想起那個黃昏來，不禁泫然而有淚意。他說：「還有什麼可說的呢？我們整個一生，都可以為它作證！」現在，鄒荻帆和曾卓這兩位少年時就結交的詩人，以及他們那一群志同道合的朋友，當他們回首往事，追憶自己的逝水年華之時，不也同樣可以為自己一生所選擇的高尚的理想、苦難而孤傲的命運以及從未沉淪和變質的友誼而高歌一曲，甚至於熱淚盈眶嗎？他們的整個一生，也可以為他們所選擇的道路和命運作證。

「回到大海我很幸福」

「**我**們把他葬在多風的山頂，他的靈魂卻走向海洋。」

他多次說過，他喜歡詩人休斯的那首〈老水手之死〉。

還有海明威的《老人與海》。

就像那位在波濤洶湧的大海上顛簸了一生的老水手，像那位在黑夜的大海上歷盡了孤獨和艱辛，無畏地面對過長夜、苦難和死亡的桑提亞哥，現在，他也已經到達了寧靜的彼岸。

「這一切都很好，這一切都很美……」

彌留之際，他突然這樣說道。

「我終於沒有被打敗。」他肯定也夢見了自己的獅子。

這是杜鵑花正在開放的四月的夜晚。

溫暖的夜風，把他善良的靈魂帶離了人群，帶回了海洋，帶回到了他的苦難的母親身邊……

大海將會以慈母般的胸懷擁納他，愛撫著他，溫暖著他。

就像愛撫和溫暖著一個在人生的海洋上常常受到傷害的兒子。

晚年的詩人曾卓

「請不要，不要為我哭泣，因為回到大海我很幸福。」

他海一樣的靈魂一定也在這樣對他的親人、對他的朋友們訴說。

是的，回到大海他是幸福的。他肯定是太疲憊了！他需要安靜地睡一會兒了。

他這長長的一生啊，經歷了多少痛苦和悲傷！在多少個孤獨和痛苦的長夜裏，他用無聲的眼淚澆灌著自己的生命之花，洗滌著自己痛苦和焦灼的靈魂。他的老朋友們是知道的，「他是朋友之中淚流得最多的一個」。

他也並沒有獲得過什麼。——除了人們對他的愛，對他的敬仰和尊重。

這是因為，他愛人，也被人愛；他深深地、真誠地愛著很多人，也被很多人深深地、真誠地愛著。

多少年來他把自己的全部所有、全部的愛，都獻給了這個世界，獻給了他所熱愛的人們。這些人包括他在知識界的朋友，他的親人，他的讀者，他認識的或不認識的文學青年，社區裏的孩子，普通工人，甚至計程車司機……

他向他們獻出了他的善良、寬厚和仁愛的心。

在多少個長長的黑夜裏，當這座大城裏的人們都進入夢鄉的時候，他卻難以入眠。他不是在回憶自己半個多世紀以來所承受的創傷，也不是在咀嚼個人隱隱的痛楚和撫摸自身的創痕。不，「不是悲哀——是溫柔／溫柔使我的眼睛潮潤……」他說。

對於這個曾經給過他太多的痛苦、憂傷和屈辱的記憶的世界，他仍然深深地、寬容地愛著。是的，深深地！他仍然有所牽掛，有所眷戀，他仍然還有一些事情要做，還想去看看他所留戀的地方和生活在那兒的人們……

即便是在痛苦的病床上，疾病把他折磨得十分虛弱了的時候，他仍然還在夢想著，「沒有我不肯坐的火車，也不管它往哪兒開」，只要能帶他回到去過的地方，尋找溫暖和記憶……

　　還在他青春年少的時候，他就擁有了「中國的雪萊」的美譽。像雪萊一樣，他從少年時代起，就用他詩歌的天才憧憬和呼喚著一個能夠充滿愛與美的世界。在真誠和痛苦的詩的呼喚中，他日趨完善，成為了二十世紀中國最優秀的抒情詩人之一。

　　在不同的年代裏，他為我們留下了〈鐵欄與火〉、〈寂寞的小花〉、〈懸崖邊的樹〉、〈有贈〉、〈我遙望〉、〈老水手的歌〉等詩歌名篇。這些作品必將超越任何時代、任何民族文化與意識形態，甚至超越任何語言障礙，而打上永恆和不朽的標記，成為全人類的詩歌瑰寶。

　　詩歌，將使他的生命變得無限久遠。

　　因為他這一生對於人類和世界的鍾愛、寬容與仁慈，他善良和美麗的靈魂也將會在天國得以安息，並將會以詩歌的形式在人間長駐。——保護他不再受到傷害和打擾的沒有任何別的東西，唯有人們對他的愛戴和敬意！

　　「請不要，不要為我哭泣，因為回到大海我很幸福。」

　　那麼，就讓我們擦乾眼淚，像那個站在海岸邊為歸來的桑提亞哥而哭泣的孩子，我們現在應該告訴所有他的親人，他的朋友和他所牽掛的人們——

　　不，不要打擾他的寧靜。仁慈的大海母親將撫慰著他那善良的和疲憊的靈魂。

　　記住他留給世界的最後的話：珍重！珍重！——在遙遠、寧靜的彼岸，他會含笑祝福每一個活著的人。

一籃小小的祭果

——懷念敬愛的綠原先生

綠原先生逝世後，我把他生前惠贈給我的，還有我自己歷年來買到的，他的各種創作集和譯著的單行本，以及厚厚的六卷本《綠原文集》，都歸攏在了一起，竟然有二十多冊。一一翻看著他老人家那一筆一畫、從不潦草的題字和簽名，我感到十分難過，心裏充滿了對他的感念和懷念。他的這些著作，不僅是我一直以來最珍愛的藏書，如今也是他老人家留給我的永久的紀念了。

七十多年前，綠原先生在詩中這樣憧憬過：「有一天，這世界太平了：人會飛……小麥從雪地裏出來……錢都沒有用……我要做一個流浪的少年，帶著一隻鍍金的蘋果……旅行童話王國，去向糖果城的公主求婚……」

詩人、翻譯家綠原先生

綠原的詩集《我們走向海》封面

綠原先生翻譯的歌德名著《浮士德》精裝本封面

　　可是，這個艱辛而多難的世界，並沒有給他的童年送上玫瑰花。他從童年時代起，到青年時代，再到整個中年時代⋯⋯都沒有享受到多少「太平」的日子。他是那麼深愛著自己的故鄉和母親，深愛著自己的祖國和人民，深愛著他所從事的文學事業，然而，他的一生卻歷盡了苦難。他的大半生都是在冤屈和受難中度過，身心和人格曾經遭受過非人的折磨和踐踏。可是，「亦余心之所善兮，雖九死其猶未悔」，即使身在煉獄，他對他所熱愛的一切，仍然愛得那麼深、那麼真摯，包括那些悲苦。

　　「我的羅雷萊，我的羅雷萊啊／她只能是你──我的中國／哪怕離得再遠，再遠／我也望得見你的嵯峨，你的平闊／也聽得見你的呼吸，你的歌」。

　　看，這就是先生作為一位赤子、一位真正的詩人的最真實的人格寫照。他有一本詩集題為「人之詩」，我覺得，他的一生就是一首大寫的「人之詩」。

　　他也不僅僅是中國現當代詩歌史上的一代宗師，「七月詩派」傑出的代表性詩人，他還是公認的優秀的文學翻譯家、文論家、外國文學研究學者和編輯出版家。他本來就懂得英文等外語，在因為胡風冤案而受難被囚禁的牢房裏，竟然又自學和精通了德語，成為一代德語文學翻譯大家。這需要多麼堅苦的毅力和「火熱的耐心」啊！

　　詩人聶魯達當年在諾貝爾文學獎受獎演說中曾如是說道：「我的詩是痛苦的，像雨水一樣流淌。然而，我對人類一向充滿信心，從未失去希望。⋯⋯只要我們懷著火熱的耐心，到黎明時分，我們定能進入那座壯麗的城池⋯⋯」這些話用在綠原先生身上，也是多麼的恰當！

　　果然，當黎明到來，他走出牢房，重新站到陽光下之後，邁著不再年輕的腳步，他進入了一座又一座「壯麗的城池」。他先後翻譯了歌德的《浮士德》、《里爾克詩選》、《叔本華散文選》、《請向內心走去──德語國家現代詩選》、《拆散的筆記簿》（波蘭詩人米沃什詩選）以及黑格爾、海涅、茨威格、君特・格拉斯、莎士比亞、紀伯倫等等經典作家的作品。

詩人綠原和夫人羅惠

晚年的詩人綠原先生

晚年的詩人綠原先生

　　我在閱讀《綠原文集》第
五卷裏的外國文學評論時，讀著
他那些洋洋灑灑的談論古希臘和
羅馬神話，談論《聖經》，談論
歌德、席勒和海涅，談論莎士比
亞，談論里爾克、叔本華，乃至
談論維柯的《新科學》的長篇文
論，不能不由衷地感歎：這是何
等專業和精深的學術造詣啊！

　　記得他在一篇談論馮至先生
的翻譯成果和學術成就的文章中這
麼説過：「馮先生不是職業翻譯
家，但他以詩人的敏感和德語學者
的造詣，翻譯了歌德、海涅、里爾
克等大家的一些精品……馮先生在
學術研究領域熔古今文學因緣、新
文學創作經驗和直接翻譯原著甘苦
於一爐……」用這段話來描述綠
原先生自己的著譯和學術成就，
同樣也是那麼的恰當。

　　作為晚輩和後學，在綠原先
生生前，我與他除了幾次編輯出
版上的通信之外，也有幸見過他
老人家兩次面。一次是在他的老
朋友、詩人曾卓老師家裏。綠原
先生那次來武漢小住了幾日，有
一天他們那些三四十年代的老朋
友聚會時，曾老邀我去他家一起

吃飯，我第一次見到了仰慕已久的綠原先生。先生給我的印象是刪繁就
簡、人淡如菊，是一位謙謙而恂恂的儒雅長者，而且説話猶帶湖北黃陂
的鄉音。那次我有幸得到了他題簽惠贈的《里爾克詩選》、《我們走向
海》等幾本書。還有一次是在華中師範大學禮堂裏，先生應邀來武漢出
席一個現代文學的學術討論會，主辦方請他給大家做了一場關於胡風文
藝思想和「七月派」問題的演講。我當時坐在台下一邊聽著他的演講，
一邊暗自驚歎綠原先生豐饒的理論修養和異常清晰的邏輯思維，心想，
胡風先生身後，就算只有綠原先生一個弟子、朋友和文學上的繼承者，
也可以瞑目了！

　　因為自己從事的是編輯職業，在進入新世紀之後，我也有幸得到
了綠原先生的鼓勵和幫助。蒙他支援，把他翻譯的幾種兒童文學作品交
給我在湖北出版了。那就是列入我編輯的「世界文學小經典」中的《日
安課本》（德國兒童文學作家約瑟夫‧雷丁的一本兒童詩集）、《頑童搗蛋
記》（德文書名：「Max und Moritz」，詩人威廉‧布希創作的一首在德語國
家幾乎家喻戶曉的兒童故事詩）和美國黑人詩人詹姆斯‧蘭斯頓‧休斯講
述自己青少年時代經歷的自傳《大海茫茫》（英文書名：「The bia sea」，
綠原先生的女兒劉冬妮翻譯，綠原校譯）三本小書。
　　這三本小書迄今在國內一直沒有另外的譯本出現。兩年前，我去
德國出差時，在舊書店裏買到了其中兩本德語書的彩色插圖本。我原
打算配上原版的彩色插圖，重版這幾本小書，同時也把綠原先生早年創
作的、類似詩集《童話》裏的《小時候》等膾炙人口的詩篇，也編選為
像塞費爾特的兒童詩集《媽媽》那樣的一冊，獻給今天的孩子們的——
這是因為，今天，這世界畢竟是真的「太平」了，「人會飛，小麥從雪
地裏出來……」可是，好事多磨，這幾冊在我計畫中存放了許多時的新
版的小書，還沒有來得及面世，綠原先生卻先離開我們這個世界了。為
此，我感到十分的歉疚和慚愧。

那麼，就讓這幾冊即將問世的小書，連著這篇短文，作為我獻給敬愛的綠原先生逝世一周年的一瓣心香、一籃小小的祭果吧。綠原先生，我將永遠深深地懷念您！

二〇一〇年二月十七日，農曆正月初四，武昌梨園

無聲?　　　　　綠原

無聲? 無聲。聽覺玩厭了，耳朵
為聲了一千年的石像倦走，但願
世界自此無聲。願不可能
的一切於無聲中完成：願童年
我的泣柳躲過了刀兵。願為你
作過証的月光小河在我心中
流得更深沉。願瀕臨
的夢蟲羽化成一抹雲。願苦蜜似
的兜歌留得住幾蘇越芳奬。願久久
難愈的傷口終結成
一個不痛不癢的笑柄。願你和我
同時悄悄老去，學會同不說話的石像
交交心，學會和他一樣欣賞
無聲，學會從無聲中期待
莫札特教給人類的
最後一縷溫存。

1992

詩人綠原手跡

天風海雨，默默者存

一

老詩人曾卓先生的《雜記與札記》裏，有一則短文題作〈熱愛生命〉，寫他懷著沉重的心情到醫院去看望一位病重的老友。他們相交多年，進入老年後，常常收到一些共同熟人的訃告，感歎之餘，有時就不免談論到「死」這個字眼，談論到一些哲學家對死亡的看法，以及一些文化大師面對死神而泰然處之的例子。那位老友當時是這樣說的：「順其自然，也就是征服了死亡，從而得到了自由。」

可是，孰料不久，那位老友也被推到死的門檻了！詩人這樣寫道：

> ……現在，在病房中，他的態度是安詳的，平靜地談到自己的病情，自知不起。他說：「那一天終於要來到了。」我說不出任何寬慰的話，而且，我知道那也是不必要的。沉默了一會後，他喃喃地說：「說真的，我無力做到那樣超然，我還是有所掛牽，有所眷戀，我還有一些事要做，我還想看看世界……」一滴眼淚順著他的臉頰流了下來，沉重地滴到了我的心上。它照亮了他的心，或者說，我的心。我們終究是平平凡凡的人。對生命的熱愛壓倒了他在理智中的哲學的思考。

詩人胡天風先生

　　曾卓所寫的這位朋友，即老編輯家、詩人胡天風先生。

　　天風先生於一九九一年三月下旬因突發心臟病住進醫院。四月
二十五日他由家人陪伴去京求醫，沒能承受住火車上的顛簸，當晚就悄
然離去。那些日子，我正住在鄂贛兩省交界處的龍港鎮上搞一個劇本創
作，音信全無。《湖北日報》是五月七日登出了天風逝世的噩耗，而我
看到它時，又隔了好幾天了。捧著報紙，看著那行可怕的黑體字，我目
瞪口呆，一點心理準備也沒有。

　　匆匆趕回縣城，長江文藝出版社發來的訃告已經展開在我的書桌上
了。是的，天風先生真的已經離開了我們。當夜，我抱著我的小女兒，
冒著大雨跑到了郵局。我知道，奔喪已經晚了，我只能發一個唁電，來
和天風先生的亡靈告別了。當我對著空白的唁電紙張，顫抖著擰開筆
帽時，我再也控制不住自己的眼淚。女兒不知道發生了什麼事，見我在
哭，也嚇得哇哇大哭起來。我一邊拍打著她，一邊擦著簌簌不斷的淚
水，寫下了簡短的幾句話……

　　時間是多麼兇惡的鼠輩。一晃，多少年就過去了。故人墳樹立秋
風，世間何物是江南！天風先生雖然遠離了我們，獨自去了那個陰冷和
黑暗的、使我們彼此再也無法相逢的地方，但留給我們的懷念卻是深切
不盡的。

二

　　天風先生年輕時就開始寫詩，四十年代曾因發表揭露國民黨污蔑延安種植鴉片的詩作〈謠言〉（署名林紫），而受到特務的追查。詩如其人。他的詩反映出他為人的誠懇、樸素與正直，以及他對祖國、對人民的熱愛，對真理、對光明的追求。他曾經寫過一首舊體詩，有兩句曰：「恥學兒女歌哀怨，敢為生民抒憤憂。」這正是他的心聲，是他一貫的追求。然而先生有時也不免失望於他的一些朋友，「只欣賞我並不太欣賞的一首擬情詩，而對我的有關世道人心之作，卻不願稍加注意」。其實，天風先生一生的主要詩作，都是「有關世道人心之作」的。他把自己對崎嶇世路和炎涼人心的關注、批判，都融進了對於美好心靈的「呼喚」之中。誠如知人知詩的曾卓先生所評價的那樣，他的生命就濃縮在他的詩中，「正是體現在詩中的他的人格，他的追求，形成他的生命的呼喚，滌蕩著讀者的心靈，激勵著讀者的意志」。「他留下了他的詩，那就是經受得住風吹雨打的他的碑」。（《天風詩草・前言》）

　　錢鍾書《談藝錄》裏談到「詩分唐宋」時有云：「唐詩多以豐神情韻擅長，宋詩多以筋骨思理見勝……少年才氣發揚，遂為唐體；晚節思慮深沉，乃染宋調。」天風先生早年的詩作雖不僅具有豐神情韻，但晚近幾年的作品確是以筋骨思理見勝的。他的思想感情最成熟的時期，也正是他在詩藝上最成熟的時期。如〈告別演出——為小牡丹作〉、〈真美呀，真美！——讀關於呂熒臨終前的報導〉、〈稼軒賦閒〉、〈胡風辭京〉、〈告別〉等等，大都具有了異常沉鬱、悲愴的美學特質。不信請讀〈胡風辭京〉這首十行詩吧：

　　　　日長如年只緣十年單監
　　　　假釋兩月又將遠戍西川
　　　　痛往事歷歷悵前途渺渺

此番去也何時再見長安
階下囚豈敢勞誰來相送
最多情唯有紺弩詩一篇
我寧可一個人去上絞架
也不願眾青年為我陪斬
耳邊汽笛叫腸中車輪轉
無語對老妻難止淚如泉

（一九八八年九月）

就詩作的從容與老辣，完全可以相信，假天風先生以時日，他還將攀登上新的高峰，他所要表達的世道人心的感受，還很多很多。孰料他竟猝然離去！

除了詩歌，天風先生也寫下了不少散文作品。「人生憂患作文始」。他的散文也像他的詩歌，質樸、真摯、文風毫不做作，正如有的朋友所稱讚的那樣：「人間自有真情在，洗淨鉛華色更新。」天風先生寫散文，比寫詩更早。他的深厚的古典文學修養和對於世道人心的深邃的洞察力，使他的散文哀而不怨，蘊藉之至。

是的，天風先生遠沒到可以無牽無掛地「起身就走」的時候。因為他心中的火焰還沒熄滅。

天風先生去世後，曾卓先生遵囑為他整理了全部的詩歌遺作。這就是一九九二年六月由長江文藝出版社出版的《天風詩草》。書前影印了他在一九九一年四月二十四日寫給曾卓的一封短信，這當是他的絕筆了。信很短，但很感人，從中可見他對生的留戀，對詩的忠誠，對友人的信任。茲錄如下：

卓兄：

我已病情嚴重，須轉北京阜外醫院手術，生死存亡，在所未卜。

所遺詩稿清了一堆，都交給你，請大膽刪削，寧可少而精，不可

多而濫。編好之後尚祈寫一前言，我原想寫一後記，看來是力不
從心了。

總之今後如要插作者照片，手跡，以及用紙質量、排印規格以及
初校，如我一去不返，就都只好託付你了。

至託！問如茵同志好！

胡天風

一九九一年四月二十四日

可以想見，他是多麼的不願離去。但他終於還是一去不返了。
如今，這部三百頁的《天風詩草》已經成了歷史。詩人已如追日的誇
父，倒在了生命的暘谷之中；又如化蝶的莊周，在冥冥中作形而上的
思索。沒有錯，我們如今所捧起的，的確不是神話中的那片蓊蓊郁郁
的「鄧林」，不是那「夢非夢」的果實，而是一位赤子五十年的啼血
之作。

詩魂告別人間苦，國土飛鳴杜宇哀；茫茫天風與海雨，何處再招魂
歸來。

三

天風先生在一九八四年初寫過一首題為〈告別〉的詩。詩前有一
小序曰：「某詩人說，讓每位詩人寫一首遺言式的詩，看其中有多少真
話。謹交作業如下。」

他寫下了他的「遺言」。他想像著當他離去，老伴會嚶嚶哭泣
——「險峻曲折的道上，／共同顛簸了一生；／一旦永訣，／能不傷
心！」；兒子的臉色也將透出焦慮——「三間房子，／將在一夜之間縮
小；／媽的床，／伢的搖籃，／還有那筆遺產——三櫃子書，／叫他往
哪兒擺才好呢！」

他還想了很多很多，想到了自己青春時代的美好時光，想到了人生道路上給過他無私的扶持和愛護的同志們，想到了親愛的祖國和人民……他是這樣的留戀這一切，但他又不得不忍痛向他們告別。

「告別吧！／我也向你們告別。／可我在想什麼，／有誰知道。」最後，他這樣叮嚀道：「別了，親人們。／勇敢走你們的路吧。／可是千萬要警惕！」這首情真意切的〈告別〉，當時自然只是「擬作」，但如今卻成為天風先生真正的「遺言」了。人說他所去的那個地方是冰冷徹骨的，他這樣勸慰活著的人們：「我不是一見寒冷就急忙逃避的燕子，／我是飛鳴在這片國土上的一隻杜宇。」實際上，他的確是淡泊而飄然地走了。他臨終時囑咐，不要舉行遺體告別式，不要追悼會，只讓家人給一些生前友好寫幾封信，告訴他們，這個人已經走了……

天風海雨，魂歸淨土。溫厚而慈祥的地母啊，願在你的懷抱裏，永安著詩人的靈魂。

胡天風先生散文集《天風海雨集》封面

詩言志 毛澤東

歌唱星空的詩人

紫宮肅肅，太微閴閴；星團茫茫，銀河蕩蕩。一位曾經以畢生的才華和深情歌唱過美麗的星空和銀河的詩人，如今，他純淨的生命和靈魂，也化為一團茫茫的星宿，飛升到了穹隆之上的虛空的天街，在那裏，在冥冥之中，繼續他那形而上的思索。

詩人雷霆，湖北省黃岡縣人，生於一九二七年，早年就讀於武昌藝術專科學校。一九四七年夏初，在當時的《華中日報》副刊發表了第一篇散文，同年秋天在《星報》發表了第一首詩，從此走上了艱辛曲折的文學道路。

一九五〇年，才華初露的青年詩人投筆從戎，離開學校參加了中國人民解放軍，在東北軍區後勤部政治部做宣傳工作。在這期間，詩人在上海出版了他的第一本詩集《牛車》。一九五四年，雷霆轉業到黑龍江人民出版社任文藝編輯。然而不久，一場殘酷的政治運動

詩人雷霆先生

青年時代的雷霽先生

——所謂「胡風反革命集團」案——使詩人的命運從此進入了坎坷和苦難的旅程。這段噩夢般的旅程不是幾天、幾個月或者幾年，而是漫長的三十年！

「⋯⋯長白山的大雪／凍僵過我的翅膀／北大荒的寒風／改變了我的容顏⋯⋯」一九七九年，當無辜的詩人得以平反昭雪，從一個被遺忘的角落重新回到人間，回到文壇的時候，他最好的青年和壯年時光已經被無情地摧折一空了！就像他在詩中所寫的，「風／掠光了／樹的葉子」；「幾十年渾濁的沉浮／美好的青春像敗葉飄散／而今，蓋滿一頭霜雪／那顆甜心也變成了苦膽」。

這不僅僅是詩人一個人的悲劇。這是背負著歷史無盡的苦難，忍受著靈魂的救贖與自救的煎熬，一步步跋涉過來的一代文苑英華的悲劇。當歷史蒙塵、國家蒙羞、人民蒙難的時候，一個正直和善良的詩人，又怎能去祈望個人會有什麼更好的命運。

所幸的是，詩人依憑著自己對於人生、對於人性、對於祖國和世界的強大的信念，從嚴寒的日子裏，從非人的、屈辱的生活中，從漫長的孤獨與苦難裏，咬緊牙關挺了過來，活了下來。「冬天／想把一切都凍死／其實／一切都活著」。他是這樣堅信，「風／掠光了／樹的葉子／可風看不見／樹／又增加一圈／堅實的年輪」。也因此，詩人在歷經滄桑、劫波渡盡之後，能夠如是寫道：「我決不／計較個人恩怨／也

決不／隨著別人／把白説成藍」。他説，「我是一條春蠶／有自己的經
緯」。

如果説，二十世紀五十年代初期是詩人雷雯創作的第一個高峰，那
麼，從一九七九年他作為「歸來的一代」中的一員重新開始歌唱，到整
個八十年代的「新時期」，直到九十年代中期，這期間十多年的時間，
該是雷雯詩歌創作的又一個高峰期。這個時期的作品，已經結集出版
的有詩集《雁》（一九八六）、《螢》（一九九〇）和《春天在等著我》
（二〇〇三）以及帶有回憶錄性質的散文集《往事非煙》（二〇〇二）。
此外就是散見於一些文學刊物上的，以《銀河集》為總題的大量的無標
題短詩。雷雯作為一位詩人，在中國當代詩壇上最引人注目、最具影響
力、也最具個人風格的作品，就是這些以《銀河集》為總題的無標題短
詩了。

我曾以〈山河之戀〉和〈心靈中的螢火〉為題，先後寫過兩篇短
文，分別談論過《雁》和《螢》這兩本詩集（後來以〈雷雯二書〉為題收
入拙著《黃葉村讀書記》，陝西師範大學出版社一九九八年版）。現在我要
談論的主要是詩集《春天在等著我》和寫在《銀河集》名下的那些無標
題短詩（這些作品已由詩人的弟胞李文燾先生悉心整理和編輯，將收入包括雷
雯所有遺詩和佚文在內的《雷雯詩文集》之中）。

那位畢生思考著人類生存的秘密和世界終極意義的哲學家康德，有
過一個偉大的命題。他説，「有兩種東西，我們對之思考越是深沉和持
久，它們所喚起的讚歎和敬畏就越會充滿我們的心靈。」這兩種東西就
是人們內心的「道德律令」和我們「頭上的星空」。

雷雯是一位仰慕星空、歌唱銀河的浪漫主義詩人，也是一位關注民
生、有著深沉的人間悲憫情懷的人道主義者。在苦難和蒙昧的歲月裏，
在無邊的黑夜和絕望的冬天裏，他堅守著自己內心的「道德律令」，向
那些被侮辱與被損害的，善良、正直、美麗而弱小的生命，以及生命的
尊嚴與堅韌，獻上了他的最大的敬意與悲憫之心。

他歌唱過那些小小的紅菱：「菱／沒有自己的泥土／因此／它用那帶刺的果實／保衛／艱辛的生活」。在孤獨的黑夜裏，在寂寞的夢魘裏，一朵小小的茉莉盛開了。它給詩人帶來了生命的信念和安慰：「……夜是黑的／無邊無際的深黑／也沒有／染黑這小小的茉莉」。而面對肅殺的秋風裏的一朵野菊花，他想像著，「寒風裏的微笑／是鐵骨支撐」。

沒有哭過長夜的人，不足以語人生。詩人雷雯是一個經歷過人生的大苦難和大痛苦的詩人。在漫長的數十年黑白顛倒、人妖不分的歲月裏，他被放逐到了遠離親人和故鄉，連最起碼的人性、人權與生命的尊嚴都被任意地踐踏的地方。他在無數個孤獨和痛苦的長夜裏，感受到和體會過人生的苦難與艱辛。他所經受的那些非人的待遇和折磨，我們從他的那本回憶錄性質的散文集《往事非煙》裏可以看到。我在這裏實在不忍心重述這些苦難的故事。

就是這樣一位哭過長夜的詩人，當他從人生的地獄和精神的煉獄裏重返人間之後，他才能比一般人更能體會到生命的尊嚴與價值，體會到幸福與歡樂對於那些弱小者的珍貴與不易。也因此，我們讀到了他這些看似簡約、而背後卻深隱著真切和沉痛的人生經歷與精神體驗的詩句：

「為了／開放這些小花朵／茉莉的根／在人們看不見的盆土裏／艱辛而又痛苦地扭曲著自己」。

「一隻小飛蛾／死在油燈下／它很幸福／因為／來自黑暗中」。

「是誰／點燃了／黎明前的那顆星／啊／是飛去的螢火／它最懂得／夜的深沉」。

「一滴小露珠／掛在草葉上／不要藐視它的存在／它有自己晶瑩的歷史」。

詩人羅伯特・佩恩・沃倫有一個觀點：「幾乎所有的詩都是詩人自傳的片段」；另一位美國詩人勃萊則認為，「所有的詩篇都是經歷」。雷雯的這些詩句，就來自他生命和靈魂的經歷與體驗，有如在孤獨和痛苦的長夜裏凝結和磨礪而成的精神的珠貝。哈姆雷特在靈魂的煎熬中這

樣說過：「我的命運在高聲呼喊，使我全身的每一根細小的血管都像銅絲一樣堅硬。」雷雯的感受也來自生命的逆境與靈魂的煎熬：「雪／把樹壓得嚴嚴的／冰／把樹裏得緊緊的／冰和雪／不知道／樹幹和樹枝裏／有著／堅強的生命」。

　　他看見過被囚禁在籠中的老虎：「老虎／在鐵籠裏／匆匆忙忙地走／無休無止地走」，他想像著，「老虎啊／不是在覓食／而是／執著地／走著回鄉的路」。他也看見過冬日的樹林裏那憂傷的月亮：「……我懂得它的目光／淚往心裏流／心／是自己的海洋」。

　　記得多年前，詩人曾卓曾經用「純淨的詩人」的評語表達過他對雷雯詩歌的看法。我理解，他那不必說出的意思就是：一個純淨生命的獲得，必定是「在烈火裏燒過三次，在沸水裏煮過三次，在血水裏洗過三次」。雷雯是和曾卓他們這一代人有著相似的經歷和共同的命運的詩人。他的幾十年的蒙難歲月，也正是因為所謂「胡風反革命集團」案的牽連。他的生命和靈魂，也像一朵經歷過苦難的風霜的「白色花」，剛直不阿，潔白無瑕。或如他曾經歌唱過的那枝白玫瑰：「是誰／奪去了你的顏色／啊／搶不走的／是那一股馨香／仍然深深地／藏在你的心上」。

　　他向那些美麗的生命和善良的靈魂獻上過自己的敬意和同情之心，唱過頌歌，同時，對那些卑劣和醜陋的靈魂，對那些製造人間苦難和悲劇的黑手與惡行，他也發出了一個正直不屈的詩人的抗議與詛咒，並且獻上了他嚴正的反思與拷問。就像面對一座破敗的教堂，他堅信：「虛偽的東西／你打扮得再莊嚴／無情的歷史／總要恢復它本來的模樣」。

　　「為了爭奪一塊很小的水域／海象們／用可怕的牙齒／拼殺得你死我活／付與世間生物／如此卑劣的心態／上帝／你不羞愧嗎」。豈止是海象們，我們不也是從這樣充滿蒙昧的爭鬥和拼殺的年月裏走過來的嗎？因為盲目的崇拜，向日葵一輩子都低著自己的頭，那是因為「它從來沒有過／自己的方向」；當天空陰沉了，他提醒世人：「又是哪個神仙／把太陽／掛在／他擺家宴的大廳裏」。

經歷了多少世態炎涼，他懂得了「狗／總是聞了人的氣味／才決定它吠叫的聲音」；「有毒的蛇／花紋更俏麗」。還有那些被人愚弄和聽憑人們使喚的磨房裏的驢子，「蒙上眼睛／它以為／走過了很多長橋／翻過了很多大山」，只有當遮住眼睛的布拿下之後，「它才知道／是在原地走圈」。我們不是也都曾有過這樣的時候麼！

　　一粒貝死在海灘上了，他想到的是更多隨波逐流的生命。而那些卑劣的東西，例如蒼蠅，也會有知道羞愧的時候嗎？他寫到過自己看過的一幕：「什麼時候／知道羞愧／一隻蒼蠅／在屋角上吊／老眼昏花／那是／失足的蒼蠅／撞上了蜘蛛網」。真是活該啊！還有一次：「濃煙滾滾／我關上門窗／……原來是燒毀了／一座舊樓房／陳年的灰垢／破銅爛鐵／還有關上門的勾當／全都燒了／難怪／煙／那樣黑／那樣髒」。

　　因為愛之深，所以恨之切；詩人的心裏不僅僅只有愛的光芒、美的顏色，還有嫉惡如仇的箭鏃和針芒。其源也於他對世界和人類，對那些美麗、善良和正直的生命的關懷與熱愛。「詩人」這兩個字所蘊涵的，從來就不僅僅是個寫作的問題，而是一個有關世道人心和良心的問題。

　　也因此，當雷霆路過采石磯──據說是詩人李白因醉酒而在此捉月而死的地方時，他不能不如此追問：「……一個嚴肅的生命／怎能結束得這樣荒唐／當年／李白／即使醉爛如泥／他也／決不會／把那縹緲而破碎的月影／當作／真實的／純潔而又光明的月亮」。

　　同樣是出自對世道人心的關懷，在曲阜顏回廟院內，面對那口已成千年古跡的「陋巷井」，他首先想到的是，「永遠記著別人的饑渴／才能有／最真實的生命」。而到了成都杜甫草堂，他首先要尋找的，是曾經出現在老杜苦難的詩篇裏的那棵棗樹，這是因為，「我永遠不能忘記啊／杜甫自己饑腸轆轆的時候／還在周濟別人的貧困」。

　　「菜花黃了／兒子／把簷下的紅辣椒／收藏起來吧／免得／燕子歸來的時候／擔心是火」。

「……海爾‧波普／你要走了／宇宙空洞／是不是星球修理站／你捎個訊吧／這個叫你『海爾‧波普』的星球／該修理了／不能讓它／把血和水流在一起／不能讓它／在光天化日之下／自己把自己欺騙」。

「窗外／一隻小麻雀／見到我／撲地飛了／麻雀啊／怎樣才能使你知道／我沒有槍」。

正是因為有了這樣一些詩歌，我們才說，雷雯是一位有著沉重的憂患意識的人道主義者，是一位有著廣闊的人間關懷情味的善良的詩人。

詩人雷雯雖然因為和所謂「胡風集團」裏的詩人有過交往而「獲罪」，但是在他前後兩個時期所創作的全部詩歌作品裏，幾乎看不到任何「七月派」詩人在藝術風格上對他的影響。實際上，除了「七月派」詩人們的那種憂患意識和悲憫情懷他是認同並且接受的外，對他們在藝術上的主張，他並不認同和接受。雷雯的詩歌風格是特立獨行的。

因為家學淵源的影響，他有著深厚的中國傳統文化的根底。就縱的傳承來看，在詩歌藝術上他或許更受王維、謝靈運的山水詩和以袁枚為代表的「性靈派」的影響。他在二十世紀八十年代裏所從事的編輯經歷中，曾付出心力編輯過《袁枚詩選》，也可佐證。而在橫的借鑒方面，他或許接受過泰戈爾的那些流螢般的「小詩」的影響，接受過美國詩人龐德的「意象派」的影響。龐德們所提倡的「意象主義」詩歌，有一些美學原則如「不用多餘的詞，尤其拒絕使用那些不能揭示什麼的形容詞」、「不贊成抽象」、「不用裝飾」等等，似乎在雷雯的詩歌——尤其是他在《銀河集》名下的這些無標題小詩裏可以得到印證。

雷雯幾乎全部的詩歌作品都是刪繁就簡，在語言上力避宣敘、以少勝多，在詩的意象上追求單純、明朗、集中和鮮明的效果，獨標一種空靈、想像和簡約之美。當然，從這些小詩裏，我們也不難看到中國古典詩詞裏的小令、絕句的影響。

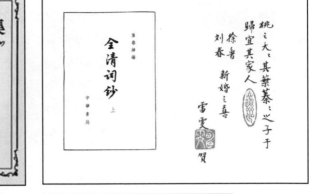

雷雯先生遺作《雷雯詩文
集》封面

雷雯先生手跡（寫在《全清詞鈔》扉頁上）

　　如果一定要在中國當代詩人裏尋找一位可以與雷雯詩歌的藝術風格做一番比較、甚至稍有相仿的人，那麼，或許已故山水詩人孔孚的詩，可拿來一比。只不過，孔孚的作品裏有著更多的中國傳統文化裏的「道」與「空」的精神，而雷雯詩歌則顯示著一種割捨不斷的人間牽念和揮之不去的悲憫情懷。

　　然而，詩人席勒有言：「詩人在人間沒有立足之地，宙斯請他到天上居住。」如今，雷雯這位嘗盡了人間痛苦和艱辛的滋味的善良詩人，也在二〇〇三年離開了他為之憂慮和為之眷戀過的冷暖人間，「到天上居住」去了。

　　人間天上，寂兮寥兮。在孤獨的歲月裏，他曾經想像過，「天河的水／也是污濁的／我看到／那些明亮的星／從不／跳進天河裏」。那麼現在，他在那裏可以真切地感知，他曾以最真摯的情感無數次地歌唱過的銀河和星空，和這個令他失望的人間相比，該是一番什麼樣子了。我相信，他善良的靈魂仍然會在那裏注視著人間，矚望著他所熱愛的親人、故鄉和祖國。這是他的靈魂牽念。且讓我們記著他那段切的叮嚀：「孤燈守著自己的靈魂／夜黑，不能讓心也黑／如果明天還是大雨／燈盞裏沒有了油／就燃燒自己的血」。

第二輯

一知半解

心愛的《魯迅全集》

不知道我的同齡人中，有多少人從頭至尾認認真真地讀過《魯迅全集》。我很自豪，我是認認真真地讀過這套大書的，厚厚的十六卷，連一條注釋也沒放過。讀著這套大書，我覺得自己就像在一個浩瀚的大海中游泳，我感到了整個大海的寬闊與溫暖。而具體到每一朵浪花，它們又往往是那麼強硬而充滿著銳氣，再頑固的礁石也不是它們的對手。更重要的是，置身於這片深博的大海中，我深深地感到了自己的渺小。

人民文學出版社社一九八一年版《魯迅全集》封面

劉運峰編《魯迅全集補遺》封面

「慣於長夜過春時」：魯迅先生畫像
（國畫）

「我以我血薦軒轅」：魯迅先生畫像
（油畫）

魯迅先生畫像（木刻）

有一位讀過馬克‧吐溫全集的作家說：「簡直太迷人了！彷彿只要在它的岸上坐一兩個小時，就可以寫一本書出來。」他說的是《密西西比河上的生活》。我讀我的《魯迅全集》，也有這樣的感覺。無論是在黎明還是在午夜，只要一捧起其中的任何一卷，我就感到自己手癢。《魯迅全集》給予了我無窮無盡的生命的激情和創作的靈感。翻開其中的任何一頁，我都彷彿看見了大師的深邃的目光，聽到了大師的最沉重的呼吸，甚至聽到了那被晦重的夜色所包圍的書房裏，從濃重的煙霧中傳來的一陣陣嗆嗆的咳嗽聲……我知道，整個民族的憂樂和人類的悲歡，都牽繫在大師的心頭。

我想起了巴烏斯托夫斯基關於契訶夫的筆記：「有些人，我們離了他們便幾乎無法生活。對於這些人，生活即便不能令其永生不死，也該讓他們益壽延年，以便我們的肩上能夠經常感受到他們那雙巨手的撫摸……」是的，對於魯迅先生這樣的大師，一次生命本來就遠遠不夠。宋慶

齡曾勸他珍重自己的身體，在病中給他寫信，勸他：您要知道，您不是屬於您個人的，整個民族需要您活著，您必須為中國人民大眾的利益保護好您的身體……（大意）然而他死得太早了。他沒能像維克多·雨果或蕭伯納那樣活到耄耋高壽。比起那些夢想著把自己的名字刻入石頭想不朽的人，他寧願「俯首甘為孺子牛」。而對於那些醜惡、卑鄙、狗苟蠅營的一類，他總是橫眉冷對，誓不兩立。他是無私無畏的戰士，卻終於因為疾勞過度，憂患至極而失血，而臉色蒼白、雙頰深陷。大愛和大憎毀掉了他的身體。他過早地放下了他的「投槍」。

我時常用雙手輕輕摩挲著我心愛的《魯迅全集》。我知道我的手充滿最大的溫情。我的心靈因為無限的景仰而顫抖著。我熟悉我的《魯迅全集》的每一卷、每一頁，熟悉它們的紙張的色澤、文字的疏密以及氤氳其間的芬芳氣息。

那一卷的封套和內頁上的色澤，彷彿受了陽光的曝曬而變得淡黃了嗎？是的，那是因為我曾坐在明亮的曠野上讀過它。我讀著它的時候，有時也情不自禁地要舉起它們，對著朗朗的陽光照一照，彷彿要透過紙背看清它們之中是否隱藏著什麼難以解釋的魔力。而這一卷的書脊，又彷彿因為受潮而稍稍有些鬆軟了。這也不奇怪，這是因為我在一些陰鬱的日子裏讀過它。我讀著它的時候，只覺得自己心靈的潮濕，耳邊似有種種聲音，卻不知道雨水已經飛進我低矮的窗戶，打濕了我手中珍貴的書頁。我常常因此而慚愧不已。但也因此而更加珍視和熟稔了它們中的每一卷、每一頁。

啊，我的《野草》，我的《朝花夕拾》，我的《吶喊》與《熱風》，我的《華蓋集》、《二心集》和《兩地書》……你們都是我今生今世所永遠不能捨棄和離開的心愛的大書！

我的生活並不寬裕，青年時代甚至因為苦於衣食而斯文掃地。我的書架樸素簡陋，一點也不豪華。然而每次搬家，我總要收撿出其中最光潔、最寬敞和最順手的一格，來端端正正地擺放我的《魯迅全集》。有時外出旅行，路途上也常常惦念著我心愛的《魯迅全集》，會不會有

人動過？會不會出現意外，譬如失火燒了我的《魯迅全集》？而一旦回家，便會直奔我的心愛的大書，好像奔向一位三秋未見的親人。

也曾有一友人，苦於自己沒能買到一部《魯迅全集》，每次來寒舍敘談，總是心不在焉，目光老是瞄向我的《魯迅全集》。然而，他只是觀望注目而從不隨便動手抽取。我明白他的心思。他想翻看我的《魯迅全集》，他想開口借閱我的《魯迅全集》，但他明白，只要一說出來，我就會一口拒絕，即便不拒絕，也會使我為難至極。而我每逢此時則總是戰戰兢兢、如履薄冰，或裝聾作啞，或「顧左右而言他」。我得盡力保護好我的心愛的《魯迅全集》。

那麼，得罪了，我的善解人意的友人。原諒我吧，心愛的《魯迅全集》。

一九九〇年春天

經常擔心著魯迅先生安危的孫夫人宋慶齡

《跟魯迅評圖品畫》

「魯迅與美術」，是一個非常大的題目，豈是我輩小子所能談論的。魯迅研究家王觀泉先生所著《魯迅美術繫年》，僅一九二七至一九三六年間，就有近三百面的篇幅了，可見魯迅與美術的關係之密切與繁富。二十世紀三十年代裏，當時還是青年作家的施蟄存先生，因《莊子》和《文選》的事而與魯迅有過一場論爭，記得施先生的文章裏有過不無諷譏意味的話語：「新文學家中，也有玩木刻，考究版本，收羅藏書票，以駢體文為白話書信作序，甚至寫字臺上陳列了小擺設的……」；「本來我還想推薦一二部豐之餘先生的著作，可惜坊間只有豐子愷先生的書，而沒有豐之餘先生的書，說不定他是像魯迅先生印珂羅版木刻圖一樣的是私人精印本，屬於罕見書之列……」不料，施

魯迅先生與青年翻譯家姚克
（姚莘農）的合影

魯迅先生與木刻青年們的合影

先生自己到了晚年，竟然也對秦磚漢瓦和金石、碑帖、造像等產生了濃厚的興趣，並且也出版了不止一部這方面的著作。

然而，魯迅先生的美術世界究竟有多麼開闊和豐富，除了少數魯迅專家和現代美術史論學者外，一般魯迅著作熱愛者和大眾讀者，恐怕是說不出個大概來的。恕我孤陋寡聞，似乎這些年來也沒見到有這方面的讀本問世。現在好了，嶽麓書社出版的，由學者楊里昂和詩人彭國梁主編的《跟魯迅評圖品畫》，洋洋灑灑、分門別類，可以說是比較全面、而又有條理地向大眾讀者展現了魯迅一生所涉獵的美術領域。或者說，這部書是比較完美地實現了編輯者試圖讓「魯迅」、「美術」、「大眾」三者更緊密地聯繫起來的願望。

《跟魯迅評圖品畫》分「中國卷」和「外國卷」兩大冊。「中國卷」裏以上、中、下三編，呈現著魯迅有關中國古代、近代和現代美術的著述、收藏等。上編以美術史為線索，依次為上古繪畫、漢石畫像、六朝及唐代土俑、唐代繪畫、敦煌木刻佛像、宋代院畫、元代山水畫、明代小說繡像、民間年畫九個單元；中編以美術作品為線索，從《女史箴圖》、《十六羅漢圖》、《唐風圖》……直至《北平箋譜》、《雕版畫集》；下編則以畫家為線索，從五代、宋初畫家石恪，到近代畫家林紓、陳師曾，直到現代的齊白石、陶元慶、劉海粟、徐悲鴻、司徒喬等。僅從這樣一個目錄裏，就不難感到魯迅的涉獵之廣，其中不少比較冷僻的東西，如漢石畫像、民間年畫、連環圖畫、小說繡像以及近代箋譜等等，都是他縮衣節食、潛心搜求、悉心挖掘和整理的成果。

「外國卷」裏則以美術人物（畫家）為線索，涉及了東西方從中世紀到近現代六十多位畫家的作品。其中既有米開朗琪羅、達·芬奇、米勒、高更、羅丹、梵谷、塞尚、戈雅、列賓等人們耳熟能詳的大畫家，更多的是來自生活底層或一些被忽略和被欺凌的弱小民族和國家的、雖然鮮為人知卻具有強烈的抗爭精神與追求民主自由思想的畫家與作品，如比利時版畫家麥綏萊勒、德國版畫家凱綏·珂勒惠支以及波蘭、蘇俄的一些畫家。而且有不少畫家都是通過魯迅的引進和介紹，第一次來

魯迅先生生前十分推崇的比利時
畫家麥綏萊勒版畫作品之一

魯迅先生生前十分推崇的比利時
畫家麥綏萊勒版畫作品之一

到中國的。魯迅在二十世紀二三十年代致力於引進和介紹這些畫家於作品，一方面是為了推動中國的現代繪畫、尤其是現代木刻版畫藝術的進程，另一個更重要的原因是為了「盜火」和「播火」，用歐洲的那些弱小民族的偉大的抗爭精神與革命思想，來激勵和鼓舞中國黑暗時代的被壓迫的人民起來鬥爭。從這個意義上看，當年施蟄存先生在文章裏說魯迅「玩木刻」、印珂羅版木刻圖是為了什麼罕見的「私人精印本」等，實在是對魯迅的不淺的誤解。

　　《跟魯迅評圖品畫》一書對「魯迅與美術」這個題目所涉及的文獻、史料和美術作品的搜集與輯錄，是廣泛、嚴謹和仔細的。全書正文在每一個標題之下，都有「魯迅述錄」、所涉及的美術作品圖錄和「附注」三部分。「魯迅述錄」是魯迅評圖品畫的文字，摘自魯迅作品（包括書信和日記）；「述錄」所論及的畫家和作品圖錄，則是兩位主編從大量的精品畫冊或文獻資料中挑選出來的。從這些圖版的清晰和精緻的印刷效果來看，說是來自「精品畫冊」，一點也不假；「附注」則是對每一位畫家或作品的準確而精當的介紹，也是對「魯迅述錄」部分所做

的文字上的補充。可以說，對這三部分內容，主編者都下了很深的工夫，而且也顯示了一種編輯專業上的學力與開創性。

編書者付出艱辛的勞動，我們來享受這美好的成果。有了這樣一部圖文並茂的好書，我們不僅可以在跟隨著文學大師評圖品畫的過程中獲得充分的文化知識和藝術滋養，而且也會為魯迅對中外美術視野之開闊，對推動中國現代美術事業所付出的巨大勞動和畢生心血，而感到震驚和敬佩。從這一部書，我再一次從心底感到了魯迅作為一位文化巨人的偉大與名副其實。可以說，中國近代以來像魯迅這樣有著廣闊的美術視野和深厚的美術修養，並且身體力行為推動中國現代美術進程而做出了卓異的貢獻的文學家，無一可與之比肩者。

魯迅先生油畫像

編輯《嚴文井文集》的一點回憶

我第一次見到嚴文井先生，是在一九九六年秋天。當時在北京的一位文友靳飛兄，和嚴老多有交往，他為嚴老編輯過一冊篇幅不大的散文集《黑色鳥》，還為中國青年出版社編過一小冊《嚴文井談人生》。靳飛兄在京城長袖善舞，給我的印象是，幾乎全北京的文化名人，尤其是文化老人，他都認識。他確實也東跑西顛地為不少文化老人辦過很多實事，因此也贏得了他們的信任和歡喜。我看得出來，嚴老就很信任和喜歡靳飛。

一九九六年前後，我正在協助徐遲先生編選《徐遲文集》，並幫助他查找一些寫回憶錄的資料。徐遲先生在回憶錄裏寫到了兩件與嚴文井先生有關的事，給我留下很深的印象，也引起了我的好奇。一是嚴老的第一本童話集《南南同鬍子伯伯》，是在一九四一年被人從延安帶到重慶，由設在重慶的「美學出版社」印行的，當時徐遲先生也參與了美學出版社的

晚年的嚴文井先生

編輯事務。二是在三十年代，已經初露頭角的青年詩人徐遲，在燕京大學英文系借讀期間，悄悄地、卻也是十分狂熱地愛上了同系的一位美麗的女生——一位當時也已經有詩作發表的女詩人，她英文名字叫「瑪格麗特」，本名嚴文莊，是嚴文井先生的堂妹。

那年秋天，我在北京和靳飛兄說起了這些事，他熱心快腸地說，那很好，我現在就帶你去看看嚴先生。於是我們去了住在朝陽區紅廟北里的嚴老府上，見到了這位一直在我心目中屬於「大師級」的兒童文學界的老前輩，也見到了他的夫人康志強老師。康老師也是一位知名的老編輯，八十年代裏她在《詩刊》社工作時，有一年我們在煙臺召開的一個兒童文學會議上就認識了，沒想到十幾年後康老師竟然對我還留有印象，這使我頓時感到親近了許多。

這次見面，嚴老給我講述了一點徐遲先生和「瑪格麗特」的「逸事」，解決了我心中的一些疑問。也談到了他少年時代在武昌念書時的一些舊事，並仔細地詢問過，他當時住讀過的曇華林一帶，如今有些什麼變化。我向他表達了對他晚年寫的一些文字的看法。我說，這些文字不僅洗盡鉛華，臻於爐火純青的境界，而且充滿思想的重量和智力之美，可謂字字珠璣，擲地有聲。例如那篇〈四月和老精靈的對話〉，例如〈書

嚴文井先生

嚴文井夫人康志強老人（張秀岩攝）

的「神」和人〉、〈陽光〉等等。我一口氣舉了好幾篇出來。不過那時
候我還沒有讀到那篇後來被我放在《嚴文井文集》前勒口上的〈我仍在
路上〉。我相信這是中國當代散文文學中最值得珍視的文字之一。

嚴老對我表現出來的興奮卻報以呵呵一笑，說，「總共就寫了這
麼一點兒，好像一篇不漏，都被你看到了。」我說，「您這是惜墨如
金。」「不，是我太懶惰，光想著玩兒了。」他的笑容裏有慈祥，也帶
有一點兒玩笑的意思。

「可不是嗎，嚴先生懶得連走路都不肯走，就喜歡坐著，要不就
躺著不動。」在一旁的康老師說。她的意思是，老年人平時應該多走
動，這樣才有利於健康。嚴老反問道：「你覺得你比我健康嗎？」康老
師告訴我，嚴老性格很「倔」，聽音樂最喜歡西洋樂，喝飲料最喜歡
「可樂」，抽煙也最喜歡「洋煙」。我說，還有呢，寫文章也十分「洋
派」，一點不像是到過延河的老幹部寫的東西。靳飛說，沒錯，嚴老是
個十足的「老現代派」！康老師說，所以他才寫文章為蕭乾打抱不平。
我知道，康老師是說那篇〈關於蕭乾的點滴〉。這是嚴老晚年所寫的最
「長」的文章之一。我甚至覺得，嚴老在寫蕭乾的性格、愛好和遭遇的
時候，肯定也聯想到了自己，因此會寫得那麼情不自禁。

這次見面，嚴老題簽贈送給我《嚴文井童話寓言集》、《黑色鳥》
兩本書。他寫字時，手顫抖得很厲害，寫出的字已經失去了他原有字體
的俊逸的風采。如今這兩本書已成為他老人家留給我的最珍貴的紀念了。

回到武漢後，我就開始留意收集嚴文井先生的全部作品了。他是
二十世紀三十年代屬於「京派」裏的青年作家，曾得到過當時在天津
主編《大公報》文藝副刊的沈從文、蕭乾的賞識和舉薦。他的第一本散
文集《山寺暮》，列入著名編輯家靳以主編的「現代散文新集」叢書，
一九三六年由上海良友出版公司出版。抗戰期間和到延安之後，在童話
創作之外，還寫了一部反映青年知識份子心路歷程的長篇小說《劉明的
苦惱》（後更名為《一個人的煩惱》），以及若干短篇小說。一九四九年

以後，他在繁重的文藝領導和行政工作之餘，繼續為孩子們創作童話和寓言，寫出了〈蚯蚓和蜜蜂的故事〉、〈小溪流的歌〉、〈「下次開船」港〉等傳世名篇，成為一代童話大師。同時也寫下了大量文論、序跋和遊記、散文作品。

對他的作品有了初步的瞭解之後，我萌生了編輯他的文集的想法。因為他是湖北籍的老作家，如果他的文集能在湖北出版，當是湖北出版界的幸事。我把這個想法，向我所供職的湖北少年兒童出版社的領導做了彙報，得到了當時的社長劉道清先生的支持。於是我就先和康老師商量。康老師倒是十分贊成我們編輯嚴老的文集。但嚴老卻表現得並不那麼熱心。有一次他在電話裏問我：「出一套文集，你覺得有這個必要嗎？我有什麼東西值得你們出啊！」他堅持認為，他就像《好兵帥克》裏的帥克，在文學隊伍裏算不上是一個「好兵」，有時候甚至還有點「搗亂」；他還認為，自己的作品都已經「過時」了。

大概是康老師從中又做了一些說服工作，他最終總算同意了我們編輯他的文集。我原想請靳飛兄就近幫忙，做些作品收集和具體的編輯事務，但當時靳飛兄和他的日本太太波多野小姐好像正準備赴日本居住，難以襄助。於是我又想到了另一位文友譚宗遠兄。譚宗遠兄對嚴老的作品也比較熟悉，我記得他還寫過一些關於嚴老的書話文章。我對宗遠談了我的想法、要求和編輯作業上的「時間表」，宗遠一口應承下來，並很快就開始了編輯作業。

期間我又去北京見過嚴老一次。這是我與這位可敬的文學前輩和風趣的智者的第二次見面。這次是譚宗遠兄帶我去的，同去的還有另一位友人、兒童文學研究家和編輯家孫建江兄。建江兄在念大學時就研究過嚴文井先生的童話，發現和提出了嚴文井童話裏的「空間美學」和「運動之美」，曾得到過嚴老的首肯。這次見面，給我印象最深的是，嚴老再次提到了《好兵帥克》。他甚至說到，他自己的作品裏有一些東西，也像帥克一樣，表面上唯唯諾諾，實際上是「帶刺兒」的，「冒冒失失」，不討人喜歡。但我認為：也許正因為這樣，才顯示出嚴老自己的

個性與思想。首長不喜歡，但讀者們喜歡，這才是最重要的。我懂得，他的作品裏有一些「屈從」的東西，但他像帥克一樣，內心裏有自己的判斷、鄙夷、憤怒和憎恨。——正如他內心裏同樣有自己的反思、懺悔、大智、大勇和大愛。

這次見面，康老師跟我說，嚴老吃、喝、睡，都沒有問題，就是腿腳不大聽指揮了。「但這裏還是聽指揮的。」他指了指自己碩大的頭顱說。那一瞬間我想到了他那則短短的自白式的文字〈我仍在路上〉。這則文字呈現著他晚年的沉痛的所思、所慮，也反映著他最真實的生活狀態：

> 現在我仍然活著，也就是說，仍在路上，仍在摸索。至於還能這樣再走多少天，我心中實在沒有數。
> 我僅存一個願望，我要在到達我的終點前多懂得一點真相，多聽見一些真誠的聲音。我不怕給自己難堪。
> 我本來就很貧乏，幹過許多錯事。
> 但我的心是柔和的，不久前我還看見了歸來的燕子。
> 真正的人正在多起來。他們具有仁慈而寬恕的心，他們有眼淚，但不為自己哭。

文井老人生前的工作室兼臥室
（張秀岩攝）

文井老人生前的工作室兼臥室
（張秀岩攝）

我仍在路上，不會感到孤單。

我也不會失落，因為再也沒有地方可以容我失落。

沒有一種大智慧和大勇氣，沒有一種透徹的思想，是難以寫出這樣的文字的。而同時，對許多人與事，他又選擇了沈默。我相信，對當代文學史上的許多事件的真相，他比許多人更有資格發言。他也並非不能為文。但他晚年卻就是一字不著，一言不發。他似乎在用沈默表達著他對一些人與事的尊重，同時也表達著對另一些人與事的鄙夷與不屑。我曾就以某一件我以為他應該寫點什麼的事情，試探性地問過他，他只淡淡地說了一句：「道不同，不相與謀嘛！」

這次見面，建江兄帶去一架照相機，給我拍了好幾張與嚴老、與康老師的合影。我沒有想到這竟是我最後一次來拜望老人了。這幾張照片也成了我心目中的永遠的紀念。

嚴文井先生的文學創作涉獵了小說、童話寓言、散文、遊記、詩歌、文學評論、序跋、日記、書信等多個門類。我們根據各個門類的篇幅分量，做了一些規劃，把《嚴文井文集》分編為四卷，即小說卷一（含長篇和短篇小說），散文卷二（含不多的幾首詩歌，一部遊記和全部的散文），童話寓言卷三，文論卷四（含文論、序跋、書簡、日記等），約一百萬言。

宗遠兄做事細緻、嚴謹，為搜羅和編輯這部文集做了主要的工作。他不僅從國家圖書館藏的舊報刊上找到了一些嚴老的舊文，還利用各種線索，搜羅來不少嚴老的書信，豐富了這部文集的內容。

當時出版社裏分管我的一位副總編鮮于景堯先生（幾年前他已經因病逝世，願他的靈魂在地下安息），對《嚴文井文集》的編輯工作多有支持，並且極力慫恿我編成一部「全集」。因為他認為「全集」比「文集」更有分量。但我考慮再三，覺得還是叫「文集」比較合適。一是嚴老還在世上，而且也並沒有完全「封筆」；二是他事先就表示過，不贊

成我們把他的所有文字都編輯進來。他自己先就「剔除」了一些屬於應景的、以及屈從於當時的形式而「言不由衷」的東西；況且就是他已經公開發表的文字，還有大量的書信等等，我們也還沒有能力全部搜羅回來。不過，這部百萬言的文集，大致囊括了嚴文井先生六十多年文學生涯的幾乎全部的創作。可以説，離「全集」的目標，並不遙遠了。

作為這部「文集」的責任編輯，我也為搜羅嚴老的作品和書簡等，做了一些力所能及的工作。小説卷裏有一篇發表於一九四○年的短篇小説〈一家人〉，應該是嚴老在抗戰期間重要的創作收穫之一，但因為種種原因，作品最初發表後，嚴老自己一直再也沒有找到，成了一篇「佚文」。「文集」中共收短篇小説十篇，這十篇小説在三四十年代發表後，從未結集出版過。直到一九八五年才由作者稍做修訂，以〈晨行（外八章）〉為總題，重新發表在貴州出版的《新時代人》雜誌創刊號上。當時〈一家人〉沒有找到，所以只重新發表了九篇。使我最感到得意的是，我在編輯「文集」期間，在翻查書目文獻出版社影印的現代文學老期刊時，竟在《文藝戰線》一九四○年第六期上意外地找到了這篇〈一家人〉。真是踏破鐵鞋無覓處，得來全不費功夫。十篇舊小説，終於合為「完璧」。

二○○○年七月，布面精裝的四卷本《嚴文井文集》出版問世。第二年，這部書獲得了以湖北省政府名義頒發的首屆「湖北省圖書獎」。本來，我還和宗遠兄商量過，擬在四卷精裝本出版後，再編輯一套適合青少年閱讀的嚴文井童話、寓言、散文的平裝和小本頭的單行本的，但不久我的工作從圖書編輯部門轉到了雜誌，這個美好的計畫最終沒能實現。

二○○六年二月二十八日，武昌梨園

嚴文井先生的兩本舊書

友人譚宗遠從北京來信，說最近去看望了一次嚴文井老人，還提到，我們的一位朋友靳飛兄，正在幫嚴老編選散文選集。靳飛還有意沿著他編《老舍談人生》的思路，再編一本《嚴文井談人生》。這使我想到了嚴老的兩本舊書。

一本是一九四二年由重慶美學出版社出版的童話集《南南同鬍子伯伯》。我從徐遲先生收藏的那本五十年前由美學社出版的《美文集》的附頁上，抄出過這本童話集的簡介：「本書共收童話八篇，筆調生動，文體簡易，寫出了最純潔的心願，最豐富的幻想，充滿喜悦，更多教育意味，應宜人手一冊。教師、家長、兒童，尤不可不看。」這大概是關於《南南同鬍子伯伯》的最早的評介文字了。

據徐遲先生回憶，由馮亦代、袁水拍創辦的美學出版社成立後，出版的第一本書是止默（金克木）從印度寄回的《甘地論》，第二本即是葉以群從延安帶到重慶的這本童話集。以群當時帶到重慶的文稿很多，嚴文井的童話只是其中一本。書是用黃色土紙印刷的，三十二開本豎排毛邊本，銷路不錯。不過，當時美學社並沒通

嚴文井早年散文裏寫到的老北平景象

六十年代嚴文井和孩子們在一起

知嚴文井，嚴文井也一直不知道自己的書在重慶出版過。其時他正在延安「魯藝」文學系任教。直到一九五〇年，徐遲到朝鮮去，途經瀋陽，見到了當時在《東北日報》任副總編輯的嚴文井，才把這本書的經過告訴了他。嚴文井自然非常高興。如今，這本《南南同鬍子伯伯》已經是中國現代兒童文學史上的名著了。新中國成立後曾重印出版過多次。用嚴文井自己的話說，這本童話集記下了他「朦朧而幼稚的幻想和愛憎」。

《南南同鬍子伯伯》是嚴文井作為一個兒童文學作家的成名作和代表作，卻並非他的第一本書。他最初走上文壇，是從散文創作開始的。他的第一本書，是散文集《山寺暮》。《山寺暮》收散文十篇，一九三七年由趙家璧主持的上海良友圖書公司出版，係靳以編輯的「現代散文新集」叢書之一。這本集子如今已是「稀世絕品」，恐怕嚴老本人也不一定藏有此書了。據我所知，上海藏書家、新文學研究專家倪墨炎先生還藏有一冊。集中所收篇什有〈山寺暮〉、〈長城旅客夢〉、〈風雨〉、〈給匆忙走路的人〉、〈黑色鳥〉、〈陽光的記憶〉、〈秘密〉、〈小雄及其他〉等，其中〈長城旅客夢〉和〈風雨〉篇幅較長。〈風雨〉由長則千把字、短則僅二百來字的十五個片斷組成，寫的是作者乘著船在一條小河上行進時的所見所聞，優美的文字中飽含哲理，發

人深思，頗為耐讀。如今，這些散文已經編入四卷本《嚴文井文集》的「散文卷」中。

一九三六年，趙家璧先生主編過一部在當時影響頗大的《二十人所選短篇佳作集》，請二十位知名作家每人推薦了一九三五年十一月至一九三六年十一月間發表的三篇作品，〈風雨〉即是主編天津《大公報》文藝副刊的蕭乾向趙家璧推薦的三篇作品中的一篇。

最近，在武漢出版的《長江文藝》月刊一九九二年八月號上，重刊了嚴文井先生的一篇散文舊作〈世故的小丑〉（作於一九三六年十二月，其時嚴文井正在北平圖書館工作），也是他早期散文中的一篇重要作品，靳飛兄選編嚴老的散文選集，特此提醒，以免失收。

郭沫若的《櫻花書簡》

郭沫若在〈初出夔門〉中追憶說:「一九一三年的六月,在『第二次革命』的風雲醞釀著的時候,天津的陸軍軍醫學校在各省招生,四川招考了六名,我便是其中的一個。」那年他剛滿二十歲。他的年輕的生命「就像大渡河裏面的水一樣,一直在崇山峻嶺中迂迴曲折地流著。」(〈少年時代‧序〉)他不滿於祖國黑暗與腐敗的現實,面對自己所處的那個封建禮教謹嚴的家庭,也有著一種說不出的厭倦感。他總想離開四川盆地,離開那深井般的「家」,出去過一種自由的生活──他好像已經聽到了外面的世界對他的召喚。在心靈深處,他已經把自己的命運和祖國民族的前途緊緊地聯繫在一起了。

這年七月月下旬,他從樂山乘船東下,幾經輾轉,於十月月下旬出了夔門。「那時候有迷迷濛濛的含愁的煙雨,灑在那浩浩蕩蕩的如怒的長江。我們是後面不見來程,前面不知去向。」「但我只要一出了夔門,我便要乘風破浪!」(〈恢復‧巫峽的回憶〉)

十一月六日,他經漢口北上抵達天津的軍醫學校。但他內心裏並不想專注於醫學。他的報考醫校,僅僅是為了要離開四川,尋找一個更開闊的天地。三天之後,他又離開天津去了北京,在長兄郭開文(川邊駐北京的代表)的幫助下,於十二月二十八日,買棹東渡扶桑,開始了一段嶄新而又艱難的人生歷程。郭沫若後來把自己的這個選擇稱為「一生的第二個轉捩點」。(〈我的學生時代〉)

少年時代的郭沫若　　　　在日本九州大學醫學部留學時的郭沫若

　　自一九一三年初出夔門，到一九二三年三月從日本福岡帝國醫大
畢業後，攜家眷回到上海，其間正好十年的時間。留學日本的這十年，
既是中國現代史上風起雲湧，「城頭變換大王旗」的十年，也是作為革
命家和文學家的郭沫若在思想發展史上起著決定性的十年。一方面，作
為負笈海外的中華學子，他抱著富國強兵的宏願，每以曾子「士不可以
不宏毅，任重而道遠，能以為己任，不亦重乎！死而後已，不亦遠乎」
之說自勉自勵，並效法大禹治水，九年在外；蘇武牧羊，冰雪為伴。以
圖「習一技而長一藝」，來日報效家國；另一方面，因為蘇俄「十月革
命」的勝利、「五四運動」的爆發、中國共產黨的誕生等一系列開天闢
地的巨變接連發生，也喚醒了郭沫若原本是處於「半覺醒狀態」的精神
世界，促使他以詩、以文學的狂飆，向著舊中國腐朽的一切，發起了猛
烈而徹底的滌蕩。他這樣看待自己這十年：「這兒是飛躍的準備。飛躍
吧！我們飛向自由的王國！」（《水平線下》原版序引）

　　作為這十年「飛躍」的蹤跡，除了那部給中國現代文壇帶來反抗
黑暗、爭取自由的狂飆般的戰鬥精神和熱烈奔放的浪漫風格的詩集《女
神》之外，再就是他從日本寄回家鄉的那些家書了。如果說，《女神》
是郭沫若這一時期的狂飆突進精神的直接體現，那麼，他這十年的海外

家書，也從側面反映出了他的心靈歷程和生活軌跡，應是後人研究這位新文化鉅子的極其珍貴的資料。

　　二十世紀七十年代，兩位郭沫若研究者唐明中、黃高斌先生，在完成了一部《郭沫若少年詩稿》的編選之後，又探隱索微，悉心搜集、編選和整理出了郭沫若留學日本期間（一九一三至一九二三年）間的家書六十六封。其中，初出夔門時三封；東渡之後，在東京和第一高等學校預科學習期間二十七封；轉入日本岡山第六高等學校學習期間的二十七封；升入日本福岡帝國醫大學習期間九封。這本書信集就是《櫻花書簡》（四川人民出版社一九八一年八月第一版）。

　　從《櫻花書簡》裏，我們處處可以感到他那以富國強兵砥礪志節、關心祖國命運和民族前途的憂患之心，以及勤學苦讀的精神。如他到達日本後寫回的第一封信上，就這樣寫道：「男前在國中，毫未嚐嚐辛苦，致怠惰成性，幾有不可救藥之慨；男自今以後，當痛自刷新，力求實際學

「憐子如何不丈夫」：郭沫若和年幼的兒子在一起。

郭沫若的母親和郭的原配張瓊華女士的合影

郭沫若和孩子們

業成就，雖苦猶甘，下自問心無愧，上足報我父母天高地厚之恩於萬一，而答諸兄長之培誨之勤，所矢志盟心日夕自勵者也。」（一九一四年二月）

一九一五年一月，日本帝國主義以支持袁世凱稱帝為誘餌，提出了使中華民族蒙受奇恥大辱的「二十一條」要求，企圖一口吞滅中國。郭沫若身居海外，而以國家存亡為念，他在三月十七日家書中寫道：「我國陸軍雖有，而軍械缺乏，而海軍則不足言也。……然果使萬不得已而真至於開戰，則祖國存亡，至堪懸念，個人身事，所不敢問矣。……日本鬼國，其驕橫可謂絕頂矣，天其真無眼以臨鑒之耶！……今次吾國上下一心，雖前日之革命黨人，今亦多輸誠返國者，此則人和之徵也。……」在同一封信上，他叮囑尚在家鄉就讀的「元弟」說，「元弟在家，不可虛耍，……一國文學，為一國之精神，物質文明，固不可缺少，而自國精神，終不可使失墜也。」同年四月十二日的信上又寫道，「現在國家弱到如此地步，生為男子，何能伎不學無術，無一籌以報國也。」一九一六年九月十六日家書上寫道：「男想古時夏禹治水，九年在外，三過家門不入；蘇武使匈奴，牧羊十九年，饉齕冰雪。男幼受父母鞠養，長受國家培植，質雖魯鈍，終非干國棟家之器，要思習一技，長一藝，以期……報效家國。」

青年郭沫若

郭沫若曾説，他寫自傳是為了「通過自己看出一個時代」。我們通過他的青年時代的家書，似乎也可以尋繹出一個時代的有志之士的心聲和精神歷程。鴉片戰爭以後，一方面，古老的中國由一個龐大的東方帝國逐漸淪落為一個半封建半殖民地的國家，人民在外受奴役、內遭腐敗統治的雙重壓迫下，忍氣吞聲，生活在貧困交加之中；另一方面，一些先進的中國人，一些先一步覺醒的仁人志士，開始走出閉鎖的國門，經過千辛萬苦，到歐美、日本等國家去尋找和探求救國救民的真理與道路。當時這些先覺者有一個普遍的認識：要想改變中華民族貧窮、落後和軟弱的面貌，唯一的出路就是向先進的西方學習，不僅僅是學習他們的語言、政法、軍事、科學，還要學習他們勇於摒棄舊觀念的束縛，敢於改革和革命，追求民主與自由的先進思想。所以，到十九世紀末和二十世紀初葉，中國知識份子走向西方，中國政府向日本、英國、美國、法國等國家派遣的留學生之多，可以説達到了驚人的程度。

郭沫若、安娜和孩子們在一起。

在民族危機越來越深重，國內各階層人民反帝愛國情緒普遍高漲這樣的形勢的推動下，一批批新型的知識份子出現了。他們通過愛國主義運動而紛紛走上民主革命的道路，更有一部分人逐漸成為堅強的馬克思主義者。郭沫若也是其中傑出的代表者之一。

郭沫若和安娜的婚戀，在《櫻花書簡》裏也有所反映。一九一六年，郭沫若在岡山第六高等學校讀完一年級。這年暑假裏，他認識了正在東京京橋醫院服務的日本少女安娜左藤富子。他們由相識而相愛，不到半年，即結成良緣。

安娜是一位牧師的女兒，從小就同情中國，關心中國人民的命運，也嚮往中國的文化。她的出現，給青年郭沫若帶來了極大的精神安慰和支持。愛情的雨露滋潤著身處異國的青年學子的心田，也催發了他心中詩的激情。郭沫若在〈我的作詩的經過〉一文中曾承認，「在民國五年的夏秋之交，有和她的戀愛的發生，我的作詩的欲望才認真地發生了出來，《女神》中的〈新月與白雲〉、〈死的誘惑〉、〈別離〉、〈紙奴司〉，都是先先後後為她而作的。」在一九一八年三月三十一日的家書中，他這樣寫道：「男在此間，日日都在認真讀書，並且有許多好朋友，互相提攜，家事一切，都是和兒母經手，不消兒過問……望二老勿勞遠慮。」

「和兒」即郭與安娜的第一個孩子郭和生（一九一七年十二月出生）。安娜和郭沫若結合，是冒著「破門」的處分的。她不惜自己和家庭斷絕關係，而甘願以身相許於為了中國的新生在奮鬥和呼號的青年詩人。我們從郭沫若的家書裏，從他獻給安娜的詩篇中，都可看到安娜那顆善良和無私的心。在郭沫若後來的革命生涯中，安娜是默默地做出了極大犧牲，忍受了深深的委屈和痛苦的。郭沫若後來有兩行詩：「兩全家國殊難事，此恨將教萬世綿。」其中所表達的，不無對於深明大義的安娜的歉疚與感激。

郭沫若留給我們的文化遺產是豐富而廣博的。《櫻花書簡》自然只是其中的滄海一粟。然而通過這少許的浪花，我們也不難感知整個大海

的深沉與博大。何況，通過這一束「櫻花書簡」，我們似乎還可以追尋到一條波瀾壯闊的生命長河的上游，以至它的源頭。

中年時期的郭沫若（左二）和朋友們

四川樂山的郭沫若故居

中年時期的郭沫若先生

溫源寧的《一知半解》

多次聽人説到「溫源寧」這個名字。聽張中行先生説過，聽徐遲先生説過，聽畢奐午先生説過，聽曾卓和田野先生説過。可惜一直沒讀到溫源寧的書。今年春上，過江去看曾卓老師時，他送了我一些書，又借給我一些書看。其中有一薄薄的小冊，使我大喜過望，真是踏破鐵鞋無覓處，得來全不費工夫，這一簿冊，原來正是溫源寧用英文寫成，詩人南星譯成中文的那本著名的小書《人物剪影十七幅——一知半解》。

書由嶽麓書社於一九八八年十二月印行，係鍾叔河先生主編的「鳳凰叢書」之一種。「鳳凰叢書」我倒是很有幾種的，如蔣碧微的《我與悲鴻》、《白石老人自述》等，卻獨缺這本《一知半解》，能不可惜！現在見到了，不勝欣喜。

溫源寧先生《一知半解》校對稿的封面頁。四川大學著名外語系教授朱寄堯先生舊藏。

　　書前有中行先生的序文，說到了溫源寧其人。三十年代初，溫任北大西方語言文學系英文組的主任，而張中行則是他的「旁聽生」。在中行先生眼裏，溫源寧的確是一位名不虛傳的英國化了的Gentleman：「身材中等，不很瘦，穿整潔而考究的西服，年歲雖然不很大，卻因為態度嚴肅而顯得成熟老練。永遠用英語講話，語調頓挫而典雅……帶有古典味。」而且頗見有些「怪」，「比如他的夫人是個華僑闊小姐，有汽車，他卻從來不坐，遇見風雨天氣，夫人讓，他總是說謝謝，還是坐自己的人力車到學校。」

　　書中收十七篇「人物剪影」，寫的都是作者熟悉的一些名人，其中多為「北大舊人」，而且以學人居多。如吳宓、胡適、徐志摩、周作人、梁遇春、辜鴻銘、顧維均、丁文江、梁宗岱等。每位人物長則寫三千字，短則只有千字，乾淨俐落，而又生動傳神。寫人，尤其是寫名人，更不用說是寫像吳宓、胡適、辜鴻銘這樣的「複雜」的名人，要寫得好，本是很難的。而溫源寧卻很會運用獨特的角度，出之於自己機智而又切實的感受，舉重若輕，入情入理，一針見血。而且在文字表達上力避侃俗，生動而俏皮，不枝不蔓，一派簡練的英國小品風格。這僅有學識是不夠的，還要有一種真正的懂得如何「經營」散文的才華。試想，如果一篇散文，一幅人物剪影，語言簡是簡練了，但其中的意思卻乾癟而貧乏，毫無味道；或者是語言雅馴倒是雅馴了，但讀來卻使人迷離恍惚，莫測高深……那還談什麼「生動傳神」呢？

　　而溫源寧卻就有這種本事，使自己的每一篇散文不僅在內容上達到了如中行先生所稱讚的「有言外意，味外味」的效果，而且在語言上也發乎所當發，止乎所當止，如同古人所謂的「辭達而已矣」。

　　譬如他寫胡適：

　　　「胡博士每禮拜日會客，無論何人，概不拒之門外。不管來客是學生或共產主義者，是商人或強盜，他都耐心傾聽，耐心敘談。

窮困的人們，他援助。求識的人，他給寫介紹信。有人在學術問
題上求教，他盡全力予以啟發。也有人只是去問候他，他便報以
零零碎碎的閒談。客人辭別後，都有不虛此行之感。」

「浪漫」詩人徐志摩身上的「女人情結」，尤其是他對於女性的
「見異思遷」，原來是不易說清的，溫源寧卻用三言兩語就說得明明白
白，入情入理：

「哪個女人也不要以為志摩愛過她而得意；他僅僅是愛過自己內
心裏的理想美的幻象罷了。甚至若有一個女人現出來符合理想的
模糊影像，他也愛。他在許多神龕前燒香，並非不忠，倒可以說
正是忠於他的理想的必然表現。像一個晴朗夏日裏飄來蕩去的影
子一樣。志摩從一個又一個女友身旁輕輕掠過；正如那些影子是
一個太陽映照出來的，志摩的愛戀也是來自一個源頭，即他的理
想美的幻像。他永遠是這個幻想的忠實信徒……」

對於詩人的個性，他也有自己的最合理的解釋：

「他（指徐志摩）其實是個聰明伶俐的孩子，永遠不會長大成
人，對周圍的事物充滿了好奇心，覺得清醒的世界與夢寐的世界
並無差別，絕不會對任何人懷恨，也絕不會想到任何人真不喜歡
他。經驗從他身旁閃過。不能讓他轉變。他跟種種事物做遊戲，
像孩子跟玩具戲耍一樣……他是個好衝動的天真爛漫的人，他砸
碎眼鏡，亂扔花朵，在荊棘叢林裏跳跳鑽鑽，這就是他一整天玩
玩鬧鬧的部分節目。」

或許，這正是溫源寧的文學魅力：因為原來就有的智慧，所以觀照
一切事物便自然而然地有了哲理意味；因為一貫的生活情趣，所以無論

多麼嚴正的意思都常常以幽默、平實的筆調出之。《一知半解》，可不就是這樣一本可讀的妙書麼！

　　這本書的中文譯者南星，是三十年代著名詩人和散文家。張中行在《負暄瑣話》裏寫到過他，説他精通英文，譯過多種英國文學散文，如《吉辛隨筆》等。而且南星「長期住在詩境中」，中文能力更是非凡，凡動筆，不管是自作還是翻譯，都兼有精練、流利、清麗、委婉的風格。因此，《一知半解》，原文出於溫源寧，譯文出於南星，可謂「珠聯璧合」了。這，凡讀過《一知半解》的人，自會有所感受的，所謂只可意會而難以言傳吧。

　　捎帶説一句，曾卓老師寫在《一知半解》扉頁上的一句題辭是：一本可讀的妙書。我想，老師讀完此書大約也是「情不自禁」才寫下這句話的吧。有的譯本把這個溫源寧的這個書名「Imperfect Understanding」譯為「略知一二」，錢鍾書先生又譯為「不夠知己」，也頗能傳達其中意趣。

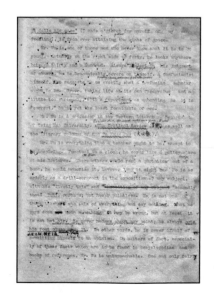

《一知半解》校對稿之一頁

柳亞子的〈新文壇雜詠〉

徐遲先生在《江南小鎮》第四部裏寫到了這樣一件事：一九四四年十月十九日，重慶文化界舉行魯迅先生逝世九周年祭，柳亞子是參加者之一，並留下了一首〈古風〉以紀此事。柳詩小序中還說明了與會人員有許壽裳、葉聖陶、郭沫若、曹靖華、馮雪峰、舒舍予、徐遲、趙丹、周恩來、馮玉祥、邵力子等五百餘人。詩中對這些知名人物都有精彩的評述。如「朗誦歡呼千掌雷，趙丹肥胖徐遲瘦」兩句，便是對徐遲在會上背誦魯迅名篇〈狂人日記〉的描述。徐遲說：「這次紀念大會，沒想到竟留下柳亞子先生的古詩，居然其中還有三個字是說到了我的，不勝光榮之至。」

愛國詩人柳亞子先生

柳亞子先生手跡

由柳亞子的這首古風，不禁想到他的另一些關於吟新文壇的詩詞。亞子先生古詩寫得好，也寫得多。我還覺得，他寫起文化界的人與事來，似又特別拿手。柳亞子早期就有一部專門謳歌共產黨人和追求進步的「左翼作家」的詩集，取名《左袒集》。五十年代的《新觀察》上曾發表過他的一組〈新文壇雜詠〉，據說，這其實就是當年的《左袒集》的一部分。

〈新文壇雜詠〉詩共十首，吟詠了魯迅、田漢、郭沫若、蔣光慈、茅盾、華漢（陽翰笙）、葉聖陶、謝婉瑩、丁玲等十位作家。寫魯迅先生的一首是：「逐臭趨炎苦未休，能標叛幟即千秋。稽山一老終堪念，牛酪何人為汝謀？」「牛酪」云云，使人聯想到魯迅先生說過的「牛吃的是草，擠出來的是血和奶」的話；寫郭沫若的一首是：「太原公子自無雙，戎馬經年氣未降。甲骨青銅餘事耳，驚看造詣敵羅王。」「羅王」指國學大師羅振玉、王國維。柳亞子視郭的學問造詣直逼羅、王，而且他所從事

青年時代的柳亞子

柳亞子和他的詩友毛澤東

的甲骨、青銅的研究，也只不過是他「戎馬經年」之「餘事」；寫茅盾的一首是：「篝火狐鳴陳勝王，偶經點綴不尋常。流傳萬口《虹》與《蝕》，我意還輸《大澤鄉》。」加了書名號的都是茅盾的作品，柳亞子這裏所寫的，已經是一種詩體的文學評論了。寫丁玲的：「人言徐淑過秦嘉，但論文章語未差。檢點情場哀豔劇，重呼韋護淚如麻。」其時胡也頻已遇難，丁玲處境也十分艱危，柳亞子先生對此表示了深切的關注。

　　讀柳亞子的《磨劍室詩詞集》（《柳亞子文集》之一，上海人民出版社一九八七年十二月第一版），會發現許多諸如此類的關於革命作家的人與書的篇章。如〈讀蔣光慈所說部名《野祭》者，感其哀豔，即題一絕〉（一九二八年），〈南國一首，為田壽昌作也〉（一九三一年），〈讀文藝新聞追悼號感賦〉（一九三一年）等。一九三一年，「左聯」五烈士在龍華遇害後，柳亞子義憤填膺，作〈存歿口號五絕句〉，每首詩都寫一生一歿兩人，五首共寫了十位革命作家，旗幟鮮明地表明瞭自己的「左袒」心跡。

　　毫無疑問，柳的這些寫於不同年代的關於新文壇的歌吟，也為我們的文學史保留了一些可供尋繹的史料和不可多得的談資，用現代文學研究家和散文家吳泰昌先生的話說，「柳亞子先生的詩詞裏留下了中國新文學運動中大批作家的清晰足跡」，頗值有心人鈎沉爬梳一番的。

張恨水和《啼笑因緣》

張恨水先生（一八九五至一九六七）原名張心遠，據說，他少年時就十分喜歡南唐後主李煜的那首〈烏夜啼〉：「林花謝了春紅，太匆匆，無奈朝來寒雨晚來風。胭脂淚，相留醉，幾時重？自是人生長恨水長東。」於是取了「恨水」二字作為筆名，意在勉勵自己珍惜光陰，不要叫時光像流水一樣白白東逝。「恨水」原是為了惜時，而並非八卦傳說中的與某位女士而因情而生「恨」。

　　這位近代言情小說大家的一生，的確是沒有白費。他活了七十二歲，寫作生活逾半個世紀，而留下的作品竟有三千六百萬言之多，光長篇小說就有五十七部。他是近代中國文壇上鮮見的幾位高產著作家之一。據香港報界聞人柳蘇先生說，曹聚仁一生的著作有四千萬字以上，而劉以鬯則已超過七千萬字了。這樣的著作數量，當屬鳳毛麟角，近乎奇跡了。

張恨水先生

張恨水先生在寫作中

言情小說家張恨水先生

老版的《啼笑因緣》電影劇照

根據張恨水先生小説《夜深沉》改編的同名
電視劇劇照

北嶽文藝出版社編輯出版了
六十二卷本的《張恨水全集》，
是我所見到的近代作家中卷數最
多的文集。購買力所限，我只買
回了《啼笑因緣》、《天河配》、
《金粉世家》、《似水流年》、
《山窗小品及其它》（散文集）、
《剪愁集》（詩詞集）和《寫作生
涯回憶》數卷。自然，我算不上
是一個「張迷」，但讀了《寫作
生涯回憶》，以及張恨水先生的
女兒張明明寫的《回憶我的父親
張恨水》之後，我從內心裏對這位
言情小説大師肅然起敬。

有人説，民國時期的讀書
人中，沒讀過張恨水小説的可以
説不多，看過電影而沒看過根據
張氏作品中改編的電影的人，更
是少有。事實上，張恨水正是中
國作家中作品「上鏡」最多的一
位。據張明明的不完全的統計，
僅一九三二至一九四九年間，他
的作品被改編和攝製成電影的小
説就有十二部；一九四九年後在
臺灣、香港等地拍攝的張氏作品
就更難統計了。一部《啼笑因
緣》，就先後七度走上銀幕和螢
屏，此外還有話劇、滬劇、評

劇、曲劇、京韻大鼓等舞臺藝術形式的改編。為紀念張恨水先生誕辰一百周年，中央電視臺在攝製完成了十八集電視連續劇《秦淮世家》後，又與上海東華影視公司、峨嵋電影製片廠聯手投拍《八十一夢》和《滿江紅》等十部張氏小說。所以又有人說，一九九四和一九九五年，是中國電視史上的「張恨水作品年」。

說起來，我最早知道張恨水的作品，還是從我的老祖母口中聽到的呢。二十世紀七十年代，在膠東鄉村，有年秋後，村裏來了電影放映隊，乃攙扶祖母去露天穀場上看電影。老祖母告訴我說，她年輕的時候，也曾在青島看過一次電影，叫《天河配》。我當即糾正她說，不是《天河配》，是《天仙配》，牛郎織女的故事。祖母說，就叫《天河配》，演的也不是牛郎織女的故事……多年後我才明白，老祖母說的不錯，她看的應該就是張恨水的《天河配》，一個纏綿哀婉的才子佳人故事。老祖母是不識字的，但她竟看過根據張氏小說改編的「文明戲」，可見張氏作品影響之廣。

現在大眾中有「發燒友」和「粉絲」一說。據說當年癡迷於張氏作品的「粉絲」，其發燒的程度也決不亞於現在。有位叫宋韻冰的「張迷」，非常喜歡張氏小說，尤喜小說裏的詩詞，因此便常輾轉寄上自己的詩詞，請張恨水先生修改。這種交往方式一直保持了很多年，直到恨水先生晚年，宋女士終於有機會與其丈夫一起到北京，見到了她「心儀久矣」的小說家。她住在張家好幾天，張恨水的夫人還陪她逛了不少名勝古跡。張恨水去世後，這位女讀者還特意送上一副輓聯，表達了自己的哀思：「生已留名世上，死亦無憾人間。」

四十年代馳譽文壇的張愛玲，也非常喜歡張恨水的作品，而且還模仿恨水先生的《水滸新傳》寫過一本小說。魯迅先生的母親魯老太太，生前也是一位「張迷」。魯迅書信裏有多次提到為母親買張氏小說的事。如一九三四年五月十六日，他從上海寫信給住在北京的母親說：「三日曾買《金粉世家》一部十二本，又《美人恩》一部三本，皆張恨水所作，分二包，由世界書局寄上……」同年八月二十一日信上又說：

「張恨水們的小説,已託人去買去了,大約不出一禮拜之內,當可由書局直接寄上。」還有一封信裏提到,張恨水的書定價很高,但託熟人去買,可以打折優惠。據説五十年代裏紹興魯迅紀念館曾寫信給張恨水,要他提供一點自己的作品集,準備陳列在魯老太太的房間裏,以保持原來的面貌。但恨水先生委婉地辭謝了。他不願意沾別人的光。

《啼笑因緣》是張恨水一九二九年應嚴獨鶴之約而寫的連載小説,先是在上海《新聞報‧快活林》上連載,一九三〇年載完,次年由上海三友書社出版單行本。這部小説一改張恨水先前的小説套路,為他贏得了一批新知識份子和大學生讀者。小説寫的是大學生樊家樹和唱大鼓的少女沈鳳喜的戀愛故事,曾經是轟動一時,孺婦皆知,有人説是,張恨水從這一部小説開始,打通了舊小説中無形的京派與海派,有點類似梅蘭芳了。此作曾多次搬上銀幕和舞臺。最早的一部有聲電影是一九三二年由明星公司拍的,胡蝶、鄭小秋主演。八十年代中國大陸又拍成了電視連續劇,由張止戈先生導演。(我與這位張導演有過多次往來,曾經一起籌畫過,準備拍一部關於彭德懷元帥早期戎馬生涯的電視劇,連外景地都選好了,可惜由於種種原因沒有拍成。)記得主題歌中兩句詞:「三江五湖情為重,六合天地義當先」,至今難忘。而那天橋鼓書藝人的富於正義感

江蘇文藝出版社出版的《啼笑因緣》封面

的鼓聲，猶在耳邊迴響。有趣的是，由於南北讀者對於《啼笑因緣》不約而同的喜歡，離原作寫出不到三年工夫，諸如《續啼笑因緣》、《反啼笑因緣》、《啼笑因緣零碎》……之類的「續書」紛紛出世，連張氏自己也忍不住，又續著了一部。其時正值抗日初期，作者自然寫了民族抗日的內容。但仔細看來，終嫌勉強。張恨水晚年也承認說：「就全書看，還是不續的好，抗日的事完全可以另寫一部書。」至於別人的續書，則大都違反作者本意，只能算「蛇足」了。

張恨水先生晚年深居簡出，幾乎被人遺忘。常來往者惟張友鸞、左笑鴻、張友鶴、吳範寰、季遒時、萬枚子等早年報界舊友。張明明稱之為「座上七翁」。一九六四年恨水先生七十誕辰時，七翁相聚，其樂融融。萬枚子先生集張氏小說題名為一壽聯：「揭春明外史嘲金粉世家刻畫姻緣堪啼笑，盼新燕歸來望滿江紅透喚醒迷夢向八一。」座中皆曰匠心獨運。

青年演員胡兵、袁立主演，根據張恨水名著《啼笑因緣》改編的電視劇劇照。

重讀《傅雷家書》

傅雷先生是我國現代著名的文學翻譯家和藝術評論家。一部《傅雷家書》（傅敏編，三聯書店版），向億萬讀者袒露了傅雷先生熱愛人生、忠於藝術和苦心教子的一腔深情。有人稱這部家書是「一座潔白的紀念碑」──「翻譯家死了，卻留下了一顆紀念碑式的蓄滿了大愛的心」！文學家樓適夷先生則稱這部家書是「一部最好的藝術學徒修養讀物」，也是一部「充滿著父愛的苦心孤詣、嘔心瀝血的教子篇。」（〈讀家書，想傅雷〉）

楊絳先生在為《傅譯傳記五種》一書所做的代序中，曾寫到自己親眼見過的傅雷先生嚴於教子的情景：「在他的孩子面前，他是個不折不扣的嚴父。阿聰、阿敏那時候還是一對小頑童，只想賴在客廳裏聽大人說話。大人說的話，也許孩子不宜聽，因為他們的理解不同，傅雷嚴格禁止他們旁聽。有一次，客廳裏談得熱鬧，陣陣笑聲，傅雷自己也正笑得高興。忽然他靈機一動，躡足走到通往樓梯的門旁，把門一開，只見門後哥哥弟弟背著臉並坐在門檻後面的臺階上，正縮著脖子笑呢。傅雷一聲呵斥，兩個孩子在噔噔咚咚一陣凌亂的腳步聲裏逃跑上樓。梅馥（傅雷夫人）忙也趕了上去。在傅雷前，她是搶先去責罵兒子；在兒子前，她卻是擋了爸爸的盛怒，自己溫言告誡。」

傅雷先生很早就發現了自己孩子幼小的身心中，有培養成為音樂工作者的素質，所以他和夫人親自擔當起了對孩子實施音樂教育的責任。即使在日軍侵佔上海時期，他仍然把孩子關在家中，反對他們去遊玩於

三聯書店出版的《傅雷家書》第
二版封面

傅雷先生和次子傅敏

翻譯家、藝術評論家傅雷先生

傅雷先生和夫人朱梅馥女士

傅雷先生

傅雷先生和長子傅聰

街頭。正如他自己對己、對人、對工作、對生活的各方面都要求嚴肅、認真，一絲不苟一樣，他對幼小的孩子的要求也一絲不苟。他親自編製教材，每天給孩子們訂下課程和練習專案，並且一一地以身作則，督促執行。孩子們是乖覺的，他們在父親的面前總是小心翼翼，不敢有所任性。他每天和孩子們同桌進餐。他提醒孩子坐得是否端正，手肘靠在桌邊的姿勢，是否妨礙他人；咀嚼飯菜，是否發出沒有禮貌的聲音。傅聰小時候不愛吃青菜，專揀肉食，又不聽父親的警告，傅雷先生便常常罰他只吃白飯，不許吃菜。

當時，樓適夷是傅雷家的常客，有一次他帶了傅聰到豫園去玩兒，給他買了一支較好的兒童水筆，不料一回家就被傅雷發現並沒收了。他說，小孩子學習寫字期間只能使用鉛筆和毛筆，怎麼能用那麼好的鋼筆。在父親嚴厲而周到的管束下，傅聰的天資得到了發揮。他按照父親的規定，每天上午下午，幾小時幾小時地練習彈琴，從來不敢懈怠。有時彈著彈著，彈出了神，心頭不知來了什麼靈感，忽然離開琴譜，奏出自己的調子來了。這時，當父親的從琴聲中覺出異樣，便從樓梯上輕輕下來。傅聰見父親下樓來了，嚇得趕忙又回到琴譜上去。不過這時傅雷卻微笑著叫孩子重新把剛才彈的曲子再彈一遍。他認真地聽著，並用空白五線譜紙，把孩子彈的曲調記錄下來，告訴孩子，這是一曲很好的創作，還特地給它起了題目：《春天》。

傅雷先生悉心培育自己的孩子，總是以嚴謹負責的精神和嘔心瀝血的心力，希望孩子有朝一日成為對社會、祖國乃至整個人類有用的人。當傅聰、傅敏兄弟漸漸地長大，能夠懂得和理解更多的道理後，他的要求也隨之寬泛和提高。他開始從愛國思想、人生態度、藝術修養等等方面進行要求。他希望孩子們沒成為「某某家」以前，先要學會做人，要德藝俱備，否則那種「某某家」無論如何高明也不會對人類有多大貢獻。

不懈的雕琢和培育，終使孩子成為大器之材。如今傅聰不負父親的一片苦心，已是譽滿海內外的鋼琴家了。他曾在寫給父母親的一封信中寫道：「我一天比一天體會到小時候爸爸說的『做人第一，做藝術家

第二』……我在藝術上的成績、缺點，和我做人的成績、缺點是分不開
的。」在傅聰後來求學異國的漂泊生活中，傅雷先生給他寄去的常常是
上萬言的書信，使他從中汲取了多麼豐富的精神養料——既得到了學業
上、藝術素養上的指導，又獲得精神上的溫暖和力量。通過這一封封情
深意切的家書，青年傅聰的心也牢牢地與祖國聯繫在一起了。在以後的
國內和家庭都蒙受了不白之冤的歲月裏，他仍然能夠忍受著痛苦，相信
自己的祖國，嚮往祖國的大地山河。

　　這當然與傅雷自孩子幼年起就不斷進行的愛國主義教育分不開的。
我們從他寫給傅聰的信中，不時地可以見到這樣的叮囑：「親愛的孩
子……你一天天的在進步，在發展。這兩年來你對人生和藝術的理解又
跨了一大步，我愈來愈愛你了，除了因為你是我們身上的血肉所化出來
的而愛你以外，還因為你有如此煥發的才華而愛你……你得千萬愛護自
己，愛護我們所珍視的藝術品！遇到任何一件出入重大的事，你得想到
我們——連你自己在內——對藝術的愛！不是說你應當時時刻刻想到自
己了不起，而是說你應當從客觀的角度重視自己：你的將來對中國音樂
的前途有那麼重大的關係，你每走一步，無形中都對整個民族藝術的發
展有影響，所以你更應當隨時隨地要準備犧牲目前的感情，為了更大的
感情——對藝術對祖國的感情……」

鋼琴家傅聰先生

傅聰的弟弟傅敏後來也曾回憶說：父親在他的晚年，很後悔他對我們幼年時代的嚴厲，後悔沒有給我們一個歡樂的童年。他有些做法比較苛刻，甚至不近人情，但這與他的身世有關。他少年時代的經歷對他的身心摧殘很嚴重，也形成了他對我們嚴厲的教態。記得我們小時候一年裏最高興的一天是兒童節那天，因為只有那天他才帶我們出去玩。但父親的風範，大到為人治學，小到走路的姿勢，我們從小都一點一滴地看在眼裏，不知不覺地學著去做。其實這正是家教最深刻的體現。後來我做了教師，這其中是有父親影響的。教書是很好的職業，我可以潛心耕耘我的土地。而且我成年之後，深刻地理解了父親因材施教的良苦用心了。

　　讀《傅雷家書》，我們同樣也可以看到傅雷先生對於孩子的嚴格與嚴厲之外的另一面──他的一顆疼愛孩子的慈父之心。當傅聰赴波蘭留學之後，他在信中寫道：「……想到一九五三年正月的事，我良心上的責備簡直消釋不了。孩子，我虐待了你，我永遠對不起你，我永遠贖不了這種罪過！這些念頭整整一天沒離開過我的頭腦……」在寫了這封信的次日晚上，他又寫道，「昨夜一上床，又把你的童年溫了一遍。可憐的孩子，怎麼你的童年跟我的那麼相似呢？我也知道你從小受的挫折對於你今日的成就並非沒有幫助，但我做爸爸的總是犯了很多很重大的錯誤。……孩子！孩子！我要怎樣地擁抱你才能表示我的悔恨與熱愛呢！」

　　讀著這樣一位優秀的父親的心聲，我不由得想到一位學者劉再復先生在一篇散文詩中對傅雷的讚美：「純真得像孩子，虔誠得像教徒，比象牙還缺少雜質。……征服人的心靈的，是心靈本身。」

遼寧教育出版社出版的《傅雷家書》封面

戴望舒和《西茉納集》

大約十多年前，我買到了湖南出版的《詩苑譯林》中的《戴望舒譯詩集》。我第一次讀到了西班牙詩人洛爾迦的小謠曲（這位詩人的作品曾經影響過青年詩人顧城），還有法國詩人愛呂亞和耶麥的作品。而最使我著迷的，像是一種精靈一下子附在我心上的，卻是法國後期象徵主義詩壇的領袖人物玄迷‧特‧果爾蒙的一組詩。那是一個篇幅不大的小集，名叫《西茉納集》。戴望舒把集子中的十一首詩悉數譯出，而且譯筆是那麼妙不可言。依我的感覺，他是完全地把原作中的「絕端的微妙——心靈的微妙與感覺的微妙」傳達了過來，使每一句詩都充滿了細微到纖毫的美質和樂感，即便譯者採用的是無韻的、完全「散文化」的詩歌形式。

二十年代中期，戴望舒還是震旦大學的學生時，他就開始翻譯法國象徵派詩人的作品，如魏爾倫和波特賴爾等。施蟄存先生回憶說，「但是，魏爾倫和波特賴爾對他（指戴望舒）沒有多久的吸引力，他最後還是選中了果爾蒙、耶麥等後期象徵派。到了法國之後，興趣又先後轉到了法國和西班牙的現代詩人。」（〈《戴望舒譯詩集》序〉）而且我們還可以發現，戴望舒譯果爾蒙和耶麥的時候，正是他告別了《雨巷》時期，放棄了詩歌的韻律而轉向自由體的時候。他的詩創作和詩翻譯互相影響，在藝術上互為補充。

「西茉納」是抒情主人公心中的戀人。這部小集的開篇就說：「西茉納，有個大神秘／在你頭髮的森林裏。」的確，這部詩集裏充滿了一

種忽然是希望和召喚，忽然又是憂傷和逃避的「大神秘」的情緒。這種情緒是那麼摯切和真實，像纖纖的手指撥動著讀者的心弦，像一顆顆石子兒投進了人們平靜的心靈的潭水之中。

　　應該承認，我作為二十歲人前後創作的那些詩與散文中的情調，都是「西茉納」式的，誇大點說，無論是感情基調還是文字風格，都是深深地接受了戴望舒譯的這部《西茉納集》的影響的。雖然當時我還不曾完全理解果爾蒙作品中的深沉的哲學思想，例如那種隱藏在愛情詩的外表之下的強烈的宗教情緒和悲觀的、避世的人生宿命觀念。我當時所能接受和樂於接受的，只是《西茉納集》的單純、樸素與摯切，那青青的四月一樣的清新與爛漫，那和諧、自然的牧歌風格。

　　　　西茉納，太陽含笑在冬青樹葉上；
　　　　四月已回來和我們遊戲了。
　　　　他將花籃背在肩上，
　　　　他將花枝送給荊棘、栗樹、楊柳；
　　　　他將長生草留給水，又將石楠花
　　　　留給樹木，在枝幹伸長著的地方；
　　　　…… ……

詩人戴望舒先生

一九三四年，詩人戴望舒在巴黎留影

至今我還能隨口背出〈冬青〉裏的詩句。還有〈霧〉：「西茉納，穿上你的大氅和你黑色的大木靴，／我們將像乘船似地穿過霧中去。／我們將到美的島上去，那裏的女人們／像樹木一樣的美，像靈魂一樣的赤裸……」還有〈死葉〉：「西茉納，到林中去吧：樹葉已飄落了；／它們鋪著蒼苔、石頭和小徑。／西茉納，你愛死葉上的步履聲嗎？……」

與某一位詩人或某一部作品的不期而遇，有時只是一瞬間的事。而一旦相遇便難解難分，進而偏愛於他，「私淑」於他……這種情況有時確是非常微妙和值得思考的。如果將來想起自己青少年時期的文學創作所受的影響，我想我是不應該繞開戴望舒譯的《西茉納集》的，雖然這只是一本僅有十一首詩的小集。

戴望舒是翻譯果爾蒙作品的最成功，也最有影響力的詩人和翻譯家。周作人早在二十年代也曾以「西蒙尼」的譯名譯過其中的〈雪〉和〈死葉〉等篇什。但終究沒有戴譯的那樣不脛而走。徐遲先生生前曾對我說起過，戴望舒逝世後，他的遺物中有一個硬面抄寫本，上面寫滿了他的譯詩，而且大多是（包括《西茉納集》在內的）法國後期象徵派的詩，還有蘭波的那首長詩〈醉舟〉，徐遲一度受託保存過這個抄寫本。徐遲先生還給我背誦過他記憶中的〈醉舟〉的片段，但是非常遺憾，「文革」中它和徐遲先生自己的一些書籍文稿一道被抄走了，再也沒有找回來。

《戴望舒精選集》封面

鄒荻帆先生的〈鄉思〉

一九九五年九月五日午後，曾卓先生打來一個電話，告訴我，他的老朋友、詩人鄒荻帆先生，在這天早晨走了。聽到這不幸的消息，我頗覺淒然。「我想明天就趕到北京去送送他，這是最老的一位老朋友了……」曾卓在電話的那邊哽咽著說。我是知道他們之間的深摯的友情的，老朋友一旦永訣，能不悲痛？

回想起來，在鄒荻帆先生生前，我和他曾有過一信之緣的。一九八四年六月，我在《長江文藝》上發表了組詩〈讓孩子們讚美我們〉，占了整整兩個頁碼。在我的前面，就是鄒老寫西柏林的詩。不久，我聽《長江文藝》的一位編輯說，鄒荻帆先生曾向《長江文藝》編輯部問過「徐魯是誰？在哪裡工作」一類的話。這說明老詩人對我有點興趣。我聽了當然十分激動。當時我正在鄂南的一所中學任教，與文壇還隔著十萬八千里。這年年底，我應邀為縣文藝協會主編一份文藝叢刊《金竹》，於是斗膽向武漢和北京的一些詩人、作家寫了約稿信。那時也真是大膽，「初生牛犢不怕虎」，約稿的對

詩人鄒荻帆先生

畫家高莽為《鄒荻帆抒情詩》一書所繪插圖之一

象既有熊召政、王家新、方方、牛波、葉文福等已經很有名的青年詩人，更有鄒荻帆、曾卓、駱文、雷雯等老詩人。不久就陸續收到了這些文壇名家們的回信和新作。記得當時曾卓先生寄來的是〈大寧河〉，王家新是組詩〈中國畫〉，牛波是組詩〈樓蘭〉，方方是抒情詩〈夏天〉⋯⋯

　　一九八五年二月的一天，一封來自北京的平信使我喜出望外：鄒荻帆先生也惠賜了自己的一首新作〈鄉思〉，同時附有一信：

　　徐魯同志：

　　接到一月十三日信，本該早回信。可能你不知道，我回去年年底患病入院住了三周，回來後一直還在恢復期間，實在無力回信，更別說寫詩，但你的信一直記在心中。

　　最近稍好，但仍還得休息幾個月。想起你的信並創辦《金竹》，我還是勉力寫了一首短詩，可能已經遲了，但也無關係，總算我了結一件心事。

　　祝你們刊物早問世。

鄒荻帆

一九八五年一月二十九日

後來我從曾卓先生那裏才知道，鄒老這次患病，是很嚴重的心臟病，幾乎使他去了那個黑色的異鄉。但他卻奇跡般地，從死亡的陰影下走了出來（這件事，曾卓先生在一九八五年寫的〈三人行〉，一九八七年寫的〈記荻帆〉以及前不久寫的〈送荻帆〉裏都有過記述）。請原諒我的莽撞與侵擾吧。不過我以我的莽撞換來了一首動人的詩歌〈鄉思〉。我當時以鄒老的手跡送去製了鋅版，趕在《金竹》創刊號的封二上發表了。這首詩，我還沒見鄒老收入自己的集子，或許他已經忘記了？果真遺忘了，那麼，我在這裏抄下它，也算為研究、整理鄒荻帆先生遺作、佚文的人提供一份資料了。

「家在江南黃葉村」
我總覺得這是一句
憂鬱的懷鄉詩

如今我又甜蜜又憂鬱
時代畢竟會改變情緒
讓我在那金黃色的葉堆裏
躺一躺也好
那是陽光躲迷藏的搖籃
它結過水蜜桃
也爆過春筍……
問我什麼時候能回去
我不知道
嗨，赤腳涉過春溪多好
杏花夜聽金竹的笛聲也挺迷人
我的憂鬱是一片愛啊

一九八五年一月二十九日晨

　　多麼樸素的韻致，何其動人的懷鄉詩啊！我想起來了，我在寫給他的信裏，肯定說過「什麼時候您再回到故鄉看一看……」的話，所以他的詩裏才有「問我什麼時候能回去」的句子。

　　如今詩在而人去，死亡之神，終於把鄒先生和我們分隔到了陰間人間兩個世界。睹物思人，能不叫人面壁東天而噓唏。仁慈而寬厚的地母，願在你的懷抱裏永安著詩人善良的魂靈。

徐遲先生的《江南小鎮》

一

東苕溪出天目山之陽；西苕溪出天目山之陰。二溪會合於湖州，就改稱苕霅（zha）溪。這苕霅溪水，淙淙地流過天目山的餘脈；這湖州真是山水清遠的區域。諸山環繞，漸近漸伏，終於一大片平原展現在眼前了。循山流下，漸遠漸廣的溪水，注入了三萬六千頃廣袤的太湖。

這地區是文物精華之集中點，出過大詩人、大文豪、大藝術家、大書法家、大收藏家和音韻大師、大科學家。且不說別處了，光一個湖州府就出了曹不興、沈約、趙子昂、陸心源、劉翰怡、龐元濟、沈尹默、陸志韋、茅盾以及錢三強，更不必提起曾來擔任刺史、太守等官職的王羲之、王獻之、顏真卿、蘇東坡等等有名文人了。何等的文采風流，都在這苕霅溪山水的倒影之中……

這是徐遲在《江南小鎮》（作家出版社一九九三年三月初版）開篇所寫到的湖州。太湖之南的杭嘉湖平原，既是魚米之鄉，也是享譽全球的蠶絲織成的錦繡天堂。徐遲的家鄉，美麗的江南小鎮南潯，就在這湖州境內，太湖之陰，距太湖之濱最近處，不到二三公里的水路。

作家出版社《江南小鎮》初版封面

　　湖州尚且如此豐饒美麗，而南潯更使每一個湖州人引以為榮。它是湖州的明珠，人稱「鉅富之鎮」。其顯宦巨富多如牛毛，有「四象」（四大家族）、「八牯牛」（八大富戶）、「六十四隻老黃狗」（眾多的豪門財主）之說；而堆金積玉之中也不失書卷之氣，名聞全國的劉氏嘉業堂藏書樓，就坐落在南潯鎮上，吸引著一代代文人墨客心儀萬分，不斷地前來拜訪。

　　而更美麗的是小鎮的山色水韻。苕溪之水，從湖州出來便呈扇形展開為七十多條小港，全部流入太湖。當溪水分流出來的最北邊的一股水經過南潯時，從西柵的一個水中柵欄流進小鎮，經過市河上三座高大的穹隆似的石橋，然後從東柵流出。出柵即出了浙江而進入鄰省江蘇了。

　　南潯鎮原來是坐落在江浙兩省省界上的一個水上小鎮，焉能不美？山因水而明亮，水出林而純潔。水中星月，小樓人家；橋影似虹，船舶如梭；無處不透亮，何處不生輝！再加上人傑地靈，淳風柔情……難怪徐遲要像串起一串珍珠似的，連用六十多個「水晶晶」的形容詞，來誇讚家鄉小鎮的稀世之美了。路易・艾黎曾說，中國最美的縣城是湖南的

鳳凰和福建的長汀。依我看，要說中國最美的小鎮，怕是只有這氤氳於迷漫的水氣之中、倒映在粼粼波光之下的南潯了。

　　一九一四年十月十五日，徐遲就出生在這小鎮上的一個具有近代意義上的教育實業家的家庭裏。他的曾祖父曾在紫禁城內、太和殿旁的軍機處行走，在總理衙門擔任過相當於內閣中書之職，專司向皇上條陳有關外交政策的奏章；祖父也是一時鄉賢俊彥，並有詩才，著有《植八杉齋詩話》和《玉台詩稿》等著作；他的父親徐益彬（又署「一冰」）先生，曾留學於日本東京大森體操學校，追隨過孫中山，接受過空想社會主義思想，歸國後創辦了我國第一所現代體操學校和第一份現代體育刊物《體育雜誌》，因此堪稱為中國最早一代的、現代意義上的體育家。徐遲的整個童年和少年時代，以及青年時代的大部分時光，是在南潯小鎮上度過的。

　　他的生命之船，是從江南小鎮啟航，經過了漫長曲折的人生之旅，而到達了那波瀾壯闊的海洋的。他的生命和心靈的歷程，幾乎也就是我們這個世紀的歷史風雲和生存狀態的縮影。《江南小鎮》所寫的，就是作為文學家的徐遲，回首話滄桑，追憶自己由出生到成長以至成熟的過程。是他的生活軌跡的追溯，更是他的心路歷程的探索與剖析。

《江南小鎮》手稿之一頁

　　把這樣的一部回憶錄，命名為《江南小鎮》，其用意當然不僅僅是因為江南小鎮是他生命的起點，是養育了他的家鄉，是他的童年、少年乃至青年時期的棲居地，而更重要的是，在江南小鎮上，他度過了自己人生道路上最有意義的「發展時期」，江南小鎮是他的靈魂的歸宿，生命中的憂傷而甜蜜的情結。小鎮上的苦難與歡樂，興盛與落寞，總是和外面的世界風雲的變幻連在一起的；徐遲的離開小鎮，回歸小鎮，又離開，再回歸……也總是和他個人命運的周折、人生道路的選擇以及精神狀態的起伏息息相關的。他逃脫不了這個心靈上的故鄉。

　　這也使我想到福克納和他的家鄉小鎮奧克斯福德鎮的關係。要研究福克納，我們不能繞開他一生大部分時間所生活過的這個密西西比州的「像郵票一樣大的」南方小鎮；同樣，要瞭解徐遲，我們也得首先進入他的江南小鎮──南潯。

二

　　《江南小鎮》是一部大書。全書近六十萬字，僅是徐遲的回憶錄的前半部分，即一九一四至一九四九年間的經歷。整個回憶錄全部寫完，總字數將會超過一百萬字。它所涉及的歷史，正好是整個二十世紀的進程；它所寫到的人物，牽涉各界，僅開國以前，就寫到了有名有姓的四百多人了，可見規模之宏大。

　　歌德活了八十三歲。他在晚年曾與愛克曼談到：「我出生的時代對我是個大便利。當時發生了一系列震撼世界的大事，我活得很長，看到這類大事一直在接二連三地發生。……（對於這些事件）我都是一個活著的見證人。因此我所得到的經驗教訓和看法，是凡是現在出生的人都不可能得到的。他們只能從書本上學習上述那些世界大事，而那些書又是他們無法懂得的。」（見朱光潛譯《歌德談話錄》）徐遲先生已過了八十歲生日，期頤瑞壽，直追歌德。而且像歌德一樣，他是我們這個時

代的歷史的見證人。不僅是見證人，也是許多方面的參與者：戰爭、自由、愛情、革命、解放、和平、建設、動盪、浩劫、反思……而在這漫長、起伏的時代潮汐和歷史長河之中，徐遲也自有他的幻想與幻滅，以及再幻想和再幻滅……到了今天，到了晚年，當他拿起筆來，回眸自己背後的時光時，他自然就擁有了一切旁觀者和後來人都不可能得到的「經驗教訓和看法」。《江南小鎮》的首要意義，也正在於此。

　　既然已經提到了歌德，索性就再拿他的一部書來做一次參照。自然，我們不必狂妄到以歌德自比，但如果允許取其一端的話，我以為，徐遲的《江南小鎮》，其實也是一部不可多得的《詩與真》。《詩與真》中所具備的那些優點和特點，如深刻的自我解剖和坦誠的自我披瀝；對自己不同時期所承襲的文化遺產，以及所接受的前輩和同輩人的豐富而複雜的影響的分析與揭櫫；對於不同階層、不同身份、不同領域的人物的理解與評價，尤其是對自己所熟稔的文藝界各種派別、各個具體人物的褒貶與臧否，其間自然滲透著個人的閱歷、識見和出自肺腑的愛憎……所有這些，可以說，《江南小鎮》也都具備，詩的激情和史學的眼光兼而有之。

　　歌德說過：「把人與其時代關係說明，指出整個情勢阻撓他到什麼程度，掖助他又到什麼地步，他怎樣從其中形成自己的世界觀和人生觀，以及作為藝術家、詩人或著作家又怎樣把它反映出來，似乎就是傳記的主要的任務。」作為一個時代的見證人和參與者，徐遲在追憶歷史時，首先想到的也是「真」的問題。

　　他曾談起過，在動筆寫《江南小鎮》之前，他曾和提倡「說真話」，主張「把心交給讀者」的巴金老人談過一次話。當時巴金就說到了，寫回憶錄能否做到坦率誠實？能不能像盧梭寫《懺悔錄》那樣無所不言？徐遲最後是接受了《懺悔錄》的寫法，並認定，寫作這部《江南小鎮》，也是他所做過的不少事情的「最後的懺悔機會」了。自然，也有好心的朋友勸過他，說是：回憶錄可以寫，懺悔則大可不必了。但徐遲最終所選擇的，仍然是徹底的「真」，用他自己的話說，就是：「既

然寫了，何必扭捏？如果這回憶錄的良機還不好好利用一回，來清洗自己，那就是永遠的遺恨……」

文心昭然之後，即付諸行動，條條框框和左忌右諱沒有了，反而能夠進入一種自由的、游刃有餘的境界。超然物外，無所倔傾，有什麼就是什麼，是怎樣就怎樣，作者正好大顯身手。《懺悔錄》開篇所寫的那段話：「我現在要做一項既無先例，將來也不會有人仿效的艱巨工作。我要把一個人的真實面目赤裸裸地揭露在世人面前。這個人就是我。」其實也可以印在《江南小鎮》的首頁上的。

三

且讓我們舉出幾個「真」的事例來見識見識。只是不知道，假如我們自己也處於同樣的境地，而且也來寫一段回憶的散文，其中能有多少真話，能否做到對歷史負責。這對一個人的真誠與勇氣，可是個不小的考驗。

譬如對劉吶鷗、穆時英等曾經被列入「貳臣傳」的作家，很久以來已無人掛齒，許多屬於他們的同時代人的回憶中也避之惟恐不及。然而徐遲卻直言不諱地談到：「一九三四年的上半年，……我不時地到上海去，拜訪施蟄存、杜衡、葉靈鳳和當時最出風頭的新感覺派小說家穆時英和劉吶鷗。我對新感覺派也很感興趣，甚至有點兒著迷。」（《江南小鎮》第三部第七章）同時徐遲還說道，「劉吶鷗，這位臺灣籍的福建人，應當是中國新感覺派的頭頭兒。他的『眼睛吃霜淇淋』自然是不好的怪論，受到了批駁，但他的《都會風景線》實在是別樹一幟，開一代之新風尚的好作品……」

徐遲還就勢實事求是地分析道，正如黑嬰等等，是一半兒模仿、一半兒抄襲，可以說，都是得之於穆時英，而穆時英實際上卻是得之於劉吶鷗的，而劉吶鷗又是得之於日本小說家橫光利一的，而橫光利一也受有法國小說家保利·穆杭的一些影響。日本作家中，諾貝爾文學獎獲

四十年代，毛澤東、郭沫若在徐
遲紀念冊上的題字、題詩。

得者川端康成，原也是新感覺派，可見新感覺派也還出了有成就的作家
的。不應一筆抹殺的。徐遲最後毫不諱飾地說：「那時我也嘗試過寫新
感覺派的散文，在《婦人畫報》上發的散文就有點這個味兒。不過我沒
有寫出能吸引讀者注意的新感覺派作品。到了我的晚年時期，我才寫出
了一些有點兒影響的作品，其中我是用了一些新感覺派手法的。」

　　這樣秉筆直言，絕不是為了標榜門戶，而是告訴了文學史家一點真
實的情況：三十年代初期的徐遲，正是一個現代派、唯美主義乃至新感
覺派都沾得上了一點邊兒的文學青年。

　　再如他對同時代一些人物的臧否。寫到孫大雨這位「新月」詩人、
莎翁戲劇翻譯家時，徐遲一點也不隱晦自己對孫的觀感：「孫大雨……
雖是一個很有學問的人，但其為人也，實在驕傲得過分。他目中無人，
只他自己才是天下第一。他是莎士比亞專家，譯的一部《黎琊王》，在
商務印書館出版，分上下兩冊。上冊是正文的譯文，下冊是注釋。這下
冊旁徵博引，很有一番真功夫，是只有學院派皓首窮經才能寫出的。」
然而也正是這位孫大雨先生，四十年代由香港飛重慶時，「他穿了一件
特製的長袍，其大無比，裝滿了他要帶到山城去出售的各種大小商品，
因為飛機上不收旅客載重量的運費的。他帶得實在太多了，那副滑稽的
樣子引起了機場上所有人的笑話。他卻岸然不經為意，用漂亮的英語

和海關人員申辯。……後來他到了重慶，果然賺了不少錢。」徐遲接著議論道，「可惜他這麼一個出色的莎士比亞專家，雖然自命不凡，實在也庸俗得出奇。但既然他還是有點學問的，我也還是在他的學問上對他很尊敬的。他的可笑之處還只能算是小節了吧。」（見於第四部第十八章）

不避名人、尊者之諱而如實寫來，使讀者從真實的歷史中咀嚼出一絲苦味。這略帶幽默的苦味既是對那些已成廣陵散或即將成為廣陵散的人與事的感傷，亦是對未來的人和未來的事的提醒與期待。孫大雨先生尚健在，如果也能看到這段有關他的文字，倘是豁達的智者，説不定會莞爾而笑，欣然允許了徐遲這坦率的「史記」的。

又如對袁水拍這個人，徐遲的書中多次寫到過他，「解剖」過他。他是徐遲四十年代在香港結識的好友之一。他和徐遲、馮亦代三人自稱為「三劍客」，友誼之深，可想而知。四十年代初，袁水拍已先於徐遲進入了由喬冠華作輔導的一個「馬克思主

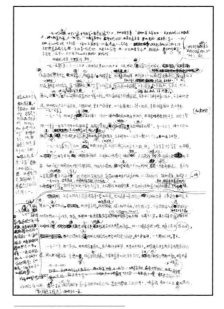

《江南小鎮》手稿之一頁

青年時代的徐遲和妻女的合影

義讀書會」，可以說，袁是「三劍客」中最早靠近馬克思主義的人，接著他就想幫助引導徐遲。然而徐遲卻不能不坦率地回憶說：「他曾想幫助我，但不得法。他沒有能得到我的心。」其原因是，「他像推銷什麼商品似的把那些書塞給我，他只能是一個很不高明的馬克思主義的推銷員。」結果是，「本來我給予郁風的崇敬之心，應該是給他的。但我給了郁風了。他們的背後，還有一個人也關心著我，並指點過人們怎麼來幫助我的，當然就是喬冠華了。」徐遲在這裏坦然承認，那真正引導他進入了被他稱為「奧伏赫變」似的「覺醒」的人，是女畫家郁風和喬冠華，而不是那寫過〈悲歌贈徐遲〉的詩篇的好友袁水拍。歌德的《浮士德》的結尾，曾這樣歌唱：「不可思議的，在此地完成，永恆的女性，引我們上升。」徐遲說：「我奉此為我的新生的銘言。」（見於第四部第十三、十四章）

像這樣的例子還很多，恕不一一列舉了。當作為「這代人」之一的這些個人的見證和「懺悔」，以最真實的面目呈現在世人面前時，不難想像，終有一天，它們就會引起關心這個時代的未來的歷史學家們的興趣的。他們所看到的，將是一段段「真」的歷史，一個個「活」的證人。難怪徐遲的老朋友，當年的「三劍客」之一的馮亦代先生，在讀了《江南小鎮》的部分章節後，要迫不及待地給徐遲寫信道：「我真佩服你的勇氣，能夠把自己整個兒身心，暴露在讀者的面前。……祝賀你，為你那個時代的小資產階級知識份子，立下了一個側面的塑像……」（一九九三年四月致徐遲的信）老作家李喬在讀了《江南小鎮》之後，也由衷地說道：「……您為自傳或回憶錄這項創作開拓了一個新天地。我讀書不多，看過的這一類作品大都有一個模式，只寫好，不寫壞，偶有涉及他人之處也很簡略。『為長者諱』，竟諱得什麼也沒有了，乾巴巴的，只有幾根無味的骨頭，缺乏時代風味，缺乏社會環境和家庭環境對他的影響，這樣的作品很感索然。《江南小鎮》突破了這框框，再現時代風雲，再現過去的生活，『我』的一切便真實可信了，有動人感，立體感，史詩感。我已『古井不波』，但讀到您父

親逝世時，不禁潸然淚下。讀到『九一八』和『八一三』等戰事發生時，不禁憤慨不已。總之，這部書有強烈的藝術魅力……」（一九九一年七月二十一日致徐遲的信）

四

記得西蒙諾夫在寫他最後的那部著作《我這代人的見證》時，曾有過這樣的憂慮：當我們回憶往事時，我們會經不住誘惑，情不自禁地要把事情想像成這樣，即當時，三十年代或者四十年代你已知道你當時所不知道的事情，你已感覺到你當時所沒有感覺到的東西；而且情不自禁地要把你今天的思想和感情說成你當時的思想和感情，等等。因此，西蒙諾夫說：「我完全自覺地想同這種誘惑進行鬥爭。正是由於這個原因，而不是由於其他什麼形式主義的或神秘莫測的原因，我選用了這種有點奇特的形式來描述我們當代的人。」（《我這代人的見證》，崔松齡、何宏江等譯，世界知識出版社一九九二年版）

西蒙諾夫的這種憂慮，以及他最終為回憶錄選定的獨特的敘述方式，徐遲在寫《江南小鎮》時，也考慮到了。所以他為全書設立了兩個「敘述視角」：一個是展現回憶錄內容的敘述者「我」，他以主人公的身份充當著生活事件和歷史進程的參與者；另一個則是歷盡滄桑之後的老年的「我「，他居高臨下，回首前塵，知人論世，評衡清濁和是非，作為對前一個「我」的整個生命歷史和心路歷程的見證人與剖析者存在。當主人公沿著生命線逐漸成長，他所生存的環境也一一展現在世人面前時，另一個「我」則逆流而上，以一種晚年的平和和客觀的心靈，以一種足以穿透生活陰霾的歷史眼光，以一種具有了足夠的才、學、識、情的成熟的判斷力，一段段地評點著主人公在每一個時期的動作行止以及圍繞在主人公四周的人和事，分析著其中的前因後果和善惡是非。其在文字上的標誌，便是大量的出現在括弧裏以及散落在事件敘述過程中的那些段落和句子。限於篇幅，恕不一一舉例了。

徐遲的老朋友王元化先生，一開始讀《江南小鎮》時，就感覺到了這種獨特的形式。他在給徐遲的信上說道：「……我還沒有讀過這樣的自傳。它的境界、情調、氣質、敘述的口吻，乃至節奏，其中的小小的議論，都使我傾倒。文章不火氣，不做作，如汩汩的小溪，潺潺的流泉，那樣從容不迫地緩緩地流著。純真如赤子，但又時時閃出飽經人世滄桑的智慧……」（一九九三年六月二十一日致徐遲的信）王元化先生的這段話是對徐遲的這種敘述方式的成功動用的最好的肯定。

有人曾經以文學上的價值論，來稱道歌德的長篇自傳《詩與真》，認為在某種意義上，《詩與真》可以說本身就是一篇自傳性的文藝創作，儘管在文藝形式上不同於也是歌德自我寫照的《浮士德》，但可以說，歌德的《詩與真》有點像盧梭的晚年的《懺悔錄》，是用散文寫成的詩篇。徐遲的《江南小鎮》實際上也是用散文的形式寫成的詩篇，是一種「半詩半史的體裁」——畢竟是出自一位抒情詩人之手筆的回憶錄，它除了給讀者以價值觀念上的教益和「史」的質實，更給了讀者以藝術欣賞上的享受和「詩」的風韻。可以說，《江南小鎮》的文筆變化多趣，根據不同情節的需要，有時議論風生，以理服人；有時情不自禁而敞開胸懷，逸興遄飛，情思彌漫，如田園牧歌，如小夜曲。而當寫到他的幾次戀愛事件，寫到他的家鄉小鎮在即將和平解放的前夜裏，裏應外合地做準備時，又使人覺得如同戲劇一般，既出人意外，然而又在情理之中。和一般的沉悶、乾巴巴的回憶錄迥然相異，這《江南小鎮》是完全可以作為一部引人入勝、文筆優美的文學作品來閱讀，來欣賞的。這也正是它當初為什麼不是發表在《新文學史料》之類的刊物上，而是發表在《收穫》上，而且《收穫》在分期連載它時，又是把它置於「長篇小說」欄目下的原因吧。

南潯鎮小景

坐落在南潯鎮上徐遲紀念館裏的徐遲先生塑像

《歌劇素描》及其他

中國現代作家裏頭，真正懂音樂的人並不多，但愛樂者卻不少。徐遲可以算得上是一個既懂音樂又愛好音樂的人。雖然他總是自謙不是真懂，更不是什麼「音樂學家」，但他也樂於承認自己是一個「熱烈的，時而還是狂熱的音樂愛好者」。

二十世紀九十年代裏，為了編選《徐遲文集》第七卷即音樂評論卷，我把他在一九三六至一九三八間編寫和出版的三本關於音樂的書——《歌劇素描》、《樂曲與音樂家的故事》和《世界之名音樂家》都找到了，也通讀了一遍。可以說，他是我國現代較早的幾位把西洋音樂家及其作品介紹到國內來的作家之一，其情也可嘉，其功不可沒。正如

商務印書館出版的《歌劇素描》封面

商務印書館出版的《世界之名音樂家》封面

同豐子愷早年的《音樂入門》等音樂書影響了徐遲對音樂的熱愛與迷戀一樣，徐遲的幾本談音樂的書，同樣也影響了後來的一代愛樂人。散文家何為就珍藏著一冊《歌劇素描》，並説這是對他產生過影響的書，八十年代他把這冊發黃的舊書轉贈給徐遲時，我看見，那上面寫滿了眉批，劃滿了不少欣悦的豎線。最近，著名愛樂人和樂話家辛豐年先生，也在《萬象》上撰文，説到自己多年來對徐遲的這幾本音樂散文書的尋找與牽念。

　　《歌劇素描》是一九三六年十一月由上海商務印書館出版的。徐遲在自序中説：「我感謝的是金克木先生。這是他提議的，他説『你應該寫一些音樂書，像豐子愷那樣的』。我説：『我不能寫，我只能抄，我又不能譯得像樣。』他説：『你抄，你可以抄，回頭你聲明一聲你是抄的就行了。』……後來他又俏皮地説：『乾脆，你也不用説抄，你犯不著説抄，你可以説，你造書，因為你不是用中文抄中文，而是從英文抄成中文的。』」也就是説，這部《歌劇素描》是徐遲從英文編譯而成的。書中介紹了義大利歌劇界的十四位作曲家譜寫的主要歌劇以及他們的生平事蹟，如威爾第、湯瑪斯、古諾、奧芬巴哈、比才、龐切利、普契尼、鮑依託、來昂卡代洛、馬斯卡格尼和馬斯奈等。書的末尾，譯者還將所有較為著名的歌劇曲目專列了一個唱片索引，共有一百二十支曲子。編譯這樣一本書的目的，徐遲説，一方面是由於當時中國的音樂環境實在太可憐了，有關音樂入門或音樂家生涯的書非常稀少，應該去創造一個「讀書的音樂界」才是；另一方面，徐遲自己原本就是一個音樂的「酷愛者」，金克木當時就稱他為音樂的「半專家」，而《歌劇素描》的來源──奧林·唐尼斯（Olin Downes）的《音樂的魅力》（The Lure of Music）一書，便是他平日時時翻閲的音樂著作之一。

　　與《歌劇素描》堪稱「姊妹篇」或「三部曲」的，是長沙商務印書館一九三七年十二月出版的《樂曲與音樂家的故事》和上海商務印書館一九三八年四月出版的《世界之名音樂家》。它們和《歌劇素描》一樣，也是徐遲先行翻譯然後重新編寫的。它們的風格也都是「輕倩的，

故事的」，而不是「沉悶的，論文的」。編譯者也仍然基於這樣一種樸素的願望：「只希望吹吹口琴的青年們，知道他們吹奏的樂曲，是什麼什麼樣的。如果他們能知道他們奏的樂曲，不是口琴這貧弱的樂器所能表現萬一的，而肯拋棄口琴，練起真正的音樂樂器來，那麼，我高興極了。」（《歌劇素描‧自序》）

這三本書中，徐遲自己認為《世界之名音樂家》寫得最好。列入王雲五主編的「百科小叢書」的這本小書，從派萊斯特利那開始，寫了巴赫、亨德爾、海頓、莫札特、貝多芬、舒伯特、舒曼、蕭邦、李斯特、勃拉姆斯、柴可夫斯基和柏遼茲等著名音樂家的創作與生活。徐遲在自序中明確地說出了這樣一個觀點：這本書的作用是「表明了從古典主義音樂到浪漫主義音樂的路線，表示了從純粹音樂到標題音樂的演進。而勃拉姆斯剛好把他的似古典主義又似浪漫主義，似純粹音樂又似標題音樂的身份來劃分了一個階段」。對處於當時音樂空氣極其稀薄的環境的中國愛樂者來說，這本書自然是「雪中送炭」而非「錦上添花」。正如後來辛豐年所評價的，「沒有一種『音樂』的熱忱，是寫不出那樣的文字的」。

編寫這三本書時的徐遲，也還只有二十來歲。但在對於「民族音樂」、「樂曲的大眾化」等問題上，他已經有了自己的主見和議論。且看這樣一段：

最近在雜誌上讀過幾篇講民族音樂的論文，彷彿一致主張了今日中國音樂的途徑，乃是力求樂曲的大眾化。這話我非常贊成。可是底下，他們說了什麼呢？他們說，即使樂曲是沒有和聲的，即使作曲者只懂簡譜不懂五線譜的，只要他們的樂曲能大眾化，他們的目的能達到，就走上今日中國音樂的正途了。這話我非常反對。我希望他們讀一讀蕭邦的《波蘭舞曲》和柴可夫斯基的《一八一二年序曲》，惟有真正的大眾音樂才能感人，惟有真正的大眾音樂才能大眾化。沒有和聲的，只有簡譜的大眾音樂（也

許連音樂也談不上，只配說大眾歌）是效力極小的，但我們的大音樂家卻不知道有否這一點瞭解。

這段議論見於《樂曲與音樂家的故事》的自序。放在今天說，早就已經是非分明，不值一談了，但在二十世紀三十年代這樣說，而且又出自一個二十來歲的愛樂者之口，卻是頗需一點勇氣和自信的。

一九四九年之後，曾有不少老朋友鼓動徐遲修訂這三本談音樂的書，音樂出版社也曾和他聯繫過。但那時徐遲已經忙於唱他的社會主義建設時期的「最強音」，忙於譜寫他的「共和國之歌」和謳歌「美麗，神奇，豐富」的生活，終於沒能來做這個修訂工作。這是頗為可惜的。但他仍然是一個忠誠的愛樂人，用他自己的話說，「我還是每天都離不開音樂的」。八十年代他年近古稀時，又特意買回一部英國格洛芙斯爵士主編的《音樂和音樂家大辭典》。他說：「三十年代時我讀過這部書，當時只有六大本，經過了半個世紀之後，它的新版本竟有二十大本之多了！經常讀一讀它，查查資料，應有盡有，興趣仍然是很濃的。看來，人的一生，走的都是圓圈了……」這當然都是後話了。

現在，《歌劇素描》等三本舊作都已經找到，但知道它們的人卻寥寥無幾了。據我所知，辛豐年先生曾幾次在他的談樂著作裏表達了對徐遲先生這三本小書的欣賞與讚美。我原想把它們全部收入《徐遲文集》的「音樂評論卷」裏，因為它們各自的價值都還沒有完全失去，也還有一些可紀念的意義。但與徐遲先生商量後，聽從了他的意見，只把後兩部悉數收入，而《歌劇素描》則只選入一篇〈歌劇〈卡門〉的作曲者比才〉，留做「鴻爪」，其餘則「一概藏拙」。三本小書的部分或全部，構成了《徐遲文集》「音樂評論卷」的「上編」部分。這是一個愛音樂者的溫暖的舊夢。徐遲在為這一卷的新序中說道：「那是多麼遙遠的往日！回想起來，還很醉人的。居然寫了三本小書，還算全面的把西洋音樂家和作品介紹了來。」

歷盡滄桑的《美文集》

因為編選《徐遲文集》第六卷（文論卷）的需要，徐遲將他珍藏的一冊五十多年前由重慶美學出版社出版的《美文集》（一九四四年十一月初版）交給了我。這本書的扉頁上蓋著一個刻有「趙無極藏書」的圓形印章。

書是用黃色的土紙印刷的，三十二開本，豎排，毛邊。正文之外另附八頁〈美學圖書簡目〉和〈本社總經售古今出版社圖書簡目〉（均屬廣告性質，卻為後來人留下了一份資料）。我奇怪於當時的又薄又粗糙的土紙，竟還如此柔韌耐翻，字跡也還是這麼清晰。倘是半個世紀前用白紙印行的出版物，到現在恐怕都已變脆變酥，不能翻動，一翻動就變成了碎片，紛紛墜地了。同樣是在徐遲那裏，我見到的他三十年代用白紙編印的《新詩》等刊物，就遇到了這種麻煩，大有一觸即逝之勢。

美學出版社是一九四二年由袁水拍、馮亦代等人創辦的。徐遲在《江南小鎮》第四部第二十章裏回憶說：袁水拍到重慶後，又回到中國銀行，還在做信託部的工作。成立出版社之事，袁水拍和沈鏞都很有興趣，他們在城裏，湊起了一筆不小的資金。馮亦代（時任中央印製廠的副廠長）拍了胸脯，願意承擔所有的印刷任務。他們也要徐遲參加一份子。可是，「我哪有錢投資。他們非但不要我的錢，還要我當編輯，要給我一點編輯費。因為我正在玩弄一張美學的紙牌，他們同意了我的提議，用了美學出版社的名目。」

美學出版社創辦人之一、翻譯家馮亦代先生

　　美學出版社成立之後，短短的時間裏便出版了嚴文井的童話集
《南南同鬍子伯伯》，止默（金克木）編著的《甘地論》，袁水拍的詩
集《向日葵》（內收詩人的名篇〈寄給頓河上的向日葵〉），夏衍改編的
托爾斯泰的《復活》，馮亦代翻譯的海明威的《蝴蝶與坦克》、奧達
茨的《千金之子》，于伶的劇本《杏花春雨江南》，夏衍的劇本《天
上人間》、雜文集《邊鼓集》，袁水拍翻譯的詩集《我的心呀，在高
原》，亦代水拍合譯的史坦培克等人的小說《金髮大姑娘》，柯靈改編
的《飄》，黃宗江編譯的劇本集《春天的喜劇》，洪深的論著《戲的念
詞與詩的朗誦》，羅蓀的小說集《寂寞》、楊剛的小說集《在阿希龍河
畔》、翻譯的傳記《林肯傳》，徐遲、袁水拍合譯的愛倫堡的小說《巴
黎！巴黎！》，鄭安娜翻譯的小說集《風流雲散》等等。此外，還出版
了馬耳（葉君健）、谷斯範、田漢、郭有光、孫師毅等人的著譯。這些
作品集有的是列入了馮亦代主編的「海濱小集」叢書出版的。正是這一
本本頗為嚴肅和經得起歲月的檢驗的書，才使得這美學出版社「很有樣
子」了。而且「美學版」圖書還有一個特點，就是校對認真，很少發現
有錯字的。徐遲說，這是與沈鏞的主持工作和他的把關嚴密分不開的。
　　徐遲自己在美學出版社出了三本書。第一本是《依利阿德選
譯》，第二本書即是《美文集》，第三本書是他翻譯的《托爾斯泰散
文集》，收錄了列夫・托爾斯泰勸人戒煙、戒欲、戒饞的「怪文」三

四十年代，美學出版社出版的《美文集》封面，廖冰兄設計。

Xu Chi（徐 遲）
26-4 East Lake Rd
Wuchang, Wuhan
China

哈伯兄
我1932年發表的第一篇作品
《開治山前》
從北大圖書館找到，縮微底片
摘自燕大校刊，珍藏珍品

徐遲先生生前寫給本書作者的便條之一

篇，即〈為什麼人要把自己弄到
錯迷不醒〉、〈《克勞艾采奏鳴
曲》後記〉和〈過良好生活的第
一步〉。這本書到了一九八八
年，改名為《托爾斯泰散文三
篇》，又由湖南人民出版社再版
了一次，編入了「散文譯叢」。
一九九二年四月又由湖南文藝出
版社重新出版，再次改名為《酒
色與生命》。

《美文集》的封面是廖冰兄
做的一幅彩色套印的木刻，刻的
是一個少女跪坐在海濱，一手撫
著一隻籃子，裏面裝著魚蝦和貝
殼，沙灘上還有四隻貝殼和一條
伸出玉腕的紫色海星，海水中遊
動著自由的魚兒，藍天上飛翔著
自由的海鷗……五十年後，徐遲
仍然忍不住要讚美道：「這幅彩
色木刻真是美極了！我一生出的
書有五十種之多，編的書不在其
內，卻沒有一本書的封面，能趕
得上這一本之美。當時印刷非常
之困難，紙張是很原始的土紙，
但僅有這本書是三色版封面，線
條是如此優雅，設計得這麼富有
匠心，非常高潔，色彩顯示得這

麼明朗，『美文集』三個字也寫得很有味道。至今我還感激廖冰兄的這麼美妙的協作！」

附帶説一句，著名藏書家姜德明先生也藏有一冊初版的《美文集》，有一年徐遲在北京為這冊書題字留念：「妄稱美學，愧對美文，悔予少作，不勝惶惑之至。」這當然是徐遲的自謙之語。一九九九年，姜先生把這本書的封面收入了他在三聯書店出版的《書衣百影・中國現代書籍裝幀選》中，並言「我對廖冰兄為徐遲的《美文集》作的封面懷有偏愛」。

《美文集》係馮亦代主編的「海濱小集」叢書第十一種。收入了徐遲當時寫的散文、文藝評論以及翻譯共十五篇。如談藝術的〈藝術與醫術〉、〈中國文字的音樂性的秘密〉、〈歌劇之為音〉、〈音樂之為人〉、〈觀葉淺予個展有感〉；談詩歌的〈詩的元素與憲章〉、〈美國詩歌的傳統〉、〈談比喻〉、〈關於被束縛的普羅米修士〉、〈論劇詩與機關佈景〉等。另有一篇談羅曼・羅蘭的散文和四篇翻譯小説。九十年代徐遲在寫給《美文》雜誌主編賈平凹的一封「釋美文」的信上，這樣説到了《美文集》：「美文，是外來字，是法文Belle—Letters的譯名。字典上説是『有關於具有美學價值，不一定具有教義或宣傳內容的文學。……』按嚴格的要求，《美文集》不合乎美文的要求。但天下哪有這種絕對的事呢？……我是在出版《美文集》四十九年之後才大體弄清楚了什麼是『美文』的呢。」

茨威格曾將自己的回憶錄題名為《昨天的世界》。《美文集》自然也可以説是「昨天的書」了。一本書有一本書的回憶，一個時代也總是由某一些人和某一些書構成的。《美文集》連同出版它的重慶美學出版社，自然也就成了我們窺探四十年代的文藝出版的一個小小的視窗了。

我曾經在一篇文字裏寫到過，凡是有思想、有分量的書，都必然具有一種天賦的悲劇氣質，它們的品性決定了它們的命運。因為富有思想，並且具有散播思想的力量，它們將會無一例外地直接招致獨裁者、

專制者、愚昧者乃至神權、王權的毀害。《美文集》就是一個例子。戰爭的炮火和時間的煙塵，最終沒有毀壞這冊舊書，可是，到了十年浩劫之時，這冊舊書卻未能躲過這場災難。它的許多書頁上被「審查者」畫上了一條條粗暴的黑線，甚至還寫下了一段段愚蠢的和粗蠻的批語。而且關於羅曼‧羅蘭那幾頁，不知道專制者是出於仇恨還是因為懼怕，總之是被粗暴地給割裁掉了，也可能是被兇狠地撕去了，撕成了碎片。但是他們沒有想到，割裁和撕毀了一冊小小的《美文集》，怎能夠使羅曼‧羅蘭的名字從世界上消失？「野火燒不盡，春風吹又生。」思想者留在書頁裏的思想，正如播種者播撒在大地上的種子，只要還有春風吹拂，那無限的生機，誰能絞殺和遏止！當劫波度盡，大地回春，「被侮辱與被損害的」《美文集》，重新回到了溫暖的人間。只是，它已經帶著滿身的創傷，足以成為一段苦難而荒唐的歷史的見證了。

　　九十年代初，我想方設法，通過西安的一位現代文學愛好者、已故藏書家梁永先生的女兒鍾光珞教授，終於又找到了一本完整的《美文集》，複製出了那被割裁去的幾頁，補入徐遲先生的那本殘書，使之成為「完璧」。然則留在書頁中的歷史的創痍、思想的傷痛，卻是永遠也抹不掉的。不禁想起了一首舊歌：「遙遙天涯邊，芳草知幾株……」

林海音的《城南舊事》

我很喜歡女作家林海音的作品。可惜的是手頭只有兩本她的著作，都是北京出版社八十年代的出版品。一本是她的自傳體小說名作《城南舊事》，另一本是她一九五〇年一月至一九六六年八月間的散文選集《兩地》。

「兩地」者，北京和臺灣是也。北京是林海音長大的地方，她的童年和少年時代是在這個美麗的古都（當時還叫北平）度過的。臺灣則是林海音的故鄉和成年以後的居住地。她多次說，她這一輩子都沒離開過這兩個地方，她以能和這兩個地方結不解之緣為幸為榮。

一顆鄉心，兩地分飛；一副翅膀，雙倍鄉愁。她在《兩地》的自序中這樣寫道：「總希望有一天，噴射機把兩個地方連接起來，像臺北到台中那樣，朝發而午至，那時就不會有心懸兩地的苦惱了。」故土是溫暖的，雲路是迢遙的，但拆除人為的樊籬，終究是人心所向，眾望所歸。

北京出版社出版的《城南舊事》封面。這是我最喜歡的一個樸素的版本。

林海音女士

《城南舊事》曾因改編成同名電影而家喻戶曉。這首先得歸功於林海音原作寫得樸素真切和委婉動人。古老的北平風貌，濃厚的鄉愁與鄉情，以及主人公英子的善良、純真與早熟……我甚至覺得，這本僅有八九萬字的小說（也可以說是散文），對我是有過非常深刻的影響的。

　　作者在作為「出版後記」的那篇短文中寫到的幾句對話，我一直記憶猶新：

　　　夏天來了，再不見駱駝的影子，我又問媽：
　　　「夏天它們到哪裡去？」
　　　「誰？」
　　　「駱駝呀！」
　　　媽媽回答不上來了，她說：
　　　「總是問，總是問，你這孩子！」
　　　夏天過去，秋天過去，冬天又來了，駱駝又來了，但是童年卻一去不還……

　　多麼簡潔和樸素的文字，卻又那麼有味道！這種風格自然也保留在《兩地》之中。其中寫北平的那一部分，大都是對老北京社會底層的

林海音在北京城
南的舊居門口

寫作中的林海音

「家常生活」和淳樸風習、風物的回憶，是一種親切的「懷舊」。這裏寫到了換取燈兒（火柴）的老婦，給人縫織陰丹士林布衣服的大姑娘，「富連城」科班裏的小演員，虎坊橋的老乞丐，文津街的歷史感，文華閣的剪辮子……都是舊時代小人物及其生活，以及作者的同情與懷念。

　　她寫道：「我漫寫北平，是為了多麼想念她，寫一寫我對那地方的情感，情感發洩在格子稿紙上，苦思的心情就會好些。」她常自誇，從前在北平「我閉著眼都能走回家」，尤其是家住在虎坊橋，在這樣一條熱鬧的大街上，「每天從早到晚所看見的事事物物，使得我常常琢磨的人物和事情可太多了。我的心靈，在那小小的年紀裏，便充滿了對人世間現實生活的懷疑、同情、感慨、興趣……種種的情緒。」是的，兒時的故都，給了林海音最初的現實人生的觀察和體驗，同時也在林海音的心上留下了剪不斷的鄉土情結。

　　林海音在那篇〈騎小驢兒上西山〉裏寫道：逝去的日子，總是給她對北方的無限的懷念。「記得最後一年逛西山是秋天，對滿山紅葉，有無限山川的離情，知道要走了，要離開依賴了二十多年的第二故鄉，心情真是沉重。」

　　從那「最後一年逛西山」到現在，一晃已有五十個秋天了。風依舊涼，葉依舊紅，只是那額頭上打著留海兒的短髮黑裙的英子，已不再是昨天的英子了。她已經帶著剪不斷的鄉愁，去了另一個世界。英子從來沒有忘記西山，未知西山，以及那古舊的椿樹胡同、簾子胡同、虎坊橋、文津街……還記得當年的那個「英子」不。那是英子半個多世紀以來魂牽夢縈的鄉愁哪！

魏星橋的《朝歌晚唱集》

—— 十世紀四十年代，漢口的《大剛報》是一份具有民主傾向、頗
—— 有聲譽的大報。它的《大江》文藝副刊，先後由葛琴（邵荃麟夫
人）、曾卓、端木蕻良、王采和胡天風等知名作家、詩人主持編輯工
作，因而更成了許多進步的文藝家們的一塊重要的陣地。茅盾、馮雪
峰、邵荃麟、艾蕪、呂熒、鄒荻帆、阿壠、路翎、綠原、伍禾、冀汸
等，都曾為《大江》副刊寫過作品。同時，《大江》也發現和團結了許
多進步的文學青年，如周代、犁夫、洗寧、魏星橋等等。

　　青年詩人魏星橋，當時是武漢大學歷史系的學生，兼做《武大新
聞》的編輯。他是當時《大剛報‧大江》副刊的主要青年作者之一，不
少新詩就是通過詩人胡天風之手，發表在《大江》上的。如組詩〈人的
歌〉，長詩〈春天的宣示——寫給苦難中的婦女們〉、〈在通向明天的
道路上〉等。這些作品反映了那個年代的所有渴望民主和自由，嚮往光
明和進步的青年知識份子的最真實的心聲：

　　　　「蓓蕾要開放，火種要燃燒。有腳的／要走路。長翅膀的／要
　　　　飛。能發聲音的／要歌唱……」「一個火種／點燃了／無數的靈
　　　　魂，播種在／中國的曠野，嚴肅地／發光……」

這樣的聲音，彙入了那個時代的偉大的民主浪潮之中，也推動了「壯大的歷史行進的車輪」。與此同時，作為一位革命戰士，魏星橋也在時代的暴風雨中成長和成熟起來了。

到了七十年代末，我在武漢師範學院咸寧分院讀書時，魏星橋先生已是我們學校的老領導。這時候，他是以《校長工作概論》等教育學著作和作為資深的教育家而名世，詩，卻早成為他的「副業」了。但每逢學校集會，大型的文藝晚會，如五四青年節、國慶日等等，我們仍能聽見他那聲音高亢的朗誦，其興致激情，不減當年。如長詩〈高山・大海〉、組詩〈我的祖國〉等力作，都是他八十年代以後的作品了。它們與新中國黎明前夕的那個年輕的聲音遙相呼應：「在起點/向前，又去尋找/自己失去的……」他是要去尋找那失去的時間和青春的浩歌。他用詩人綠原的一句詩來抒寫了自己的六十歲：「終點，又是起點。」

魏先生把他解放前的那些詛咒黑暗、嚮往光明之作，稱作「朝歌」，把由於長期從事教育工作，中斷文學創作三十之後的晚年新作視為「晚唱」，兩個時期的作品合為一集，即為詩集《朝歌晚唱集》。這是一位曾經的熱血青年的青春浩歌，也是一位老知識份子的心路歷程，一位壯志猶存的文化戰士的創作紀念。正如學兄戴義德先生在序中所言，貫穿於全書的，是「一種個性鮮明的人格精神」，一種「對人生價值矢志不渝的追求精神」。

尤值一說的是，魏夫人王禾秀女士，也是一位古典文學專家，潛心研究《紅樓夢》多年。集中也收錄了她所作古典格律詩詞一輯，其中《紅樓百歎》（組詩一百首）以詩的形式詠歎和論評紅樓人物，堪稱「紅學」園地裏的一束奇葩。「渾忘雙鬢愛清詞，嘯月吟風兩意癡。」從這個意義上說，《朝歌晚唱集》又是一部琴瑟合鳴的「二重奏」。

第三輯

芳草萋萋

人情怡怡的世交之家

一

事情得從魯迅的父親和「閏土」的父親這一輩人説起。「閏土」的父親，姓章名福慶（一八五〇—一九〇三），他是紹興城東北道墟鄉杜浦村（今屬上虞縣）一個農民。杜浦村是一個不大的村莊，靠近海邊。章福慶在村裏種著沙地，又是個手藝工人，會做竹器活兒，所以每逢農閒時，他都要離開村莊進城做點零工。有一年，經人推薦，他來到城裏的一個書香人家做活。這個書香人家，即是魯迅家。主人周福清（號介甫），就是魯迅的祖父，曾經做過江西省的知縣官。魯迅的父親周鳳儀（號伯宜），也是個讀書人。不過這時候魯迅還沒出生。周家看這章福慶為人忠厚篤實，手藝又好，便年年請來做「忙月」。紹興一帶，把給人做工的分成三種：整年給約定人家做工的，叫「長年」；按

魯迅故里小景

魯迅故里小景：少年魯迅和閏土

魯迅故里小景：三味書屋

魯迅故里小景

日給人家做工的，叫「短工」；自己也種地，只在過年過節以及收租時候來給約定人家做工的，稱「忙月」。當時章福慶除了在過年前後到周家幫忙外，平常周家有什麼大事，也總會來照應一番的。一八九三年介甫翁因科場一事下獄，以及後來的周鳳儀患重病的那段日子裏，章福慶成了周家最得力的幫手。周、章兩家的關係日趨親密。

　　一八八一年九月二十五日（夏曆八月初三），魯迅（名樟壽，號豫才）誕生了。這時，因為魯迅的母親身體不好，奶水不旺，章福慶便把剛生了女兒不久的妻子帶到周家來，給魯迅當了乳娘。魯迅後來在散文〈阿長與《山海經》〉裏曾經寫道：「先前的先前，我家有一個女工，身材生得很高大，這就是真阿長……」這位「真阿長」，就是章福慶的身材高大而健壯的妻子，她的乳汁哺育了搖籃裏的魯迅。又過了些年，魯迅的二弟、三弟都降生了，章福慶仍然每年都到周家來。他來時，也常常帶點鄉下的時令瓜果豆蔬，如春天的羅漢

魯迅故里小景：童年魯迅和阿長

豆，夏天的西瓜香瓜，冬天的幹青豆什麼的。孩子們見到這些東西，
都高興得不得了。他們喊他做「慶叔」，父母親則親熱地稱他為「老
慶」；孩子們喊章妻為「章媽」，魯迅的母親則叫她「慶太娘」。人情
怡怡，其樂融融，幾乎沒有主僕之分了。

　　孩子們盼望著慶叔常來，還因為他會用竹子做成各種有趣的小玩
藝兒，什麼竹鴨蛋呀，蟈蟈籠兒呀，小水桶呀等等，有時候，慶叔還
會教孩子們在下雪天捕捉小鳥的辦法。魯迅後來有過這樣親切的回憶：
「……薄薄的雪，是不行的；總須積雪蓋了地面一兩天，鳥雀們久已無
處覓食的時候才好。掃開一塊雪，露出地面，用一枝短棒支起一面大的
竹篩來，下面撒些秕穀，棒上繫一條長繩，人遠遠地牽著，看鳥雀下來
啄食，走到竹篩底下的時候，將繩子一拉，便罩住了。」「這是閏土的
父親所傳授的方法，我卻不大能用。明明見它們進去了，拉了繩，跑去
一看，卻什麼都沒有，費了半天力，捉住的不過三四隻。閏土的父親是
小半天便能捕獲幾十隻，裝在叉袋裏叫著撞著的。」（《朝花夕拾・從百
草園到三味書屋》）章福慶留給孩子們的記憶是美好的。魯迅和周作人的
日記裏都留下了記載。

二

　　一八九三年的農曆新年裏，魯迅的曾祖母仙逝。而這一年，又正好是周家「大祭祀的值年」。喜事喪事，祭器繁多，周家比往年更顯得忙亂。這時，章福慶便對魯迅的父親說，實在忙不過來，可以叫他的兒子「閏土」來幫著照管祭器。

　　「我的父親允許了。」魯迅後來在小說〈故鄉〉裏這樣追述道，「我也很高興，因為我早聽到閏土這名字，而且知道他和我彷彿年紀，閏月生的，五行缺土，所以他的父親叫他閏土。他是能裝弓捉小鳥雀的。」「閏土」的本名叫章運水。周作人在〈吶喊衍義〉裏這樣注解過：「（魯迅）小說裏把土代替了水字，閏運是同音的，也替換了……有一年因為值祭，新年神像前的祭器需要人看守，那時便找運水來擔任，新年照例至正月十八日為止，所以他那一次的住在城內是相當長久的。」

　　「閏土」還沒來之前，魯迅就天天盼望著他來。有一天，母親告訴魯迅，「閏土」來了，魯迅便飛快地跑去看：「他正在廚房裏，紫色的圓臉，頭戴一頂小氈帽，頸上套一個明晃晃的銀項圈……他見人很怕羞，只是不怕我，沒有旁人的時候，便和我說話，於是不到半日，我們便熟識了。」這是魯迅和章運水第一次見面。其時魯迅十三歲，運水十五歲，魯迅和他兄弟相稱。「運水哥！」魯迅這樣親熱地叫著，運水便也甜甜地答應了。他們很快成了一對要好的夥伴。

　　這個生長在大海邊的純樸的鄉村少年，給生活在城裏的同齡人魯迅，打開了一個神奇、廣闊和充滿野趣的新天地。在雪地上捕鳥，什麼鳥都有：稻雞、角雞、鵓鴣、藍背……夏夜的西瓜田裏，獾豬、刺蝟，還有猹，會趁著月光來偷西瓜，這時他們便可以捏著鋼叉，輕輕地走過去，只是猹的皮毛油一般的滑……白天裏可以到海灘上去拾貝殼，紅的綠的都有，「鬼見怕」也有，「觀音手」也有。還有，曹娥江邊，潮汛

要來的時候，就會有許多跳跳魚，跳到沙岸上，它們都有青蛙似的兩隻腳……運水把他滿肚子的鄉村趣事，繪聲繪色地講給魯迅兄弟們聽，聽得魯迅小哥兒幾個十分入迷。魯迅在〈故鄉〉裏就這樣感歎道：「阿！閏土的心裏有無窮無盡的希奇的事，都是我往常的朋友所不知道的。他們不知道一些事，閏土在海邊時，他們都和我一樣只看見院子裏高牆上的四角的天空。」

運水把鄉村的故事講給魯迅兄弟們聽，魯迅哥兒幾個也帶著運水在城裏遊玩。「他很高興，說是上城之後，見了許多沒有見過的東西。」這是魯迅的記憶。周作人在當時的日記裏，也記下了他們兄弟陪著運水哥去登紹興應天塔的經歷。可惜的是，正月很快就過去了，運水須回到自己家裏去。魯迅戀戀不捨，急得大哭。運水也躲進廚房裏，哭著不肯出門。但他終於被他父親帶走了。在這之後，運水還曾託他父親給魯迅兄弟們帶來一包貝殼和幾支很好看的鳥羽，魯迅也曾送他一兩次東西，但卻再也沒有見面。

一八九九年，十八歲的魯迅，帶著母親為他籌集的八元錢的旅費，離開了故鄉，先到南京，再去日本，求學去了，日後便更難見到運水了。這時，魯迅的父親已經病逝，周、章兩家仍然保持著親密的往來。已經長大了的章運水也像他的父親章福慶一樣，經常來周家幫忙，以他的忠厚和篤實，贏得了周家的信賴和尊敬。當章福慶老去之後，運水也漸漸拉家帶口了。他成了周家的新的「慶叔」。而這時的魯迅也在遠離故鄉的地方，艱難地走著他曲折的人生旅程……運水每次到周家時，總會向魯老太太問起魯迅來，很想同魯迅再見一面。沉重的生活，也使運水非常懷念著少年時的無憂無慮的日子。而魯迅的心中，也深深地印著「閏土」這位少年夥伴的生氣勃勃的身影：「深藍的天空中掛著一輪金黃的圓月，下面是海邊的沙地，都種著一望無際的碧綠的西瓜，其間有一個十一二歲的少年，項帶銀圈，手捏一柄鋼叉，向一匹猹盡力地刺去，那猹卻將身一扭，反從他的胯下逃走了……」

學生時代的魯迅先生　　　　　　　學生時代的魯迅和他的同窗們

三

　　一九一九年冬天，闊別了二十多年故鄉的魯迅，回到了紹興。展現
在他面前的，是江南荒村的一幅悲涼沉鬱的圖景：冷風吹進船艙中，嗚
嗚地響。蒼黃的天底下，遠近橫著幾個蕭索的荒村，沒有一點活氣……
這是二十世紀初葉中國江南水鄉的寫實。辛亥革命以後，中國農村經
濟日趨破產，農民生活日益貧困，苦難的陰影，籠罩著農村和農民的命
運。而魯迅這次回鄉，又是「專為別他而來」的。他已在北京安頓了家
室，這次又要把老母從老家接到北京去。魯迅的日記裏記下了他這次搬
家的經過：十二月四日，「上午渡錢江，乘越安輪，晚抵紹興城，即乘
轎回家」。到二十三日，「午後畫售屋押」，二十四日下午，即「以舟
二艘奉母偕三弟及眷屬攜行李發紹興」，算是永遠地告別了故土。

　　在故鄉的二十天時間裏，魯迅除了收理書籍，變賣家產，答謝親戚
本家，祭掃祖墳等等，還有一件重要的事，就是又見到了他少年時代的
夥伴「閏土」。還在魯迅到家之前，魯迅三弟周建人即把魯迅到家的日
期寫信告訴了運水，運水便帶上他的大兒子啟生進城來了。

　　是一個冷清的午後，魯迅已吃過午飯，正坐著喝茶，覺得外面有人進來了，便回頭去看，「這來的便是閏土。雖然我一見便知道是閏土，但又不是我這記憶上的閏土了……先前的紫色的圓臉，已經變作灰黃，而且加上了很深的皺紋；眼睛也像他父親一樣，周圍都腫得通紅……頭上是一頂破氈帽，身上只一件極薄的棉衣，渾身瑟索著；手裏提著一個紙包和一支長煙管，那手也不是我所記得的紅活圓實的手，卻又粗又笨而且開裂，像是松樹皮了」。是的，此時的「閏土」，已經和魯迅記憶裏的「閏土」判若二人了。苦難的歲月，貧窮的生活，已經把當年的那個戴著明晃晃銀項圈的、生氣勃勃的看瓜少年，摧殘得不成樣子了！這不能不使魯迅大吃一驚。而更為可悲的是，當魯迅仍然像小時候一樣，興奮地叫著「運水哥」時，運水的臉上露出歡喜而又淒涼的神情，動了動嘴唇，竟分明地叫道：「老爺……」這就尤其使魯迅「打了一個寒噤」！他痛苦地感到，他們之間「已經隔了一層可悲的厚障壁了」。而原本還迴旋在魯迅腦海裏的諸如角雞、跳跳魚、猹、貝殼、鳥雀等等，也只好仍然讓它們迴旋在腦海裏，他再也無法說出口了。

　　「閏土」這次來，所帶的那個孩子，即他的大兒子啟生（〈故鄉〉裏的「水生」）。魯迅覺得，「閏土」從背後拖出來的這個躲躲閃閃的靦腆的孩子，「正是一個廿年前的閏土，只是黃瘦些，頸子上沒有銀圈罷了」。章運水共有三個孩子，魯迅在和他的長夜交談中瞭解到，鄉村的生活有多麼艱難：多子、饑荒、苛稅、兵、匪、官、紳……是這一切，在短短的二十年裏，把他的少年夥伴苦成一個木偶人了！章運水這次到周家，也仍然不忘兩家的那份情意。他把一個小紙包遞給魯老太太：「冬天沒有什麼了，這一點乾青豆倒是自家曬在那裏的……」說著，便只是歎氣、搖頭，默默地吸著旱煙。他當然捨不得周家走，但又無可奈何。好歹，他總算見到魯迅一面了。誰知道就此一別，還能不能再見面呢！

　　事實上，這也確實是魯迅一家和章運水的永別。當天下午，章運水帶上周家送給他的一些家什對象：兩條長桌，四把椅子，一副香爐和

燭臺，一桿臺秤以及所有的草灰，辭別了周家後，他們便再也沒有相見了。也彷彿是冥冥中的一種緣分，一九三六年，當偉大的思想家、文學家魯迅在上海逝世不久，同一年裏，章運水也在紹興鄉村辭別了這個冷暖人間。也許，在那個黑暗而陰冷的世界裏，他們能再度相見吧。

四

魯迅在〈故鄉〉裏寫到，當他們一家坐著夜航船向異鄉走去，故鄉的山水越來越模糊了的時候，他的一個侄兒「宏兒」——周家的新一代人，忽然問道：

「大伯，我們什麼時候回來？」

「回來？你怎麼還沒走就想回來了。」

「可是，水生約我到他家玩去咧……」

孩子的話，使魯迅陷入了沉思。他寫道：

「我躺著，聽船底潺潺的水聲，知道我在走我的路。我想：我竟與閏土隔絕到這地步了，但我們的後輩還是一氣，宏兒不是正在想念水生麼。我希望他們不再像我，又大家隔膜起來……然而我又不願意他們因為要一氣，都如我的辛苦輾轉而生活，也不願意他們都如閏土的辛苦麻木而生活，也不願意都如別人的辛苦恣睢而生活。他們應該有新的生活，為我們所未經生活過的。」這好像是在預言，周、章兩家的交往還會繼續下去的，而且是一種「新的生活」。

果然，就在魯迅先生逝世二十年（又是一個二十年！）後，即一九五六年，魯迅的兒子周海嬰和母親許廣平到上海參加魯迅墓遷葬儀式後，又回到紹興。世事真的如螺旋，他們沒有想到，在紹興魯迅紀念館裏擔任館員的，竟是「閏土」——章運水的孫子章貴。而這章貴，就是一九一九年冬天跟著父親到過周家的「水生」——章啟生的兒子。就像他們的祖輩和父輩一樣，周海嬰和章貴一見如故，周、章兩家的世代交誼又連接起來了。

魯迅先生和夫人許廣平、兒子周海嬰合影

　　章貴是一九三三年出生的。三年後，他的父親章啟生因勞累過度病故。這一年是周、章兩家最悲痛的一年，魯迅、章運水都是這一年去世的。緊接著，家鄉又遭水災，章貴家租種的幾畝薄沙地裏長的玉米，全被大水沖走了。這一切對於貧苦的農民來說，是天災人禍一齊降臨了。章貴一家只好背井離鄉，外出謀生。母親到了上海給人家做保姆，章貴的哥哥當了童工。唯一的一個小妹妹，也連病帶餓，過早地夭折了。章貴則被送到附近的村子裏去給人家當小長工。

　　新中國成立後，章貴一家翻了身。他賣掉了哥哥去上海當童工時送給他的一件紀念品──一條棉紗腰帶，買來了識字課本，參加了冬校學習。他白天下田勞動，晚上進速成班讀書，竟也由原先的「睜眼瞎」變成了能識字斷文的鄉村「秀才」，成了「閏土」家族裏第一個識字的人。一九五四年二月，人民政府把二十一歲的章貴安排到紹興魯迅紀念館工作。這大概是魯迅先生和「閏土」生前都沒想到的吧。

　　在魯迅紀念館，章貴進了職工夜校，開始了比較正規和全面的文化學習。他已經意識到自己的祖輩父輩與魯迅先生一家不平凡的淵源，他為自己能夠承續著先輩而與魯迅先生親近而自豪。他開始刻苦地、如饑似渴地自學起來。特別是魯迅先生的著作，他儘量地找來，一篇不漏地

閱讀和理解它們。他從魯迅的作品裏懂得了自己的父親、祖父、曾祖父們一生的命運之所以不幸的原因了。同時，他也漸漸地認識到了魯迅先生的偉大和崇高。大約是從二十世紀五十年代後期開始，章貴這位由一個農民、一個文盲而自學成長起來的魯迅紀念館工作人員，竟著手寫作關於魯迅的研究文章了！——這，倘若他的祖父和父親地下有知，該是最感欣慰的事了吧？這好像也應了魯迅先生當年的期望：「他們應該有新的生活，為我們所未經生活過的。」

　　一九八二年，已經在國內外報刊上發表了幾十萬字的魯迅研究文章，並被中國魯迅研究學會吸收為理事的章貴，又被任命為紹興魯迅紀念館副館長，堪稱是一位知名的魯迅研究專家了。一九九四年，他對一位前去採訪的記者說：「我現在生活得很好，有一兒一女，孫子也六歲了。比起我的祖父父親他們，簡直是天堂般的生活。我的老家杜浦村，現在也有了翻天覆地的變化。我的叔叔們在鄉下，他們都過上了好日子，他們都屬於中國富裕起來的農民，我常去看他們。和周家，我們的關係也像魯迅、閏土時代一樣的密切。我和周海嬰經常有書信往來，他常帶兒子回紹興來，一回來，我們就像團聚了的家人一樣，融洽得很。我要去北京，也一定到周海嬰家，我們這真叫世交呀，從我祖父算起到現在，已有四代了。我還要我的兒孫和周海嬰的後代繼續交往下去。為什麼呢？這叫一往情深、源遠流長！」

紹興魯迅紀念館大門

五

這的確是人情怡怡、淵遠流長的「世交之家」。周、章兩家的奇特而綿延不斷的交情，既是值得寫進現代中國文學史裏的一筆珍貴的史料，而對於整個世界文學來説，也是一段罕見的和別有意義的佳話。考察這四代人的交誼史，既可以尋繹出一部中國近代農民的命運和生活史，也不難窺見一代中國知識份子的思想軌跡和精神歷程。

據説，列夫‧托爾斯泰生前長期居住的故園——雅期納雅‧波良納的年老的看守者，且早已退休的塔亞普金，至今仍與二百八十位托爾斯泰家族成員保持著通信往來。他説過一段語重心長的話：「不管誰來管理莊園，都應把莊園保護好，使托爾斯泰的靈魂永生。因為波良納莊園，是屬於全人類的，全世界的文學愛好者，都嚮往波良納這片聖地……」

章貴也許不知道塔亞普金的這段話，但他知道魯迅先生在中華民族乃至全人類的文化史上的地位。一九八三年他已辦理了退休手續，但他又再三要求，被館裏返聘回來繼續工作。像塔亞普金一樣，他這一生，將離不開紹興魯迅紀念館了。他將像一個忠實的守園者一樣，守護著魯迅先生的東昌坊口新台門的故居，守護著屬於全人類的「百草園」和「三味書屋」……對了，還有河對面「豆腐西施」楊二嫂的豆腐房。他知道，當他滿懷對魯迅先生的敬意而盡心盡職的時候，他的父親、祖父、曾祖父地下有知，也會備感欣慰的，他們苦難的靈魂將會在地下得以安息。

「寫作是為了讓母親看的」

——現代作家性格與藝術精神札記

母親的心靈是一個作家最初的乃至終生的課堂。就像樹影拖得再長也離不開樹根，對於大部分作家來説，也許終其一生，他都不會走出母親的心。母親是他靈魂的故鄉和生命的綠洲，母親是他的上帝，他的天堂。佛洛伊德説，因為有母親，因為被母親所愛，他才對自己有了永不失去的信心。埃里希·弗洛姆正是從佛洛伊德那裏，看到了母親之於子女的非凡作用，他在《佛洛伊德的使命》裏説過這麼一句話：「要理解決定一個人性格發展的因素（暫且不論那些固有的因素），必須從他對母親的依附程度開始。」

事實也正是如此。比如説普魯斯特，他是一位從小就受到具有藝術家氣質的母親無微不至的呵護和關愛的作家。他畢生沒有走出母親的濃蔭的籠罩。因為母親的纖屑不遺的寵愛，使他對母親的依附和對外界的敏感與孱弱幾乎到了病態的程度。在生活中他所遇到的哪怕是最細微的不和諧也如同受到重創一般，最淡薄的敵意或者最不經意的行徑都在他的心頭留下了痛苦的記憶。他的勞蛛結網般的嘔心瀝血之作《追憶逝水年華》，從頭至尾都堪稱是寫給母親的一部傾訴之書。母親是他靈魂中巨大的存在，壓得他喘不過氣來。他離不開她，而心靈深處又一直想離開她和讓她離開。十四歲那年，當有人問他「對不幸的想法是什麼？」時，他回答説：「將我和母親分開。」對於母親的這種複雜的依附心理，我們從他的另一部散文作品《駁聖伯夫》中的〈露臺上的陽光〉以

及〈和媽媽的談話〉兩章裏，可以更清楚地看到。「我讓母親痛苦，這無法忍受的記憶，真讓人惶恐不安。只有見到她，只有她來抱吻我，才能解除我的痛苦不安……」他寫道，「我覺得沒有她，去威尼斯，去任何地方，都是不可能的……我已不再是心有所願總是受到鼓勵那樣一個幸福的人了：我不過是焦慮擺佈下十分脆弱的存在。我專注地看著媽媽，我吻著她。」這時候對普魯斯特來說，媽媽就是全世界，而他的寫作，他對於失去的時間的全部體驗與追尋，也彷彿正是他全身心地浸淫於母親的溫馨氣息和甜蜜滋味的過程。

　　宋曰家先生主編的「人格與藝術精神叢書」（山東文藝出版社一九九七年版），是以在二十世紀裏產生過重大影響，不僅卓有成就而且命運也多顯卓特的中外現代作家、藝術家作為研究和撰寫對象，重在探索和闡發作家、藝術家的人格與藝術精神的形成和發展的一套思想研究文叢。頗有意味的是，研究家們在探索作家的人格形成的源頭和藝術精神建構過程中的某些重要因素時，都不約而同地把目光投向了作家們的母親。

　　袁慶豐先生在《郁達夫：掙扎於沉淪的傷感》中，用了相當大的篇幅論述了感傷詩人郁達夫和他的母親的特殊關係。論者認為，由於父親在家庭生活中的過早缺失，母親對作家郁達夫各方面各層次的影響與作用是不言自明的。郁達夫四歲失父，身世淒苦，是在母親的呵護和苛求下長大的。孤兒寡母的生活使郁達夫過早地體驗到了人生的世態炎涼，也因此培養了他敏感、憂鬱的性格。而同時，母親的幾近專制的呵護（胡適曾有過類似的說法：母親是「放高利債的債主」）和自身悲劇性的命運遭際，又在郁達夫的心靈上投下了濃重的陰影。

　　「在失去了丈夫之後，面對冷酷的現實，母親為了生計、為了老母和幼子，她付出了她所能付出的一切。為了生活，為了家庭和這個家庭的兒子應該完成的學業和未來的前途，母親竭盡所能，在勉力保障著最

在日本留學時的郁達夫

現代作家、詩人郁達夫

起碼的物質生活條件時，母親不能不在某種階段和範圍內，在一定程度犧牲精神上對兒子的撫愛。不是母親不肯，而是因為力不能及；不是母親不懂，而是由於心不能至。母親啊，你撫育兒子的乳汁中，因為淚水和悲哀而使它稀薄；兒子的心目中因此多了幾分苦澀和辛酸。母與子的情感，為什麼如此深厚與複雜？以至常常將愛與怨交織奔湧在一起。」對於母親的「愛與怨」，在郁達夫的許多作品裏都有所表達。對於母愛，鬱氏作品裏既有真切的渴求與接納，也有無奈的躲避和服從；既有真誠的追憶與感念，也有傷心的哀怨和疏離。母子間的錯綜複雜的情感糾葛籠罩著郁達夫作品的首尾，也左右著他的性格與藝術氣質的始終。

袁慶豐先生在他的專著的第二章結束時，寫下了這樣一段深刻的文字：「貧窮與困苦是一鋒利刃，它無情地割裂著現實人生中人們賴以存身的生活空間，並深深刺痛著標示著人之為人的尊嚴和感情。這柄雙刃劍既傷害著一顆幼小、敏感的無邪童真之心，又傷害著一顆破碎的母親的心。這柄殺人見血傷人見淚的罪惡之劍，無疑是社會是時代鑄就打磨出來的。因此，郁達夫才在飽經威脅和刺痛之時，用於解剖展示那苦難悲哀、傷痛煩惱的人生社會。」也正是在這個意義上，文學史接受並肯定了郁達夫的全部作品及其地位。

　　朱珩青在她的《路翎：未完成的天才》的開篇，指出了中國現代文學史上一個發人深思的奇特現象：不少著名作家和學者都是幼年失父，而由母親一手撫養長大，或者是由具有母親形象的女性如祖母、外祖母、姑母、姨母、姐姐乃至保姆等撫養長大。這些作家和學者包括胡適、魯迅、茅盾、老舍、蔡元培、鄭振鐸、豐子愷、郁達夫、沙汀、夏衍等等。這個名單當然還可以開列下去。而這種現象也顯然為研究作家的人格發展與藝術精神氣質的形成提供了一個切入點。

　　像郁達夫一樣，文學家路翎也是幼年失父，而跟隨外祖母和母親長大。「我的童年是在壓抑、神經質、對世界的不可解的愛和憎恨裏度過的。」路翎自己這樣說過。路翎從小生活在一個「失重與超重」的女性化世界裏。外祖母的呵護充滿了專制意味，而母親的任勞任怨的悲苦命運，又加重了路翎本來就蒙受著壓抑的心靈上的反叛因數。「因為給予他的愛的多半是女人，所以我們看到路翎性格中具有某些女性性格的因素，包括他作品中的某些形象。」朱珩青如是分析說，「中國的女性在長期封建社會統治下，寄身於父母的家庭時，時刻準備的就是得到一位鍾情的夫君，為此她們可以獻出一切。她們將全部心血投注於愛情，專一而強烈，一旦家庭的大廈傾倒，往往會身心俱焚。這些，在路翎的生命史上都有較強的表現。他善良、真摯、敏感而脆弱，感情濃烈，有很強的反叛性。然而乏靈活性；堅韌不拔，同時又容易孤注一擲……」

　　正如淒涼的身世和畸形的母愛影響了作家郁達夫的孤獨、感傷的藝術氣質，而同樣失重和超重的女性世界的薰陶，也無法彌補作家路翎的心理上的缺失。朱珩青在論及造成路翎的悲劇的原因時，除了分析了中國五六十年代的政治因素——即本是精神界戰士卻硬被剝奪了思想的權利這個大悲劇外，也沒有忽略路翎性格上的偏失。她以同被打成「胡風分子」的詩人綠原和路翎作比較：他們幾乎同時被剝奪了人身自由，被關進監獄，但詩人的綠原卻比小說家的路翎來得冷靜。綠原感到單身監禁的可怕，便很快地決定了應對方式，並在獄中學起了德語，將所有時

青年時代的路翎（左二）和文學朋友們在一起

晚年的路翎（右一）和劫難後的朋友們

作家書屋出版的路翎小說《燃燒的荒地》封面

間占滿，以抵厄運對精神的壓迫與摧殘。而具有詩人氣質的路翎卻在這種災難面前情緒異常暴躁，雖然拿出了整個生命來應付監禁，卻也沒有能夠支撐到最後，以至於精神崩潰，失去控制，使自己的創作生命過早地結束。當悲劇的大幕終於落定，朋友們都從懸崖邊歸來，而路翎的靈魂卻再也呼喚不回來了。

宋曰家先生在《巴金：永生在青春的原野》裏，也有一節論及母親對於巴金的影響。巴金的母親去世得很早，可是母親的形象作為「愛」的化身，卻永遠留在巴金的記憶裏。巴金在〈我的幾個先生〉一文裏專門談到了母親對他的影響，稱母親是教育他為人處世的第一位先生。「在我幼小的時候，她是我的世界的中心。她很完滿地體現了『愛』字。她使我知道了人間的溫暖，她使我知道愛與被愛的幸福。她常常用溫和的口氣對我解釋種種的事情。她教我愛一切的人，不管他們貧或

富；她教我去幫助那些在困苦中需要扶助的人；她教我同情那些境遇不好的婢僕，憐恤他們，不要把自己看得比他們高，動輒對他們打罵。」巴金回憶說，「因為受到了愛，認識了愛，才知道把愛拿來分給別人，才想對自己以外的人做一點事情，把我和這社會聯起來的也正是這個愛字，這是我全性格的根底。」母親的愛心培植了巴金善良和仁愛的幼芽。巴金後來接受了人道主義思想，形成了同情弱者、愛恨分明的寬廣博大的人道情懷，當然是與母親這一精神源頭一脈相承的。

羅曼・羅蘭在小說〈母與子〉中說：「母愛是一種巨大的火焰。」是的，正是在母愛的火焰的照耀下，我們看到一代代作家在誕生。火光照亮了作家的精神世界，而母親就像站在火光背後的祈禱者，一直在為自己的兒女祈求著最好的命運。翻開中外文學史和藝術史，我們看到，幾乎每一位傑出作家的背後，都站著一位出色的母親，而這些作家也都十分尊敬自己的母親，把自己視為母親的肉體和精神上的雙重的兒子。

法國當代精神分析學家和小說家Ｊ・Ｂ・蓬塔里斯有一句名言：「寫作是為了讓母親看的。」他認為，無論是卡繆、普魯斯特，還是喬治・佩雷克或伯里斯・施萊貝，他們的寫作都是為了「讓母親看的」，他們在取得成就之後往往會這樣想：「啊，要是我的母親看到我就好了！」蓬塔里斯舉了加繆為例。卡繆在自傳性小說〈第一人〉裏一再提到了自己的母親。他的母親一貧如洗，目不識丁，還是個聾子，但這並不妨礙她對兒子的愛。蓬塔里斯堅信：「卡繆之所以成為作家，就是為了他的母親。他想讓不認識任何字母也聽不見任何聲音的母親看到和聽到她無法支配的詞語，並且永遠做她深情的兒子。」而喬治・佩雷克把自己的小說題為〈消失〉，所指的也正是自己死在集中營裏的母親。佩雷克在用自己的書與已經「消失」了的母親作心靈上的對話。而母親果真在「孩子」後面「消失」了嗎？不，她沒有消失。蓬塔里斯說，「當『孩子』出現的時候，世界又會變得趣味盎然，所有詞語也會恢復它們的魅力。」

「才如江海命如絲」

詩人柳亞子曾經用「不可無一，不可有二」八個字來評價蘇曼殊。的確，中國近代史上，像蘇曼殊這樣集抒情詩人、畫家、中國較早的文學翻譯家、披剃的佛門弟子、混血的愛戀情種和愛國的熱血男兒於一身的人，是絕無僅有的。蘇曼殊研究專家馬以君又這樣來概括這個多情奇才的短暫的一生：

> 「儘管他背著『燕子龕』東飄西蕩，四海為家，表面好似『與人無愛亦無嗔』，但實際上，有著『多少不平懷裏事』」；「他時而到暹羅、錫蘭參禪學佛，時而又欲槍殺保皇黨首領康有為；時而俯首低吟『美人淚眼尚分明』，時而又振筆撰寫〈秋瑾遺詩序〉；時而沉迷於『齋罷垂垂渾入定』的生活，時而又參與魯迅

蘇曼殊先生的西裝照

一代詩僧蘇曼殊

的《新生》雜誌的籌備工作；時而編撰《梵文典》，時而又翻譯《拜倫詩》……這時伏時起的情緒，除了反映他強制自己放蕩形骸，尋求超脫的心靈外，還暴露了他胸中蘊藏著強烈熱情和正義感。」

曼殊既是一代詩僧又是一代情僧。他僅僅活了三十五歲，卻飽嚐愛海遺恨。生前他曾有言：有了愛就滿足了。為什麼我們還要更多的呢？可見他對愛情的執著和看重。

在瞭解曼殊的愛情經歷前，有必要先瞭解他的奇特的身世。他於一八八四年生於日本橫濱。姓蘇名戩，字子谷，小名三郎。後又改名元（玄）瑛。原籍廣東香山（今屬珠海）。父親蘇傑生係橫濱英商萬隆茶行買辦。生母河合若子是日本人，原是蘇傑生的小姨子。傑生與若子私通生下曼殊。不到三個月，河合若子便與傑生脫離關係，曼殊從此便由義母河合仙撫養。這樣的一個私生子和混血兒，難免受到種種的歧視和虐待，幼小的身心便感受了人世間的炎涼和寂寞，這也許正是他後來毅然出家的一個原因吧。曼殊從六歲起便回到原籍開始鄉塾讀書，十三歲隨姑母到上海開始接受新式教育。十五歲又跟隨表兄東渡到橫濱就讀。家人的冷眼和世態的炎涼使少年曼殊性格孤僻。一年後他擅自回歸廣州到蒲澗寺削髮為僧。佛家生活也許更為冷清難熬，不久他又留髮返回橫濱。十九歲時他進入東京早稻田大學高等預科學習。此時正值反帝反清思潮激蕩，愛國熱情高漲之際。他先後加入了留日學生組織的「青年會」和「拒俄義勇隊」等組織，為救國救民大業奔走呼號。而且不久又輟學歸國，投身到所熱望的人生之中了……

一九○五年，二十二歲的蘇曼殊在南京一所陸軍小學任英文教師。在這裏，他結識了一位美麗而善良的秦淮歌伎金鳳。年輕的曼殊那顆長期以來缺少溫暖和撫愛的心，感到了無限的溫存。他對金鳳姑娘情意殷殷。他寫詩寄託自己的思戀：

幼年時的蘇曼殊

蘇曼殊先生手跡

著日本女裝的蘇曼殊先生

玉砌孤行夜有聲，美人淚眼尚分明。

莫愁此夕情何限，指點荒煙鎖石城。

（〈有懷〉）

在另一首〈集義山句懷金鳳〉中他又寫道：

收將鳳紙寫相思，莫道人間總不知。

盡日傷心人不見，莫愁還自有愁時。

這首詩大概寫在金鳳從良之後。曼殊剛剛得到的一點溫存又隨金鳳的離去而消逝了。他不能不感到盡日傷心，苦愁盈懷。兩年以後，他到日本探望義母河合仙時，又與姨表姐靜子默默相愛。曼殊童年時與靜子兩小無猜。長大後姨母也頗為喜歡敏慧的曼殊。靜子也以情志相契，默許了終身。遺憾的是曼殊自少年起就萍蹤無定，且入了佛門，未便論娶，以至於歲月蹉跎，空留遺恨。不久，靜子積愁成疾，鬱

鬱而死。曼殊曾在《斷鳴零雁記》中描寫過他記憶中的靜子，並在後來的許多時候和場合懷念過為他殉情的少女。

一九〇九年春，蘇曼殊又離上海東渡日本東京，與留日的陳獨秀同住神田清壽館時，與日本藝伎百助子相識。百助子豔光照人，能歌善舞，兼工繪事。原來她也生長在橫濱，母親也被父親拋棄。同是天涯淪落人，相逢何必曾相識。兩人由此互相同情和理解，感情繾綣。

柳亞子先生曾說過，學佛與戀愛是蘇曼殊一生胸中交戰的冰炭，而最終他卻只能選擇前者而捨棄後者了。這是曼殊的悲劇。然而，他對妙婉無倫的百助子始終念念難忘。許多年後，他還親自畫下《靜女調箏圖》，寄託愛情。曼殊為百助子寫下的〈為調箏人繪像〉、〈寄調箏人〉等組詩，多得後人稱譽。

離別百助子之後，蘇曼殊繼續他的漂泊無依，四海為家的生涯。一九〇九年深秋，在碧波浩蕩的太平洋上，他遇見了昔日的英文教師，西班牙人莊臣博士和他的愛女雪鴻。莊臣博士是曼殊的恩師，博士對曼殊也視作愛徒。此時的雪鴻已是西班牙的青年女詩人了，且能譯詩。曼殊素仰雪鴻的才華和她的「幽嫻端美」的儀態，而恩師五前就曾有意將愛女交給曼殊，並不嫌曼殊是一個窮愁潦倒的出家之人。這次在船上，由於曼殊胃病復發，加上暈船，黃昏時分，雪鴻也悄悄地守候在曼殊的床邊，並送他一幅玉照，一本《拜倫遺集》，還在曼殊的病床邊插上了曼陀羅花束和含羞草……。曼殊憶念舊事和感於眼前的此情此景，悵然不已。他含著熱淚於病中在《拜倫遺集》上題詩道：

秋風海上已黃昏，獨向遺編吊拜倫，
詞客飄蓬君與我，可能異域為招魂。

這首詩看似憑弔拜倫，實際上也是曼殊憑弔自己。他在此之前發表的組詩〈本事詩〉中也曾有過：「丹唐拜倫是我師，才如江海命如絲」

的句子（「丹唐」即但丁）。曼殊自覺一生行跡與拜倫相似。他在這首〈題拜倫集〉的小序中説：「此意惟雪鴻大家能知之！」可見他對這位西班牙少女的傾心與理解。然而他能夠給予雪鴻的卻只有一腔歉惋。情絲割斷，空留淚痕在天涯。

一九一八年五月二日，歷盡人世滄桑和愛情波折的一代詩僧，以三十五歲的英年病逝於上海廣慈醫院。他的長篇小説《天涯紅淚記》還只寫了一半，正如同他的生命一樣。

二十分鐘「不死的時間」

——徐志摩與曼斯費爾德的晤見

一

天生麗質、才華出眾卻又偏偏紅顏薄命的英國女作家凱薩琳·曼斯費爾德（K·Mansfield，一八八八—一九二三年，舊譯「曼殊斐兒」）有一天在花園裏散步，看見了一株美麗的棕櫚樹，便情不自禁地在當天的日記裏寫道：「我覺得，自己是在和一株樹戀愛了。」

曼斯費爾德的杜鵑啼血似的寫作生活和多愁善感的情調，也正是天生浪漫的詩人徐志摩所心儀和欣賞的。也算是一種緣分吧，一九二二年七月的一個雨夜，當時正在倫敦遊學的徐志摩，終於和曼斯費爾德有了一次短短的、只有二十分鐘的晤見。詩人稱它是「二十分不死的時間」。離這次晤見後僅僅一年多一點的時間，曼斯費爾德便因長期的肺癆吐血而逝。她的遺體安葬在楓丹白露阿翁村公墓。那個地方從此也成了詩人夢牽魂縈的去處。

曼斯費爾德去世之後，徐志摩作有一詩一文，表示了自己極大的悲痛和惋惜。詩中有如下二節：

我昨夜夢入幽谷，

一九一四年的女作家凱薩琳‧曼
斯費爾德（著譯「曼殊斐兒」）

曼斯費爾德和她的弟弟妹妹

　　　　聽子規在百合叢中泣血；
　　　我昨夜夢登高峰，
　　　　見一顆光明淚自天墜落。

　　　我與你雖僅一度相見──
　　　　但那二十分鐘不死的時間！
　　　誰能信你那仙姿靈態，
　　　　竟已朝露似的永別人間？

　　詩作題曰〈哀曼殊斐兒〉，極盡詩人生死同悲、情意綿綿之能事。
這倒也是徐志摩所特有的才能，真正是一個濃得化不開的、天見猶憐的
追慕者和悼亡人的心聲。寫完此詩，意猶未盡，趁著哀思尚在，詩人又
寫下洋洋灑灑的〈曼殊斐兒〉一文，細緻地、毫釐不爽地寫出了他拜訪
女作家前前後後的經過以及自己內心的感受。這是一篇細膩和穠麗的散
文，從文學史的角度看，也堪稱一段難得的史料，頗值鉤沉梳理一番。

二

　　一九二二年六七月間，曼斯費爾德的肺癆病已經是相當嚴重了，死對她來說，已是非常現實的事情了。她在六月間的一頁日記上寫道：「我彷彿喪失了一切寫作的力量。我能進行思索，那接近現實的思索是值得的，但我卻不能再進一步，無法將所思索的寫下了。」

　　而在徐志摩的想像中，她也許正如茶花女那最後日子的情景──「你知道我是活不久長的，所以我存心活它一個痛快」。但她又不同於茶花女的縱酒恣歡。她還在為文學活著。「她像夏夜榆林中的鵑鳥，嘔出縷縷心血來製成無雙的情曲，便唱到血枯音嘶，也還不忘她的責任，是犧牲自己有限的精力，替自然界多增幾分的美，給苦悶的人間，幾分藝術化精神的安慰。」詩人的想像既是理想化的，又與現實相符。

　　事實上，曼斯費爾德的確還在一如既往地迷戀著文學。雖然她已經給她親愛的丈夫、英國知名的文學評論家麥雷寫下了遺書，而麥雷也正滿懷面對豔麗無雙的夕陽漸漸消翳，而又愛莫能助的悲傷，分秒可數地和她生活在一起。她在七月四日給Ｓ‧Ｓ‧科特連斯基的一封信上說，她正在讀勞倫斯的新作，她認為勞倫斯是她唯一深深喜愛的在世的作家，勞倫斯的書就像一棵堅實、巍偉的樹，每一枝條都充滿了活力……

新月詩人徐志摩先生

徐志摩正是在這個時候來到了女作家的面前。說起來也怪難為徐詩人了。當他在雨夜裏幾乎跑遍半個倫敦，好不容易才找到彭第街十號麥雷和曼斯費爾德的寓所時，他的全身幾乎是濕透了。但他一點也不在乎。一想到即將見到那個在他心目中一直恍若仙姿靈態的、充滿了神奇魅力的女作家時，這一點點風吹雨淋，又算得了什麼呢！

開門接待他的，是女作家的丈夫麥雷。他是一家報社的總主筆，也寫詩，兼搞文學評論，徐志摩最先在一個沙龍裏認識了他，並向他表達了自己對他的夫人的傾慕之忱。徐志摩的敢於去拜訪女作家，當然是因了麥雷的邀請。麥雷把這位中國詩人迎進客廳，替他收了雨具，便坐下談天。徐志摩帶了幾卷中國的字畫去，他們就從東方的觀音談起，並與耶教的聖母、希臘的處女神狄安娜、埃及的伊西斯、波斯的密特拉教傳說裏的女神密特拉相比較，最後得出一個結論：「處女的聖母是所有宗教裏一個不可少的象徵。」

徐志摩正心不在焉地談著聖處女的時候，他的眼睛猛地一亮，幾乎呆住了──他看到了從通室內走出來的一位活著的「聖處女」：「她一頭的褐色捲髮，蓋著一張小圓臉，眼極活潑，口也很靈動，配著一身極鮮豔的衣裳──漆鞋，綠絲長襪，銀紅綢的上衣，紫醬的絲絨圍裙──亭亭的立著，像一棵臨風的鬱金香⋯⋯」

詩人徐志摩

　　詩人的心突突地跳著，不由自主地站了起來，結結巴巴地幾乎說不出話來了：「夫……夫人……」他沒想到，自己心儀已久的女作家會這麼年輕美麗。昔日的社交場上的靈光、乖覺、自如，全都消失了，他變得那麼虔誠和無所適從了。

　　「不，不是夫人，您弄錯了，她是這兒的房主，密司貝爾……」

　　幸虧麥雷先生及時地站了起來，做了介紹，使激動中的詩人彷彿從夢幻中醒悟過來：糟糕！原來是認錯人了。

　　這原本也沒什麼，全怪徐志摩自己的緊張和迫切。不過接著發生的一個小插曲，倒是只有徐志摩才能感覺的──天知道他的自我感覺總是那麼好，那麼充滿風情──女房主原來也是位頗為風雅的畫家。她聽了麥雷的介紹，便帶著誇張的欣喜緊挨著詩人坐下，頭上戴著個電話員戴的耳機，湊得很近地向這位年輕的中國詩人請教起有關中國畫的學問來了。

　　徐志摩不是帶了幾卷中國書畫去嗎，現在正好全部抖落開來。一幅趙之謙的「草書法畫梅」，一幅王覺斯的草書，還有一幅梁山舟的行書。反正是內行看門道，外行看熱鬧，徐志摩指指點點，儼然行家，讓那密司貝爾聽得直像一個受教的女弟子一般。這時的詩人，又忍不住有了另外的念頭──這也是符合詩人的性情的──她不是戴上了一副耳機嗎，詩人寫道：「我那時就想起聾美人是個好詩題，但對她私語的風情是不可能的了……」

　　正這樣想著，外面門鈴大響。又來了兩位客人，都是麥雷夫婦的朋友。其中一位問麥雷：「凱薩琳今天怎麼樣？」

　　徐志摩豎起耳朵聽著他們的交談。麥雷說：「她今天不下樓了，天氣太壞，誰都不受用……」

　　「那我們只好上樓去看她了。」

　　「可以的，不過請一定節制，不要超過二十分鐘！」

　　兩位紳士被准許上樓了，徐志摩仍然留在客廳裏，不免覺得懊喪。他想到，自己是冒雨存心要來一會景仰的女作家的，偏偏她又不下樓。

老朋友還有進房去談的特權，我一個外國生客，看來一定是沒有份了。而麥雷和剛才的兩位紳士朋友的烘雲托月，又益發增加了徐志摩的好奇心，他在客廳裏有點坐立不安了。

　　不一會兒，那兩位紳士就下了樓，寒暄了幾句之後便告辭了。這時已是十點多鐘了，再呆坐下去，已不禮貌了，沒有辦法，徐志摩只好悻悻地站起來，一面穿雨衣，一面向麥雷道別。他的心裏有著老大一個遺憾，口裏卻還得畢恭畢敬的：「很抱歉，打擾了您這一晚！密司曼殊斐兒不能下來，否則我是非常想望見她一見的，哪怕只幾分鐘……」

　　說話到這兒，麥雷竟有點奇怪地說道：「我的朋友，你願意見她，可以上樓啊！沒關係，凱薩琳會喜歡你的，我還以為你原來就沒這個意思呢！」

　　麥雷的話說得徐志摩大喜過望。呸，真是見鬼！都怪自己的虛文縟節和謙恭卑弱，差點誤了正事。詩人一邊暗自責罵，一邊喜出望外地把已經穿好的雨衣重又脫下，跟著麥雷一步一步地走上樓梯。

　　他當時的感覺，無異於拾級而上，去拜見一位神秘的、至高無上的女神一樣。

　　麥雷說：「請您也不要超過二十分鐘。」

　　「那當然！」詩人已緊張得不敢多說什麼了，「不會超過二十分鐘。」

三

　　徐志摩曾給他的朋友們講過這樣一個故事：以前在十六世紀，有一個義大利的牧師學者到英國鄉間去，看見了一大片盛開的苜蓿，在陽光的照耀下有如一湖歡舞的黃金。牧師當時驚喜得手足無措，撲通一聲跪在那裏，仰天禱告，感謝上帝的恩典，使他得見這樣的美，這樣的神景……

他說這個故事，意在說明他初見曼斯費爾德的那一瞬間，也如同那位牧師一樣，被一種美的神景或曰神妙的美，徹底地征服了，以至於「恐怕也有些那牧師狂喜的瘋態」。

這話一點也不假。徐志摩事後已是不記得自己是怎樣上了樓梯，叩門，進房，介紹，麥雷出房，關門，她請他坐下，他坐下，然後她自己坐下……這麼一大串過程了。它們應該是存在的，但他卻因為過於緊張而只覺得一陣「模糊」了。他說：「我們平常從黑暗的街裏走進一間燈燭輝煌的屋子，或是從光薄的屋子裏出來驟然對著盛烈的陽光，往往覺得耀光太強，頭暈目眩的要定一定神，方能辨認眼前的事物。……我想我那時，雖不定是被曼殊斐兒人格的烈光所淹沒，她房裏的燈光陳設以及她自身衣飾種種各品濃豔燦爛的顏色，已夠使我不預防的神經，感覺剎那間的淆惑，那是很可理解的。」

沒有錯，詩人的確是被曼斯費爾德徹底地征服了！這位白面皓齒、天性多情，柔媚如同女兒般的浪漫文人，在他所崇拜的女神面前，完全是一派忠貞不二的僕臣的姿態了。好像所有的對於美豔與高貴的女性的贊辭都用盡了，他還覺得不能表達他的心跡。他恨不能真的跪在曼斯費爾德的石榴裙下，去接受她那雙纖纖素手的撫摩與洗禮……

我們還是引錄一段徐志摩自己的文字，來看看他是怎樣的如癡如醉、如夢如幻而又不存芥蒂地傾心和折服於女作家的吧。只是在旁觀者看來，這未免又失之於徐志摩慣有的那種誇飾、穠麗和神秘兮兮，甚至於有點濃得化不開的做作和肉麻。但在徐志摩看來，這還遠遠不夠「濃」，還「不能傳神於萬一」。看來，這樣的文字，這樣的情態，怕也只有徐志摩才做得出來：

> ……她和我同坐在床左貼壁一張沙發榻上。因為我斜倚她正坐的緣故，她似乎比我高得多，（在她面前哪一個不是低的，真的！）我疑心那盞電燈是用紅色罩的，否則何以我想起那房，便聯想起「紅燭高燒」的景象！但背景究屬不甚重要，重要的是給我最

純粹美感的──The purest aesthetic feeling──她；是使我使用上
帝給我那管進天堂的秘鑰的──她；是使我靈魂的內府裏又增加
了一部寶藏的──她。……從前有一個人一次做夢，進天堂去玩
了，他異常的歡喜，明天一起身就到他朋友那裏去，想描摹他神
妙不過的夢境。但是！他站在朋友面前，結住舌頭，一個字都說
不出來，因為他要說的時候，才覺得他所學的人間適用的字句，
絕對不能表現他夢裏所見天堂的景色，他氣得從此不開口，後來
就抑鬱而死。我此時妄想用字來活現出一個曼殊斐兒，也差不多
有同樣的感覺，但我寧可冒猥瀆神靈的罪，免得像那位誠實君子
活活的悶死。……

　　談他心中的女神，竟繞了一個大彎。但他終究是位詩人，而不同
於那個蠢笨的夢見進了天堂的人。他盡情地表達了對曼斯費爾德的敬
仰：彷彿是對著「自然界的傑作」，或是「藝術界的傑作」，只覺得它
們「整體的美，純粹的美，完全的美，不能分析的美，可感不可說的
美」。「我看了曼殊斐兒像印度最純澈的碧玉似的容貌，受著她充滿了

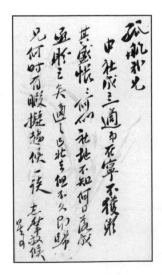

徐志摩先生手札

新月詩人徐志摩先生

靈魂的電流的凝視，感著她最和軟的春風似的神態，所得的總量我只能
稱之為一整個的美感……」

　　就是在這樣一位如同「阿爾帕斯山巔萬古不融的雪」一般的美神面
前，詩人誠惶誠恐地親耳聆聽了二十分鐘如同神漾般的教誨。而且在詩
人聽來，曼斯費爾德的聲音之美，有如「一個個音符從她脆弱的聲帶裏
顫動出來」，使人於「塵俗的耳中」獲得一種「神奇的意境」，「彷彿蔚
藍的天空中一顆一顆的明星先後湧現」。因為曼斯費爾德是有肺癆的病
人，徐志摩聽著她那肺弱的音息，也覺得「切心的難過」，便只好把自
己的聲音放低，以便她也跟著放低，而不致於「多耗她珍貴的精力」。
　　二十分鐘珍貴的時間，就這樣在幽靜的燈光下，在女神「彷彿湊住
你靈魂的耳畔私語你平日所冥想不得的仙界消息」的氛圍裏，匆匆地逝
去……

四

　　現在，我們該來看看徐志摩和曼斯費爾德在這二十分鐘「不死的時
間」裏，都談了些什麼吧。
　　先是曼斯費爾德談了對於英國當時最風行的幾個小說家的批評。徐
志摩的文章裏沒有記下她的「批評」的具體內容，但我們從這幾天曼斯
費爾德寫給朋友的信件中，倒可以看到她的閱讀興趣和對當代作家的評
論。如五月一日，她給羅茜・布雷特寫信說：「關於喬依斯，除非你確
實非讀不可的時候，不要讀他的書。這不是開玩笑。他的書晦澀難懂，
需要對奧德賽和英國文學有真正清晰的記憶，才能完全讀懂。」七月四
日，她給Ｓ・Ｓ・科特連斯基寫信說：「（勞倫斯）他是我唯一深深喜愛
的在世的作家。在我看來，無論人們有多少『不同意』，他寫的什麼
都是重要的。甚至人們的反對也是他生命的標誌。他是一個富有活力的
人……」

當曼斯費爾德和徐志摩談著英國當代文學的時候，徐志摩恐怕也是出於對許多新作家的不稔悉，因而也引不起相當的興味。接著，她就說到，她剛從瑞士回來，在瑞士和羅素夫婦的住處相居很近，他們常常談到東方之美，因此她原本就有的對中國的景仰，更進一步化作愛慕的熱忱。這個話題無疑是徐詩人所感興趣的，而且交談起來也頭頭是道，才氣橫生。女作家說，她最愛讀的是亞瑟·韋利翻譯的中國詩，而艾米·洛厄爾譯的中國詩卻很使她失望。她告訴徐志摩說：你應該試試，中國詩只有中國人能譯得好。

由中國詩而引發到了外國文學對中國的影響。他們談到了俄羅斯文學，尤其談到了契訶夫。曼斯費爾德熱愛俄國文學，熱愛屠格涅夫、陀斯妥耶夫斯基和契訶夫。她殷勤地詢問了徐志摩，中國頂喜歡契訶夫的哪幾篇，翻譯得怎麼樣。徐志摩一一告之。

女作家還詢問了詩人，回中國後打算怎麼樣。她叮囑詩人：不要參與政治，「現代政治的世界，不論哪一國，只是一亂堆的殘暴，和罪惡」。這一點，與後來成為「新月」詩人的徐志摩的觀點頗為一致。和政治相比，他更願意「為藝術而藝術」，他的情懷，本來就是由藝術和風月所構成。談到這兒，徐志摩自然也忘不了恭維一番心儀已久的女作家的作品。他說，曼斯費爾德的《序曲》、《在海灣》、《陌生人》、《土耳其浴》等小說，也許正因為是「太純粹的藝術」，所以一般讀者恐怕不能理解，就是說，它們是一種高雅的、高層次的小說……

聽了這些，曼斯費爾德興奮了，好像遇到了知音，或者說，一種共同的情趣在兩個藝術家的心中架起了一道橋樑。她笑著說道：「那當然。我們這些人，應該與時尚和通俗的東西保持一定的距離。」

徐志摩也激動地說：「那麼，夫人，假如以後有機會翻譯您的大作，您允許我來做這個工作嗎？」

「當然願意。只怕我的作品不值得閣下翻譯，因為對整個英國文學而言，它們是微不足道的……」

「不，不，它們將會不朽！它們是透明的……美豔的……光和音樂的藝術！我喜歡您的作品……」徐志摩一時間找不到更好的詞語來表達自己的崇敬之情了。

最後，曼斯費爾德告訴詩人，她不久又要去瑞士，那真是一個美麗無比的國度。她希望不久能在那裏再見到詩人，那時他們可以一起在風光嫵媚的琴妮湖上蕩舟，還可以去阿爾卑斯山……徐志摩聽了，連連點頭。他的心裏，已經呈現了在湖心柔波間和這美豔的女作家一起蕩舟遊玩的情景了：那輕柔的細語，憂鬱而多情的眼神，春水蕩漾的琴妮湖……

時間在不知不覺地流逝著。客廳裏的鐘擺響了幾下。徐志摩這才想起，麥雷叮囑的不要超過二十分鐘的話來。其實這時候，曼斯費爾德談興正濃。但徐志摩也只有起身告辭了：「衷心地謝謝您，夫人！這一晚能見到您，我終生難忘。我們中國有句話叫『相見恨晚』，您知道嗎，我現在就有這種感覺。再見了，夫人，祝您早日康復，我們在瑞士相見……」

曼斯費爾德把詩人送到房門口，和詩人誠摯地握別。她的手真美呵！詩人想道。但他終於沒有那份勇氣去吻一吻它，而只是意味深長和依依難舍地握了握它們。

半年之後，即一九二三年一月，在巴黎楓丹白露阿翁村的格德傑夫學院，正在這裏學習「人的和諧發展」的曼斯費爾德，病情轉重。一月九日，麥雷來學院看她，覺得她臉色「很蒼白，但精神卻很好」。當天深夜，她突然劇烈地咳嗽起來，並吐出一口口的鮮血。兩名醫生迅速趕來照料她，然而，只幾分鐘之內，她就停止了呼吸。一位才華橫溢且對生活充滿依戀和熱情的女作家，過早地結束了自己的藝術生命。

說宇宙是無情的機械，
　為甚明燈似的理想閃耀在前？
說造化是真善美之表現，

為甚五彩虹不常住天邊？

我哀思焉能電花似的飛騁，
　　感動你在天日遙遠的靈魂？
我灑淚向風中遙送，
　　問何時能戳破生死之門？

（〈哀曼殊斐兒〉）

　　當徐志摩驚悉噩耗，含淚寫著這斷腸的詩句時，已經是女作家辭世一個多月，遺體已安葬於楓丹白露阿翁村公墓之時了。她在人世間僅生活了三十五個年頭。「三十年小住，只似曇花之偶現，淚花裏我想見你笑歸仙宮。」此時是詩人在哀哭曼斯費爾德，然而他怎能想到，僅僅九年之後，他自己竟也以三十五歲之英年而夭折於生命的中途了。莫非其中果有一種因果緣分存在？

诗言志 毛泽东

最後的月光

——新月派詩人、翻譯家孫大雨

　　一九八七年十一月三日，一代學人梁實秋先生在臺北溘然謝世。梁先生誕辰為農曆臘八之日，辭世於重九之後的第二天，正值晚秋時節，有人說是「應了他大名的預期」。在他辭世前不久，比他稍晚一輩的友人和弟子們，已在著手編一本書，名曰《秋之頌》，論其文且記其人，擬於梁先生誕辰之日當面呈獻，不料竟遲了一步，祝壽的喜悦遂成追思的哀傷。《秋之頌》於一九八八年一月十日由臺北九歌出版社出版，其中收有林懷民〈一個時代的結束〉一文。林氏寫道：「梁先生走了，我覺得似乎象徵一個時代的結束。」這裏所說的「一個時代」也許是指「新月派」時代。余光中先生也有此説法：「新月人物，始於徐志摩之浪漫而終於梁實秋之古典，清輝不減，已經近於滿月了。」（見《秋之頌》）

晚年的孫大雨先生

　　其實，當時在大陸，還有一位「新月」中人依然健在。他就是著名的莎士比亞翻譯和研究家、詩人孫大雨先生。也許，海峽那邊的人並不知曉孫大雨尚健在。畢竟，海峽兩岸互無聞問幾十年之久，何況台島上早有孫大雨「已於抗戰勝利後逝世」的誤傳。

　　孫大雨先生是一九〇五年一月十二日出生的，梁實秋先生是一九〇三年一月六日出生的，孫先生比梁先生小兩歲又幾天。應該說，孫大雨先生才是新月派「碩果僅存」（陳子善語）的、最後的一縷月光了。

　　孫大雨先生，原籍浙江諸暨縣，生於上海。他原名孫銘傳，父親是晚清的翰林，曾為他取號「守拙」。一九二一年，他從南京考區報考清華大學，卻名落孫山。苦讀一年後，在上海考區再次報考，竟以第二名的好成績被錄取。進入清華不久，他就加入了當時由聞一多、梁實秋等人發起的，可以說是新文學史上的第一個校園文學團體──清華文學社。不過這時他已不再叫「守拙」，而是改號為「子潛」了。他的詩歌才華很快得到了承認，聞一多欣喜地把他和他的另外三位同窗好友合稱為詩壇上的「清華四子」（孫大雨──子潛，朱湘──子沅，饒孟侃──子離、楊世恩──子惠）。大雨先生晚年回憶說：「那時在清華校園裏文學

活動十分活躍，我們經常聚在一起討論新文學的有關新問題，並在《清華週刊‧文藝副刊》上發表詩文。當時我與聞一多討論較多的是有關詩的格律問題，而與梁實秋議論的則是有關莎士比亞戲劇的翻譯問題，儘管那時的見解還不成熟。」

一九二六年四月一日，由徐志摩和聞一多負責的《詩鐫》，在《晨報》副刊上開辦，到六月十日又宣佈終刊，為時僅兩個月多幾天。期間「清華四子」輪流值班編輯，孫大雨在《詩鐫》上發表了一首有名的十四行詩〈愛〉。

一九二五年，孫大雨從清華高等科畢業。清華是用美國退還的部分庚子賠款的「餘額」辦起來的，按當時清華的學制，前四年為中等科，後三年為高等科，只要修完了高等科，即取得官費去美國留學的資格。實際上，當時的清華正是這樣一所留美的預備學校。孫先生畢業後，按規定先在國內「遊歷」一年，第二年秋天即由清華保送，赴美國新罕布什爾州的達德穆學院（Dartmouth College）留學，專修英文文學，兼攻西方哲學史和美術史。一九二八年，孫大雨獲該校高級榮譽畢業證書。接著又考入耶魯大學研究生院進修兩年，於翌年又拿到第二張羊皮畢業證書。在美國的幾年，孫大雨先生盡情地徜徉於莎士比亞、彌爾頓、雪萊等詩人的藝術世界裏，受他們的詩藝濡染之深，可想而知。

一九三〇年秋天，孫大雨歸國。至新中國成立後，歷任武漢大學、北京師範大學、北平大學女子文理學院、北京大學、山東大學、青島大學、浙江大學、暨南大學、復旦大學等校外文系英文文學教授。

十年浩劫中，孫大雨先生也在劫難逃。一九六八年，他被關進了監獄。不知是純屬巧合，還是原本就有某種緣分，他在監獄裏的編號是一六一六，正是他畢生醉心於翻譯和研究的莎士比亞的卒年。他被關了兩年多又放了出來，成了城隍廟前的一名清潔工。當他戴著大口罩，不停地揮動著竹掃帚時，沒有人會想到，他就是當年才華橫溢的「清華四子」之一，英國古典文學和莎士比亞專家、著名的新月詩人孫大雨。

中年時的孫大雨先生

　　白天他在外面打掃大街，晚上他與他的莎士比亞為伴。在一盞昏黃的小燈下，在莎翁的不朽的詩劇裏，他看到了人類永生的激情和信念，找到了自己心靈的安寧與溫馨。就在一九七〇至一九七六年這段風雨搖盪的日子裏，他不聲不響地譯出了莎翁的《暴風雨》、《威尼斯商人》、《羅密歐與茱麗葉》、《奧賽羅》、《馬克白斯》、《罕穆萊德》、《冬日故事》等七部劇本，還用古典英詩形式完成了《屈原詩選英譯》、《古詩文英譯集》等譯著。三十年代他在一首詩中這樣寫著：「自從我有了一支蘆笛，總是坐守著黃昏看天明，又望得西天烏烏的發黑。」動亂的年月裏，偉大的莎士比亞，成了這位孤獨的詩人和學者心中的「蘆笛」，他默默地守著它，像守候著一個偉大的魂靈，艱難地度過了十年漫漫的長夜。

　　人生奄忽，世路崎嶇。作為最後一位新月時代的詩人，孫先生滄桑閱盡，已見白髮三千。人壽終究有限，而藝術從來無垠。回首漫長的人生之旅程，大雨先生也應無愧無悔才是。他有他的詩，雖然數量並不多。然古今中外的創作，從來都不是單單以量為標準的。他的詩就是他生命的碑，即便那是「未完工的紀念碑」（詩人瘂弦語）。他還有他的莎士比亞。孫大雨是海內外第一人用嚴格的漢語格律韻文來翻譯莎翁的詩劇，恐怕也是最後一人。

　　我的面前，就有一部四十年代上海商務印書館出版的、孫譯莎翁的「氣沖斗牛的大悲劇」——《黎琊王》（《李爾王》）上下兩厚冊。

上冊是譯文，下冊是注釋。這冊注釋也堪稱關於《黎琊王》的功力深厚
的學術研究專著。紙張已經發黃、變脆，透出了一種濃郁而久遠的書卷
氣息，使人頓生一片滄桑之感。孫在〈序言〉中說：「（《黎琊王》）
不大受一般人歡迎，一來因為它那磅礡的浩氣，二來因為它那強烈的詩
情，使平庸渺小的人格和貧弱的想像力承當不起而陣陣作痛。……這篇
戲劇詩在一班有資格品評的人看來，卻無疑是莎氏登峰造極之作。作者
振奮著他卓越千古的人格和想像力去從事，在戲劇性、詩情、向上推移
的精神力等各方面，都登臨了個眾山環拱，殊嶝合指的崇高的絕頂，驚
極險極奇極，俯聽萬壑風鳴，松濤如海濤，仰視則蒼天只在咫尺間，觸
之可破……」僅此即可見孫對莎翁此劇的推崇和鍾情。

　　孫大雨譯莎，曾與梁實秋有過齟齬。梁的意見是：莎翁劇作是有嚴
謹格律的每行五音步的素體韻文，用中文是斷斷無法移植的。果然，他
在實踐上，雖然完成了《莎士比亞全集》的翻譯，但終究採用的是散文
體式。孫的觀點正好與梁相反，他認為：若把莎劇有格律的戲劇詩譯成
毫無韻文格律的話劇，便喪失了原作的韻文節奏，與原作的風貌有所不
符，甚至可能「面目全非」。因此，他堅持尋找一種新詩的比較恰當的
格律規範，即以二三個漢字為常態而又有相應變化的「音組」結構來體
現莎劇詩行中的「音步」。孫這樣謀劃著，同時也就付諸了實踐，而且

孫大雨先生翻譯的莎士比亞戲劇
《黎琊王》封面

為了莎士比亞——可以這麼説，終其一生，他把自己釘在了漢語格律詩的十字架上，九死而未悔。他與梁的齟齬，也僅僅是因為莎士比亞。但梁晚年仍然誠懇地説過：「孫大雨寫詩，氣魄很大，態度也不苟且。他譯的《黎琊王》，用詩體譯的，極見功力。」兩位莎士比亞譯者，也是最後的兩位新月人物，畢竟都是藝術赤子，而無個人恩怨。

孫大雨先生譯的《黎琊王》，曾經影響過不少莎士比亞熱愛者。徐遲先生在四十年代讀了孫的譯本後，就曾想過要鑽到莎翁詩劇裏去「研究點學問」，而且果真也做了些學問，然而太難了，最後只好謙虛而誠懇地退了出來。徐遲到重慶不久，就歷史劇《屈原》寫給郭沫若的那封信，所談到的莎翁詩劇《黎琊王》，我想是與看到了孫大雨的譯文有關係。後來他又多次談到他對孫的敬佩。他在長篇回憶錄《江南小鎮》裏，也用不小的篇幅寫到了自己對孫譯莎士比亞的喜愛，以及對孫的學識的敬重。

孫大雨譯莎劇，一共就譯了上面提到的八部，全部採用格律韻文形式。他與朱生豪、梁實秋三人，堪稱中國莎士比亞作品翻譯的「三足鼎立」，各有千秋，功德無量。尤值崇敬的是，三人為了莎士比亞，都是歷盡坎坷，九死不悔，為伊消得人憔悴，蠟炬成灰淚始乾。如今，譯莎三大家都已作古，我在想，三人之後，莎士比亞在中國的知音，在漢語中的「傳人」，還有誰呢？

孫大雨先生一生的詩作的確不多。他以詩名世，以詩奠定了自己在新月派和現代新詩史上的地位，但一直到二十世紀八十年代，他卻從未結集出版過自己的詩作。曾有文章提到過，三十年代新月書店曾出版過他的詩集《精神與愛的女神》、《自己的寫照》。唐祈先生主編、四川辭書出版社出版的《中國新詩名篇鑒賞辭典》裏「孫大雨」條目下也沿用此説法，這是不確的。孫曾對詩人和編輯家周良沛回憶説，之所以有此誤傳，是因為當時書店生意的需要，只打出個廣告，史家見了便信以為真，遂寫進史料，以訛傳訛了。孫大雨這位新月派老詩人出版的第一部詩集，也是唯一一部詩集，是周良沛編選的《中國新詩庫‧第二輯‧孫大雨卷》（長江文藝出版社一九九〇年五月第一版）。

　　這本薄薄的詩集收詩七首，全部篇目是〈愛〉、〈海上歌〉、〈紐約城〉、〈一支蘆笛〉、〈訣絕〉、〈回答〉、〈老話〉、〈招魂〉和〈自己的寫照〉。這差不多就是老詩人全部的新詩創作了。第一首詩〈愛〉發表於一九二六年四月十日的《詩鐫》上。這是詩人有意識地運用音組結構撰寫的第一首有嚴謹格律的新詩，每行都有五個音組，是嚴格的義大利「佩特拉克體」的「商籟」（Somet），即十四行詩。新月詩人之一的陳夢家曾誇獎孫大雨對十四行體的運用是「操縱裕如」。詩集中的最後一首詩〈自己的寫照〉，是一首未完成的長詩片斷。這首詩作者原計劃寫一千行左右，實際上只寫了三百七十多行，而且是分兩次先後發表在一九三一年十月的新月社的《詩刊》第三期和一九三五年十一月八日天津《大公報・文藝》第三十九期上。梁實秋當年曾稱讚過這首長詩。徐志摩也說過，這首長詩「我個人認為是十年來（就是說有新詩以來）最精心結構的詩作」。我們前面說過的詩人瘂弦的「未完工的紀念碑」一語，所指的也是這首長詩。瘂弦先生甚至還說到這首長詩，「為中國新詩後來的現代化傾向，作了最早的預言」。也許正是因為這首詩已經顯露出的「現代傾向」，所謂「先鋒性」，使得它沒能流播得更遠，結果是，「一百個知道臧克家〈自己的寫照〉的讀者中，也許只有一個人知道孫大雨的〈自己的寫照〉。」（藍棣之《新月派詩選・序》，人民文學出版社一九八九年九月第一版）

　　一九三一年十一月十九日，詩人徐志摩因飛機失事遇難。半個月後，孫大雨作了〈招魂〉為亡友送別：「你去了，你去了，志摩，／一天的濃霧／掩護著你向那邊／月明和星子中間／一去不再來的莽莽的長途……」送別了亡友，他自己的詩魂也彷彿一起隨之遠去了。從此以後，孫大雨先生便泫然掛劍，再也沒有寫詩了。月圓月缺，春去秋來，他像一位沉默的智者，像一隻失群的孤雁，孤寂地生活在這個冷暖人間。

　　一個黃昏，我和一位友人，一位專心研究中國新文學的博士，在武漢大學櫻園的一條古老而僻靜的櫻花道上散步。晚風乍起，櫻花似雪。走著，走著，我的心中突然生出一種激情。我想到了，我們的腳下，不

就是當年孫大雨先生散過步的小路嗎？不就是聞一多、蘇雪林、陳衡哲、袁昌英……這一代新文學作家和學人散步過的櫻花道嗎？

風雨如晦，故人飄零。詩魂杳渺，滄海潮生。也難怪呢，整個漫長而艱難的二十世紀都已經結束了，何況一個短短的文學時代。新月派，象徵派，創造社，語絲社，為人生的文學，為藝術的藝術……所有這些曾經何其輝煌和熱烈的文學時代，對於今天的人們來說，都已經變得那麼遙遠了，一代文苑英華都已經凋零。舊日不再，學人遠矣……歷史就是如此無情。但是一想起孫大雨先生，想起新月派的這一縷最後的月光，新月派的最後一脈骨血，我仍然感到榮幸和激動不已。不為別的，只因為我們和他們畢竟在這同一個世紀裏生活過。如果説這個世紀是一條奔騰不息的大江，那麼，君住江之頭，我住江之尾，歷史不會回頭。而一代學人的光榮與輝煌，甚至那艱難的求索，痛苦的教訓，則都將成為我們這些後來者的高聳的航標和不倒的碑銘。

新月的時代已經遠去，但新月的光芒將長輝於詩歌之國。

附記： 孫大雨先生於一九九七年一月五日在上海逝世，終年九十二歲。兩年後，他的骨灰葬入福壽園漱流苑中，墓碑由著名雕塑家王松引先生設計。

孫大雨先生之墓。陵墓由著名雕塑家王松引先生設計。

關於〈最後的月光〉的一封信

我寫的一篇記莎士比亞詩劇翻譯家、新月派詩人孫大雨先生的散文〈最後的月光〉，在《新聞出版報》（一九九四年十一月五日）上發表後，收到了不少熱心的讀者和同行的來信，大都是詢問孫先生的景況。這説明還有不少人是記得孫大雨這位文學老人的，也應了我在拙文最後所説的那句話：「新月的時代已經遠去，但新月的光芒將長輝於詩歌之國。」而孫大雨先生早年的一位學生，老作家田野先生寫來的一封信，糾正了拙文中的兩處錯訛，同時也提到了一些鮮為人知的史實。徵得田野先生同意，茲摘錄如下，作為拙文的一點補充：

> 徐魯兄：
>
> 拜讀〈最後的月光〉，十分高興。孫大雨先生，從五十年代被劃為「右派」以來，曾兩次坐牢，歷經坎坷。在文學界和翻譯界，早已湮沒無聞了。你做了一件很有意義的事。他的確是不應該被遺忘的。……

詩人、翻譯家孫大雨先生

孫大雨在建國前，曾經任教過的學校還有抗戰時期由南京內遷重慶的「國立政治大學」（政大，現在臺灣臺北木柵）。一九四二至一九四三年，他在這個學校的外交系教《英詩選讀》，我曾經聽過他的課。

又，第四節中提到的孫詩〈自己的寫照〉，已發表的部分，不是分兩次刊出，而是分三次刊出：《詩刊》第二期刊出前二百四十六行，第三期又刊出六十五行；後因徐志摩空難去世，《詩刊》由陳夢家主編，第四期為「徐志摩追悼專號」。到了一九三五年十一月八日，在天津出版的《大公報》副刊，才又續刊出該詩八十行。合計，《詩刊》二三兩期共刊出三百一十一行，加上《大公報》副刊的，一共刊出三百九十一行。孫的這部未完成的〈自己的寫照〉，十餘年前，臺灣已出單行本。

去年，在上海出版的《上海灘》上，也曾有文章介紹孫大雨，主要談他一九五七年被錯劃為「右派」的經過，以及遲至八十年代才終於平反的曲折。如有興趣，可找來一讀。你這幾年，致力於發掘被埋沒的文人，如畢奐午，如孫老，令我極為感動。還有一些先生也是值得寫一寫的。比如陳西瀅（陳源）教授，也在武漢大學教過書。由於曾受到魯迅先生的批評，因而今天的文學史很少提到他了，即使提到，也是當作「反動文人」看待。其實並非完全如此。

向你問好，並祝筆健。

田野　一九九五年一月八日

此外，拙文中曾說到，孫大雨先生「與朱生豪、梁實秋三人，堪稱中國莎士比亞作品翻譯的『三足鼎立』……」現在看來，這個說法並不準確。從報章上獲悉，年已七十三歲的英國文學專家方平先生，日前向新聞界表示，他立下宏願，將獨立完成一套詩體莎士比亞全集的翻譯。現在的三十七部莎劇，方老已經獨自譯出了十四部。這是國內文學翻譯

界譯者獻身翻譯某一名家著作的最新一例。此舉被新聞界稱之為「翻譯界的名山事業」。

莎士比亞戲劇翻譯家朱生豪先生

百年陳伯吹：默默的點燈人

鳳凰起飛

　　一九四七年夏日裏的某一天下午，在上海市第十六區國民小學的校園裏，一個文靜、漂亮的小女孩，正默默地站在學校的壁報欄前。她好奇地看著報欄上貼著的一篇篇本校同學的文章，嘴角不時地露出一絲笑意。不知道她是因為喜歡和讚賞那些文章，還是覺得它們寫得並不怎麼樣。

　　放了學回到家裏，她的心好像再也不能平靜下來了。一種遏止不住的、想要表述一種什麼感情的願望，強烈地撞擊著她敏感和柔和的心扉。她的眼前彷彿閃過了記憶裏的故鄉和童年：衡陽古城裏一個小小的、乾淨的庭院，院子裏有淡淡的月色和樹影，夏夜的星空下媽媽講述著一些遙遠的傳說，還有她們姐妹們跟著爸爸逃難時的憂愁、哀傷和眼淚，處在戰亂恐慌中的匆匆忙忙的人群與叫喊聲……

　　就這樣一幕幕地回想著的時候，這個小女孩不再猶豫地拿出了爸爸送給她的那支嶄新的鋼筆。在那個寂靜的失眠的深夜裏，她傾倒出了自己幼小心靈中全部的同情和愛心，寫成了一篇淒婉感人的故事〈可憐的小青〉。這是她有生以來寫的第一篇「小說」。寫完後，她鄭重地在標題下面寫上了自己的小名：鳳凰。她幻想著，在未來的日子裏，在文學的天空裏，自己真的能夠像一隻鳳凰展翅高飛。第二天一大早，她就迫不及待地把這篇「小說」──連同自己滿懷期待的心──投寄給了當

時在上海出版的《大公報》。這份報紙上有一個名為《現代兒童》的副刊，她很喜歡看那上面刊登的童話和小說故事。

小說寄走之後，她等啊等啊，天天都站在家門口等著郵差到來。終於，她沒有失望。不久，《大公報》的《現代兒童》副刊上登出了〈可憐的小青〉。她驚喜地、愛不釋手地把自己的小說看了一遍又一遍，甚至還把報紙貼近鼻子，聞了聞那印成了鉛字的名字和文章所散發出來的墨香……

這個幸運的小女孩，就是現在早已名滿天下的臺灣言情小說作家瓊瑤。她當時還未滿十歲。為她編發了這篇〈可憐的小青〉的編輯，就是現代著名兒童文學家和編輯出版家陳伯吹先生。他當時正應聘為《大公報》編輯《現代兒童》副刊。

從一九四七夏天創刊，到一九四八年十一月被迫停刊，《現代兒童》副刊共出版了七十八期，當時上海和其他城市的許多兒童文學作家，如仇重、陳伯吹、范泉、黃衣青、方軼群、何公超、金近、賀宜、沈百英、郭風、包蕾、任大霖、嚴冰兒（魯兵）、聖野、施雁冰等，都在這個副刊上發表過作品。當時許多像鳳凰那樣的小學生，都十分喜歡閱讀這個兒童副刊。出現在這個副刊上的作品除了童話、小說、故事，

陳伯吹先生在盤山留影

還有寓言、詩歌、劇本、科學小品、科學小試驗、歷史故事、手工、謎語、連環畫等。它們成了那個年代裏上海兒童課外生活裏的一片小小的芳草地，是他們童年記憶裏不可分割的一部分。

但是當時的孩子們也許並不知道，為他們細心地培植和守護著這一小片芳草地的人是誰。就連在這塊園地裏發表過自己第一篇小說的瓊瑤，當時也未必知道，在她的〈可憐的小青〉的背後，有這麼一位默默的、勤懇的園丁。

陳伯吹先生（一九〇六至一九九七）是跨越了中國現代和當代兩個歷史時期的兒童文學家、翻譯家、編輯出版家和教育家，是中國兒童文學的一代宗師和巨擘。在他所熱愛的這個世界上，他走過了漫漫的風雨路程，度過了九十二個春夏秋冬。而在他九十二年的生命履歷中，有七十五年是在兒童教育、兒童文學創作、翻譯、編輯、出版和研究中度過。他的一生是為兒童的一生。他獻出了畢生的心血，為幼芽和小苗灑上泉水。春蠶吐絲，落英成泥。他善良和純淨的靈魂，將伴隨著他留下的無數篇童話、小說、詩歌、散文和翻譯作品，在人間飛翔，在一代代小讀者的記憶裏存活和流傳，直至永恆。

當我們回首遙望他九十二年曲曲折折的人生長途，尋找他那風風雨雨中的生命源頭，便不能不回到那迷失在歲月深處，迷失在江南煙雨中的，他的故鄉……

那麼，就讓我們從這裏説起吧——

故園風雨

寶山縣，原屬江蘇省，現在屬於上海市寶山區。寶山，因山而得名。明代永樂十年（一四一二年），在寶山境內的海濱上，曾用人工堆築成一座土山，用作航海標誌，為出入長江口的船隻導航，永樂皇帝「欽定」此山名為「寶山」。可惜的是，此山早在明代萬曆十年（一五八二年）就被海水吞沒了。不過，寶山的名字仍被沿用至今。

一九〇六年，陳伯吹就出生在寶山縣的羅店鎮上。他的小學時代是在寶山縣立羅陽小學（今羅店小學）度過的。之後又在寶山縣甲種師範講習所（相當於今天的初中）念了三年書，畢業後分配到楊行鄉朱家宅第六國民學校（今朱宅小學）當教員。世界上有許多兒童文學作家都是小學教師出身。這似乎也證明了一個道理：兒童文學從來就是和兒童教育有著密切的聯繫。

正是在朱宅小學任教的日子裏，這位十七歲的小學教員，做出了他未來的人生的選擇，同時也決定了他一生的命運。一九二三年，他開始了兒童文學寫作，寫出了第一部中篇小說《模範學生》（後來改名為《學校生活記》）。兩年之後，一九二五年二月，這位十分用功和敬業的小學教員，又被調到縣立淞陽小學（今寶山實驗小學）任國語和算術教員，同時擔任初級部主任，兼任三、四年級班主任。

這是一個佈滿風雨的時代。一九二六年十月，北伐軍已經從廣州北上，攻克了武漢。不久，北伐軍又順著長江東下，進入南京和上海一帶。愛國的人們都在心中幻想著，軍閥割據的時代就要結束，新的希望到來了。作為一個渴望進步的青年作家和教員，在這一年冬天，陳伯吹秘密地參加了國共合作的國民黨地下組織。一個十分寒冷的夜晚，在

童年時的陳伯吹

設在寶山文廟內的城中小學，他神色莊重地參加了一個秘密的入黨宣誓儀式。

白天，他在課堂上向學生們傳授文化知識的同時，也常給他們講述革命的道理，激發學生們反對封建軍閥、反對帝國主義的愛國熱情；晚上，他把自己關在一間狹小的宿舍裏，偷偷閱讀一些思想激進的書籍和刊物。一種對未來的美好憧憬在鼓舞著他。他的創作熱情也異常高漲，不斷有新的作品問世。作為中國現代兒童文學領域早期的、為數不多的作家之一，他在文壇上已嶄露頭角。

然而重要的還不僅僅是這些。這個熱血青年的靈魂，正在經受時代的大風雨的洗禮。一九二七年四月，蔣介石突然叛變了革命，把屠刀揮向了猝不及防的革命者。腥風血雨和白色恐怖，籠罩了全國。在此後的日子裏，淞陽小學的校園，看上去雖然像往常一樣平靜，但是在陳伯吹心中，卻彷彿在翻捲著洶湧的巨浪。

那些日子裏，在淞陽小學校園午後的亭子裏，在遠離人聲的小花園一角，有一個身穿西裝、神色堅毅的大學生模樣的人，經常出現在陳伯吹和他的另外三位志同道合的同事面前。他們一起談論當前的局勢，談論國家的前途與命運，也談論教育、哲學和文學。陳伯吹和他的三位同事被這個青年人的思想和熱情深深地感染著。他們心裏都已經明白，這個青年人不是一個普通的大學生，而是共產黨的地下黨員。他的任務大概就是在這一帶的大、中、小學裏團結一些進步的教師，發展革命的力量。

果然，沒過多久，陳伯吹他們就贏得了他的信任。他安排他們在這一帶的學生和群眾中間散發和張貼傳單，揭露和反對蔣介石的罪惡行徑。為了在白色恐怖之下做到有效地保護自己，他還細心地教給了陳伯吹他們秘密張貼標語的方法：最好是四個人合作進行，一個人在附近望風，一個人刷糨糊，一個人迅速地張貼，另一個人身藏標語隨行在後面……

去一些街頭巷尾秘密地張貼了幾次標語之後，陳伯吹他們得到了這個青年革命者的讚揚，他說：「你們的工作做得很好，黨組織將考慮吸

收你們。」聽了這話，陳伯吹心裏感到熱乎乎的。一種崇高的、神聖般的激情在他心頭燃燒。

　　然而，在接下來的好幾個月的時間裏，這個青年革命者卻再也沒有出現過。陳伯吹他們幾個人都在心裏為他擔心著：難道他被捕了？……事情果然不出所料，一九二八年二月的一天，上海出版的《申報》、《新聞報》等報章的「吳淞地方新聞」欄裏，都刊載了這麼一條新聞：共產黨員黃憶農，年十九歲，致力赤色鼓動，妄圖顛覆政府，著即執行槍決……。不幸的消息使陳伯吹和他的三位同事非常難過，個個義憤填膺。

　　當天晚上，夜深人靜的時候，在淞陽小學的一間門窗緊閉的教員宿舍裏，他們四人一起，面對黃憶農曾經使用過的一架黑色的柯達克照相機，悲痛而莊重地表達了他們的悼念和祭奠。他們一起發誓：就讓這架黑色的照相機作證，我們一定會追隨你繼續向前，決不改變，永不退卻！……

　　後來他們得知，這位名叫黃憶農的青年革命者──他們人生道路上最早的引路人，又名黃臨川，犧牲前擔任中國共產主義青年團吳淞區委書記。

　　一九二八年六月裏的一天早上，陳伯吹正在教室裏給學生講課，突然，幾個憲兵衝進了教室，逮捕了他。這幾個憲兵是吳淞憲兵司令部派來的。同時被捕的還有他的同事徐文學。對此他們並非完全沒有一點心理準備。那一刻他們都表現得十分堅毅和鎮定。

　　憲兵們押著他們往宿舍方向走去。他們明白，憲兵們是想去搜查一些所謂「證據」。這時候出現了一個使兩位老師意想不到的「插曲」。原來，當憲兵們闖進教室的時候，有一個曾經多次聽過陳伯吹講述革命道理的學生，靈機一動，悄悄溜到了教員宿舍，趕在憲兵們到達之前，把兩位老師藏在宿舍裏的一些革命書刊都轉移到了安全的地方。憲兵們從他們的宿舍裏一無所獲，就悻悻地把他們押到了縣衙。因為實在找不到什麼「證據」，憲兵們只好意帶恐嚇地說了一通「有則改之，無則加

勉」的廢話,然後叫校長出面作保,保證這兩個人都是安心教育、不問政治的「放心教員」,才把他們放了出來。

不是用稿紙和墨水,也並非用小說、詩歌和童話,而是用自己的行動,用追求一個崇高的理想、靠近一個壯麗的革命事業的心,年輕的作家陳伯吹,在故園的風雨歲月裏,寫下了一曲慷慨難忘的青春之歌。

故鄉山河,風雨飄搖。這件事平息之後,陳伯吹和徐文學都十分清楚地意識到,再繼續在寶山待下去,恐怕會遭遇什麼不測的。這年年底,他們一同辭去了在寶山縣立淞陽小學的教職,然後一起離開故鄉,來到了上海。

初到上海

「太陽剛剛下了地平線。軟風一陣一陣地吹上人面,怪癢癢的。蘇州河的濁水幻成了金綠色,輕輕地,悄悄地,向西流去。黃浦的夕潮不知怎的已經漲上了,現在沿著蘇州河兩岸的各色船隻都浮得高高地,艙面比碼頭還高了約莫半尺。風吹來外灘公園裏的音樂,卻只有那炒豆似的銅鼓聲最分明,也最叫人興奮。暮靄挾著薄霧籠罩了外白渡橋的高聳的鋼架,電車駛過時,這鋼架下橫空架掛的電車線時時爆發出幾朵碧綠的火花。從橋上向東望,可以看見浦東的洋棧像巨大的怪獸,蹲在暝色中,閃著千百隻小眼睛似的燈火。向西望,叫人猛一驚的,是高高地裝在一所洋房頂上而且異常龐大的霓虹電管廣告,射出火一樣的赤光和青磷似的綠焰⋯⋯」

這是文學家茅盾在長篇小說《子夜》的開頭,對二十世紀三十年代初期大上海的描繪。這時候的上海,已經是一座散發著現代氣息,放射著Light(光)、Heat(熱)和Power(力)的國際大都會了,號稱世界第五大城市,並被視為「東方之巴黎」。它是當時許多嚮往現代文明的青年文學家所傾慕的地方。

一九二九年二月，二十三歲的陳伯吹來到這座佈滿霓虹燈光的大城。然而，大上海是那麼大，而陳伯吹卻那麼小。他不是懷著發財、冒險和尋找刺激的夢想而來的，他來這裏是為了尋找一條生路，是為了給自己未來的人生和命運尋找一塊小小的空間。他是家中的長子，父親和二弟都已去世，三弟當學徒尚未滿師，上有年老的母親，下面還有妹妹和兩個正在念書的弟弟，全家的經濟來源幾乎都落在他一個人肩上。他來到上海，一文不名，而只有一支筆。於是，他只能靠寫作、投稿，換取有限的一點稿費來維持全家的生存。

他先是在上海私立幼稚師範學校當了一名地理課教師。他像法國那位寫作《昆蟲記》的貧窮的生物老師法布林一樣，並不滿足自己僅有的那點學歷，於是又報名參加大夏大學高等師範專修班的考試，最終被錄取。這樣，他在上海總算有了一點立足之地。上午他在幼師學校給學生上課，月薪只有十四元；下午就到大夏大學當學生聽課；到了晚上，就躲在幼師所在地檳榔路（今安遠路）潘園的一間只有五平方米的宿舍裏，徹夜筆耕，常常寫到「不知東方之既白」。

為了掙錢養家，一開始時他什麼題材都寫。他根據自己失戀的經歷寫過一個中篇小說《畸形的愛》，接著又把這段經歷寫成了長詩〈誓言〉。他給當時有名的文學雜誌《小說月報》投稿，卻得到了該刊主編、著名作家鄭振鐸的一個忠告。鄭振鐸做過《兒童世界》主編，熟悉陳伯吹的「強項」在哪裡。他從陳伯吹的職業優勢和創作專長考慮，勸他揚長避短，專攻兒童文學，那樣前途會更廣闊。這是一個幾乎決定了陳伯吹今後的乃至畢生的人生方向的忠告。陳伯吹欣然接受了。或許這其中早就有某種因果聯繫，正所謂「莖裏有的，種子裏早就有了」。也如詩人弗羅斯特筆下的「林中的道路」：「當我選擇了人跡稀少的那一條，從此決定了我一生的道路。」從此以後，陳伯吹就心無旁騖，把自己的人生追求和全部的命運，與兒童和兒童文學緊緊地聯繫在一起了。

他用一支紅藍鉛筆作為參與社會、改造社會、創造生命價值的工具與武器。他既當小學教員，又做兒童雜誌和兒童讀物叢書的編輯，同時

作為一位兒童文學創作家、翻譯家、研究家，在兒童教育和兒童文學領域裏勤懇耕耘，從二十來歲，直到九十多歲他告別人世，風風雨雨而無怨無悔。

紅藍鉛筆

「欲把名聲充宇內，先將膏澤布人間。」從一九二九年二月起，他在上海幼稚師範學校擔任教師長達十年。從一九三〇年開始，他為北新書局主編《小學生》半月刊，同時還為小學生編寫了《小朋友叢書》等兒童讀物。

一九三二年一月二十八日，日本侵略軍在吳淞口發動戰爭，對上海進行了瘋狂轟炸，致使這座大都會的經濟、文化、民生設施都遭到大規模的破壞。自然，上海的書刊出版業也沒有倖免。當時，雄霸上海灘書業的商務印書館損失最為慘重，不僅收藏繁富的中西文圖書館毀於炮火，印書館的印刷設備也幾乎癱瘓。一月二十九日這天上午，陳伯吹聽到淒厲的警報聲掠空而過，急忙跑到北新書局三樓陽臺上，只見商務印書館編輯所、印刷所和商務印書館的東方圖書館那邊濃煙滾滾，火焰沖天。漫天的紙灰就想黑色的蝴蝶在飄飛著。陳伯吹在陽臺上拾起一片未燒盡的紙張一看，竟是《辭源》的殘頁！當時他的心中充滿了憤怒，他想到了，日本侵略者不僅侵佔了我國的領土，還如此踐踏和毀滅我們中華文化的寶貴遺產，這是多大的國恥和民族的屈辱啊！

那一段日子裏，他把手裏的紅藍鉛筆握得緊緊的，恨不能讓它們變成刺向日寇的利刃。他把滿腔的怒火化為筆下的文字，奮筆創作了中篇小說《華家的兒子》、《火線下的孩子》等作品。《華家的兒子》是一部「戰鬥性」很強的作品，小說裏的「華兒」是在屈辱中奮起的中國人民的形象，他想通過這樣一個形象，喚醒全國的少年兒童，堅強起來、團結起來，不做亡國奴，而要做一個頂天立地的「中國人」。這部小說在當時的《小學生》雜誌連載後，又出版了單行本。它不僅是陳伯吹創

作生涯中的一部重要作品，也是中國現代兒童文學史上的一部名著。後來，在「新四軍」領導的抗日地區的一些學校裏，這本書成為學生課外閱讀的補充教材。除了《華家的兒子》，陳伯吹在一九三二年和一九三四年又先後寫出了他的另外兩本童話名篇《阿麗思小姐》和《波羅喬少爺》。

一九三三年，陳伯吹先生與吳鴻志女士結婚照。

　　淞滬停戰協定簽署後，戰事暫告結束，社會秩序逐漸恢復，書刊出版也百廢待興。從一九三四年起，陳伯吹擔任兒童書局編輯部主任，主編《兒童雜誌》、《兒童常識畫報》、《小小畫報》三種雜誌，同時還和兒童書局的同事一起，編輯了一套有二百本之多的《兒童半形叢書》，一百二十本的《我們的中心活動叢書》等。童話大師安徒生在自傳裏說到過，他青年時代為了童話而付出的努力，「就像一個山民在堅硬的花崗岩上開鑿石階一樣」。陳伯吹也是如此。他在忙碌和沉重的編輯工作的同時，又在一九四〇年至一九四一年間攻讀了大夏大學教育學院的課業，獲得了教育學士學位。

一九四一年，陳伯吹先生獲得大夏大學教育學士學位。

然而，那是一個災難的年月，是一個血與火的年月。不久，日本人在太平洋發動了珍珠港事變，上海旋即淪陷，成了「孤島」。兒童文學家和編輯出版家們所有美好的計畫和夢想都被戰爭的炮火給摧毀了。一九四二年十月，陳伯吹化裝成商人，悄悄離開了上海，輾轉經過「八千里路雲和月」，才到達四川北碚，擔任北碚國立編譯館教科書部編審，負責小學國語教科書的編寫。當時，中華書局也搬遷在那裏。中華書局創辦的《小朋友》雜誌，從一九二二年四月六日創刊到一九三七年「八一三」事變被迫停刊，每期都發行五萬多份，一直居全國刊物之首。不久，陳伯吹受聘籌備《小朋友》雜誌的復刊工作。經過四個多月的努力，這本在我國兒童期刊史上資歷最悠久、影響也最大的雜誌，終於在一九四五年四月一日又跟廣大小讀者見面了。陳伯吹擔任了《小朋友》主編，把幾乎全部的精力都投入到了這個刊物的編輯工作之中，編稿、寫稿、審稿，一支小小的紅藍鉛筆，描畫著他生命的全部色彩。抗戰勝利後，他返回上海，仍然主編《小朋友》雜誌。一九四七年又兼任《大公報》副刊《現代兒童》主編。

　　這正是新中國成立前夕。風雨如晦，長夜漫漫。但是，黎明的到來，終究是不可抗拒的。陳伯吹在一篇童話裏寫道，「再耐心點兒吧，孩子！春天不久就要到來。那時候，水面發亮了，水也溫暖了，你可以自由自在地浮游到水面上去了。」

陳伯吹先生和孩子們在一起

與幼小者

　　一九三六年的某一天，陳伯吹曾在上海內山書店見過魯迅先生一面，親聆過這位文學大師的教誨。

　　「我跟魯迅先生的會面是偶然的、短暫的，但是魯迅先生的容貌常常出現在我的腦子裏。我一直想著魯迅先生多麼關心少年兒童，多麼關心少年兒童的讀物。」陳伯吹後來曾回憶說，魯迅先生是真心誠意地關心下一代，真心誠意地為下一代服務的。「橫眉冷對千夫指，俯首甘為孺子牛。」陳伯吹畢生也將魯迅先生的這兩句話奉為圭臬，並身體力行。

　　新中國成立後，陳伯吹感到，人們所苦苦盼望的春天真正來到了，中國兒童文學的春天也來到了！他以極大的熱情投入到了新生的共和國的教育和文學事業之中。這時候，他仍然擔任著中華書局的《小朋友》雜誌主編，同時還被大夏大學、聖約翰大學、震旦女子文學學院等聘為兼職教授。他在這些大學裏開設了「教材教學法」、「兒童文學」等課程。

　　一九五二年十二月二十八日，新中國第一個少年兒童出版社宣告成立，陳伯吹被任命為副社長。《小朋友》雜誌併入少年兒童出版社繼續出版。一九五四年十月，陳伯吹調到了北京，擔任人民教育出版社編審，兼任北京師範大學教授。一九五七年五月，他又調到中國作家協會成為一名專業作家。

　　這個時期，他不僅為新中國的孩子們寫出了許多美麗的童話、詩歌和小說，如短篇小說集《中國鐵木兒》、童話集《幻想張著彩色的翅膀》、散文集《從山岡上跑下來的小孩兒》、論文集《兒童文學簡論》等等，還經常到中小學校、青少年宮與孩子們座談、交朋友，參加少先隊員們的夏令營和冬令營，與國內外許多少年兒童建立起了動人的友誼，經常有著朋友式的通信往來。

他曾在一篇散文裏記錄過這麼一件事:一九五七年五月的一天,他接到一所中學發來的紅色請柬,邀請他參加學校師生組織的一次「書節」活動。聯歡會上有不少蘇聯的中學生參加。其中一個有著金色頭髮的女孩,名叫拉麗莎。她轉動著藍寶石似的晶亮的大眼睛,熱情地邀請陳伯吹和她一起做遊戲。這是一個很有趣味的節目,叫「三腳競走」,兩人一組,四條腿紮成三條腿。事前,機靈的拉麗莎先做手勢向作家示意,等笛聲一響,他們便協同一致地開步走,嘴裏還有節奏地邊走邊喊:「拉斯——特伐!拉斯——特伐!」(俄語「一、二!一、二!」的意思)就這樣,他們兩人密切配合,步調一致,結果贏了別的小組,奪得了這個項目的冠軍。

在勝利的喜悅中,拉麗莎問陳伯吹:「您寫的童話裏的那隻貓,後來究竟能飛不能飛呀?」原來,她讀過這位中國作家寫的那篇著名童話《一隻想飛的貓》。作家笑著反問她:「你看呢?」「不能。」她邊說邊搖頭。「為什麼?」「因為它太驕傲了!」拉麗莎回答說。「為什麼驕傲了就不能飛?」作家又追問道。這時候,小女孩漂亮的臉蛋上浮起紅豔豔、羞答答的微笑,說:「還不是因為驕傲了,就不願好好地用功學習了!」接著她又補了一句,「這樣子驕傲,即使真的長上了翅膀,也不能飛啊!」

這件小事,給陳伯吹留下了深刻的印象。他覺得這個年紀小小的女孩子,不僅對他的作品理解得深切,而且還有自己的分析與推理。他從這件事情想到了自己作為一個兒童文學作家的責任心和使命感。他認為,無論是童話,還是其他樣式的兒童文學作品,都應該善於引導孩子們向前看和向上看,都應該「像老師般地關心教育的影響」,同時又決不「疾言厲色地揚起戒尺來教育它的讀者」。

到了晚年,陳伯吹還多次引述魯迅先生的那段「與幼小者」的名言:「自己背著因襲的重擔,肩住了黑暗的閘門,放他們到寬闊的地方去,此後幸福的度日,合理的做人。」

「多麼真摯誠懇的肺腑之言啊！令人肅然起敬。」陳伯吹在一篇文章裏寫道，「作為從事兒童文學的作家們，就是該有這樣高尚的心態，堅定的毅力，勇往直前的氣魄，為指向少年兒童光明幸福的去處而靡寒靡暑地不遺餘力。」

伯氏吹塤

作為一代宗師，陳伯吹先生參與和見證了二十世紀中國兒童文學從誕生、成長到發展、壯大的全過程。他的年齡幾乎與二十世紀同齡。作為後之來者，我以能與這位兒童文學大師在同一個世紀共同生活過一個時期而感到自豪。

記憶比鐵軌還要長。上個世紀八十年代末的一個秋天，在我的故鄉膠東半島的煙臺芝苹灣海濱，中國文聯和一些單位召開了一個全國性的兒童文學研討會，我有幸作為一名青年作者應邀與會。當時我的第一本兒童文學作品集《歌青青・草青青》即將在中國少年兒童出版社出版。就在這次會議上，我有幸認識了心儀已久的陳伯吹先生。這也是這位兒童文學大師在世時，我見到他的唯一一次機緣。那時他已經進入耄耋高壽之年，所有人都尊稱他「陳伯老」。他穿著一套淺灰色中山裝，清清爽爽的，扣子繫得一絲不苟。清瘦單薄的身材，滿頭的銀絲，神色裏充滿慈祥和仁愛，說話的聲音很小，也很柔和，給我的印象就像是秋陽下的一片樸素、乾淨和透明的葉子，歷盡了滄桑，而呈現著自己樸素、無言的華美。

大概是因為這次與會人員中，陳伯老的年壽最高，而我的年齡最小吧，所以會議期間去蓬萊閣等名勝古跡參觀遊覽時，攙扶和「保護」陳伯老的任務，就十分光榮地落在我身上了。這的確是一個千載難逢的近距離接觸大師的機緣。他其實精神矍鑠，根本不用人攙扶。只有在攀登較高的石階和樓閣時，我才會手臂挽手臂地攙扶他一會兒。他的身體是那麼輕小單薄，就像一個小孩子。但他又是一位著作等身、馳譽中外的

兒童文學泰斗！那幾天裏，我覺得我能那樣近地和他在一起，真是幸福啊！即使在將近二十年後的今天，重新想起來，我仍然感到一種溫暖和激動。

我攙扶著他一起登上了劉公島、丹崖山和蓬萊閣，還在一塊寫著「道德神仙」的著名匾額下合影留念。在我心目中，陳伯老正是一代「道德文章」的典範，他矍鑠的精神和樸素無華的品格，也頗似道骨仙風。

記得坐在路邊休息、聊天的時候，我曾好奇地問過他：「陳伯老，您的名字很特別呀，這裏面有什麼特別的含義嗎？」

「呵呵，我幾乎大半生都在向朋友們解釋這個問題。」他微笑著給我解釋說，他原來的學名叫「汝塤」，後來念私塾時，有位先生見了這個名字，說與其叫「汝塤」，則不如用「伯吹」二字更有意思。這幾個字出自《詩經・小雅》中的〈何人斯〉一詩：「伯氏吹塤，仲氏吹篪。」「伯氏」指兄長、哥哥。他在家中兄妹中正是長兄。一九二六年他開始在兒童刊物上首次發表作品，就署了「陳伯吹」作為筆名，後來這個名字就漸漸取代了原來的「汝塤」。

原來是這樣啊。那次陳伯老還告訴過我，他另有一個筆名叫「夏雷」，源自他的乳名「雷寶」。他是農曆六月二十四日出生的，依照他的家鄉寶山的習俗，這一天是「雷公」的生日，所以長輩給他取名「雷

陳伯吹童話集《童話城的節日》封面

「寶」。後來他就給自己取了「夏雷」這個筆名。由這個筆名後來又衍生出另一個筆名：「夏日葵」。陳伯老在給一些報紙寫雜文時，常常署名「夏雷」或「夏日葵」。

　　但他寫得最多的，還是兒童文學作品。二十世紀八十年代以後，他為孩子們創作、翻譯並出版了《摘顆星星下來》、《童話城的節日》、《海堤上遇見一群水孩子》、《好駱駝尋寶記》以及《綠野仙蹤》、《小夏蒂》、《普希金童話》等許多作品。這是一代兒童文學大師對幼小者的牽引與愛護，是一棵年老的大樹對身邊的小花小草的默默的關注與祝福。

海的童話

　　陳伯老的家鄉臨近大海，他從很小的時候起就熟悉大海、熱愛大海，因此他寫過不少有關大海的作品。我們且看他筆下的《落潮先生和漲潮先生》這個海的童話。

　　俄羅斯詩人普希金有一篇童話詩是這樣開頭的：「海灣旁有一棵青翠的橡樹，／樹上繫著金鏈燦爛奪目：／一隻貓可說是訓練有素，日夜

在金鏈上繞著踱步；它向右邊走——便把歌兒唱，它向左邊走——便把神話講。」

　　僅僅幾行文字，就把讀者帶進了一個完全的童話的境界。這是一個經典性的童話開頭，曾經為後來的許多讀者和評論家所稱道。一篇好童話的開頭，往往不需要用太多的筆墨，就能把讀者帶進了童話現場，如同身臨其境。《落潮先生和漲潮先生》的開頭也是這樣：

　　「在碧綠的小山頂上，有一座紅色的小房子。在這座小房子的臥室裏，有一張又大又闊的床。在這張又大又闊的床上，躺著三個小孩子。他們叫做：依依，良良，珊珊。……」

　　故事就這樣開始了。三個孩子來到大海邊，意外地結識了一位奇特的大朋友「落潮先生」。在接下來的日子裏，友好和熱情的落潮先生帶著孩子們，沿著海灘一邊欣賞美麗的大海，一邊給孩子講故事——實際上是教孩子們以及閱讀這個童話的小讀者——認識了許許多多生活在大海裏的各種小生物：如梭子蟹、寄居蟹、小青魚、海蜥、銀魚、海鯽、海月、海筍、海星、海燈等等的外部形象和生活習性，也告訴了孩子們大海的漲潮和落潮的特點和規律，以及人類如何認識和掌握海洋的這些特點，從而去親近海洋、和海洋交朋友的道理。

　　顯然，這是一篇生動形象的、關於大海知識童話和科學童話。有意思的是，作者以擬人化的手法，讓「漲潮」和「落潮」這樣兩個出現在大海上的自然現象充當了故事的主角，並且分別賦予了他們符合各自的自然習性的身份和性格，讓小讀者一下子就與他們有了親近感和形象感。應該說，這是童話家機智巧妙的構思所在。一些原本講解起來會有點枯燥和生硬的海洋科學知識，由於這個機巧的構思，再加上作者生動、細膩、親切和準確的描述、對話與刻畫，竟變得如此形象有趣，十分符合小讀者的閱讀心理和認知興趣。我們甚至也可以並不把它當作一篇知識童話來閱讀，而把它看作一首優美的、獻給大海的童話詩，一首動聽的「海的讚歌」。就像在童話結尾的時候，落潮先生為孩子們唱出的那支《海的讚歌》一樣：「風啊，你輕輕地吹；／浪啊，你輕輕地

拍。／孩子們，母親們，／……一切善良的人，／他們幹完工作都來海邊歇息著。／你們輕輕地唱吧，唱吧，／唱那勞動的歌。」

春蠶吐絲

二○○三年十二月，第二十三屆陳伯吹兒童文學獎在上海頒發，八十二歲的老作家、翻譯家任溶溶先生，獲得當年特設的「傑出貢獻獎」。頒獎會上，主持人請任老講幾句話，不料，這位真誠、單純得像一個小孩子般的老作家坐在臺上還未開口，竟先嗚嗚地哭出了聲。全場來賓頓時愣住了。不過任老很快就從激動的情緒中恢復過來。他說：「我實在是太喜愛兒童文學了，這次得獎是我一生最大的榮譽。我現在還是那麼喜歡寫兒童文學……」最後，說到動情處，任老把千言萬語變成了一句話：「兒童文學萬歲！萬萬歲！」

從這件事，一方面可以看出，任溶溶這樣一位畢生從事兒童文學寫作與翻譯的老作家的純淨、可愛的性格，正好折射出了兒童文學單純和偉大的魅力，同時也不能不使我們覺得，在任老的感動與感激裏，還包含著他對「陳伯吹兒童文學獎」的創立者、前輩作家陳伯吹先生的景仰與感念。

兒童文學家、教育家、編輯家陳伯吹先生

陳伯吹先生一生生活儉樸，平時節衣縮食，粗茶淡飯，絕不追求額外的物質享受。老作家、評論家樊發稼曾回憶説，他第一次到上海瑞金路陳伯老家，是在一個上午，到達時陳伯老正在用早餐。他簡單的早餐給樊發稼留下了深刻的印象：一碗薄薄的大米稀飯，半個鹹鴨蛋和幾根鹹菜絲兒。

　　樊發稼還記得這樣兩件小事：一次，海燕出版社在北京召開作家座談會，出版社得知陳伯老正巧也在北京，便熱情邀請了他，並委託樊發稼接送陳伯老。當時北京有兩種計程車，一種是黃色的「麵的」，車費比較便宜；一種是「夏利」，車費稍貴。樊發稼去接陳伯老時，要的是一輛稍微舒適一點的「夏利」，車已開到他門口，他已「無可選擇」；但開完會回去時，陳伯老卻堅持要他叫了一輛「麵的」（編注：麵包車），他説：「能為公家節省一點就節省一點。」

　　另一件事是在一九九三年二月十九日，陳伯老在北京兒子家過冬「避寒」後乘火車返滬前一天，樊發稼去北大寓所看望陳伯老，問他是否買到了軟臥車票。陳伯老説：「家裏人要給我買軟臥，我沒同意。北京上海，只要十幾個鐘頭，過一夜就到了。我的經濟不富裕，還是省點錢吧！」

　　就是這樣一位一貫省吃儉用、恨不得一分錢掰成兩瓣用的老人，卻在一九八一年春天，把個人一生辛辛苦苦節約和積攢下來的積蓄共五萬五千元，慷慨捐出，設立了一個「兒童文學園丁獎」（後來人們為了感念他，而改名為「陳伯吹兒童文學獎」），作為兒童文學評獎的基金，存入國家銀行，以每年的利息獎掖一些優秀作品，旨在激勵大家為孩子們創作出更多優秀的兒童文學作品。

　　五萬五千元！這在二十多年後的今天看來，也許不算多大的一個數目，可是在一九八一年，卻是一筆真正的「鉅款」。

　　一九八九年，老人曾給當時在中國作家協會主持兒童文學委員會工作的文學評論家束沛德寫信説：「……我的捐款，受通貨膨脹的影響，愈來愈貶值……一九八〇年我的捐款幾乎可以在上海購三幢房子，如今

則半幢也買不到了，令人氣短！」束沛德後來回憶說，「當時我讀著這封信，不禁潸然淚下。陳伯老為了鼓勵優秀創作，獎掖文學新人，真是愁白了頭、操碎了心啊！所幸的是這項評獎在有關部門的幫助支持下一直正常運轉、如期舉行……」

如今，「陳伯吹兒童文學獎」已經平穩地評到了第二十五屆（截止二〇〇五年），幾乎每年都會出版一本獲獎作品集。二十多年來，總共有近二百位兒童文學作家榮幸地獲得過這個獎項。我記得在一九九四年（第十四屆）的獲獎作品集裏，梅子涵曾由衷地寫下過這麼幾句話：「謝謝敬愛的陳伯吹先生。是他設立了這個獎項。……我對他老人家只說謝謝怎麼夠！在中國的兒童文學中，陳伯老是個偉大的人！」這些話，其實也代表了中國所有為兒童寫作的人的景仰與感激。

除了傾其所有而設立了「陳伯吹兒童文學獎」，陳伯老在晚年所做的另一些「吐哺」般的工作，就是如當年魯迅先生在世時一樣，點燃自己的膏血，做給文學青年們照亮的燈盞。

他以耄耋高齡，為眾多的兒童文學新人閱讀稿子、點評習作、撰寫序言、信來信往，從不厭煩，甚至親自抄寫和推薦稿子。樊發稼回憶說，有一年夏天在昆明開會，他曾和陳伯老同住一室，親見老人每天天未明即起，抓緊時間在趕寫文章。有一天，樊發稼早晨六時醒來，見陳伯老已在伏案寫作——正在為一位青年作家的書寫序。樊問他什麼時候起床的，他說「大概三點不到吧」。原來，為了不因他的早起而打擾樊發稼睡覺，陳伯老起來時特別小心地躡手躡腳，儘量不發出聲響，而且還用報紙把臺燈遮起，天亮了也不敢拉開窗簾。據樊發稼瞭解和統計，那些年凡是有青年作者請陳伯老為自己的書作序，他總是有求必應。自一九七七年到一九九七年他逝世前的二十年中，他為人寫序竟達二百多篇，光序跋集子就出了四本。

《少年文藝》主編任哥舒，是陳伯老親眼看著成長起來的新一代編輯家和童話作家。哥舒說，他多次經手過陳伯老親自推薦來的文學新人的稿子，有時候陳伯老甚至親自一趟一趟地把稿子送到編輯部裏來。哥

舒對陳伯老為青年作家們寫的那些序言也有著深深的記憶與感動。他記得，陳伯老在某一篇序言的最後這麼寫道：……寫到這裏，我實在是沒有力氣再往下寫了，那麼就只好在這裏打住吧。「他是把自己生命裏的最後的一點點力氣，也奉獻給了兒童文學，奉獻給了後來者……」任哥舒感慨地說。

春蠶吐絲，老燕銜泥。這一切都源自他心中的那片長情大愛！我想到了陳伯老在一篇題為〈鳳凰城的孩子們〉裏寫到的一行文字：「你們是愛我的，我知道，我也愛你們啊……」

家教風範

陳伯老的兒子陳佳洱先生，是我國著名的核子物理學家，一九五四年畢業於吉林大學物理系，六十年代裏曾在牛津大學就讀，回國後從事粒子加速器的研究工作，並任北京大學教授。一九九三年當選為中國科學院院士，一九九六年又被任命為北京大學校長，並擔任過國家自然科學基金委員會副主任、中國物理學會理事長、亞太物理學會聯合會主席、國家自然科學基金委員會主任等職務。

「父親是教師出身，寫作品很重視它的教育性，寓教育於作品之中。」陳佳洱先生回憶說，「父親從小給我印象最深的，還是他的言傳身教，教我怎麼做人。他對科學特別熱愛。他告訴過我，如果當初不是生活所迫，他肯定會選擇數學，成為一個數學家。但是因為當時沒有錢，家裏需要經濟支撐，他選擇了去念師範，然後當小學教師、小學校長，這麼一步步成了兒童教育家和兒童文學作家。」

「他為人很謙和，也很善良厚道。他不斷地給我一些他所愛好的科學的教育。我記得我那時候年紀還很小，他經常一個人關在房間裏寫東西，不要我打擾他。有一次我溜進了他的書房，那天下午正好是雷雨天氣，閃光和震耳的雷鳴把我嚇哭了。他叫我不要怕並問我為什麼會打雷。我說這個我當然知道了，這是雷公公要劈不孝之人。他說你怎麼

知道的？我說是鄰居老奶奶給我講的。他說，不對不對，打雷是雲層裏面帶的陰電和陽電中和的結果，比如你這一隻手是陰電，另一個手是陽電，兩個手一拍就『打雷』了。他一邊說，一邊還比劃著給我看，還拿來一塊玻璃板，兩邊用書墊起來。他要我媽媽剪了一些小紙人，放在玻璃板下面，當他用綢布在玻璃板上面摩擦時，我看到這些小紙人竟在玻璃板下上上下下地跳起舞來……」

　　拳拳的父愛之心和以身作則的人格力量，不僅對自己的兒子發生著巨大的影響力，陳伯吹先生作為一位誠懇和辛苦的兄長，也像慈父一樣，言傳身教地把自己一位最小的弟弟陳汝惠，培養成了廈門大學的教授和學者。良好的教育風範使陳汝惠先生的一個兒子陳佐洱，也如堂兄陳佳洱一樣，成為了國家的棟樑之材，擔任過國務院港澳辦副主任等職務，在香港回歸祖國與英國的談判中發揮了重大作用。陳伯老的另一個侄子陳佐湟，則是一位譽滿東西方的著名音樂指揮家。

　　「要做一個對社會有用，而且又有奉獻之心的人。」當陳佳洱這位赫赫有名的科學家談起父親對他的成長和人生觀的影響時，他感到最為深刻和重要的，就是這一點。他說，上中學時，有個電影叫《發明大王愛迪生》在上海放映，那時父親很忙，陳佳洱也在學校裏住讀。可是父親卻專門接他出去看了這個電影。有一天，電影院裏要放映《居里夫人》，正好下大雨，父親又一次把他從學校裏接出去，讓他去看這個電影。看完以後父親跟他講：「你要是能像居里夫人那樣，將來在科學上有所發現，能夠對社會做出自己一些貢獻，就很好了。」

　　一九九七年十一月六日，一代兒童文學宗師陳伯吹，在上海華東醫院仙逝，享年九十一歲。去世前他竭力完成的最後一件事，是將自己一生積攢的全部藏書捐贈給了浦東新區籌建中的一座兒童圖書館。如今，這座圖書館被命名為「陳伯吹兒童圖書館」。

　　人的生命是一支脆弱的葦草，但是書比人長壽。陳伯老生前從來不曾以名人自居，而總是謙遜地稱自己是「中國兒童文學大軍中的一個小

兵丁」。一個善良、樸素、純淨和閃光的生命，在一種形式下像燃盡的蠟燭一樣熄滅了，但是在思想、品格和精神的形式下，又將複燃。我們將發現，那曾經被認為是遠去了和熄滅了的，其實永遠沒有遠去和熄滅。

寫於二〇〇六年，陳伯吹先生誕辰百年之時

中國的「格林兄弟」

——魯兵和聖野的友誼

從前有兩兄弟，他們互敬互愛，相濡以沫。一個曾經對另一個説：「我們永遠不分開。」另一個也答應説：「沒有什麼東西能夠把我們分開。」實際情況也正是這樣。他倆都是非常善良和和氣的人。他們愛花，愛書，愛人類，尤其熱愛兒童和祖國古老的文化。他們花了四十幾年的工夫，跋山涉水，走遍了自己祖國的城市和鄉村，收集了在民間流傳的許多童話故事，然後整理成了一本非常美麗的書。這兄弟倆，就是偉大的格林兄弟。哥哥叫雅各，弟弟叫威廉。他們的書就叫《格林童話》，是世界上最好的書之一。現在，我們已經無法知道，哪是哥哥的作品，哪又是弟弟的作品了——其實也沒這個必要了。我們只要把這一對非常要好的兄弟合稱為「格林兄弟」就行了。他們是人類文化園林中的一株「二裂葉銀杏」，是世界兒童文學寶庫中的雙璧」，是童話城堡上空的「雙子星座」——一同升起，又一同閃亮……

在我國兒童文學界，也有這樣一個「雙子座」。説出來真是難以置信，他們不是一母同胞，卻情同手足，是兩位一體的難兄難弟；他們風雨同舟五十年，全身心地忠實於青年時代共同的選擇，畢生從事兒童文學創作和編輯事業，春蠶到死絲未盡，守望到老而無怨無悔。兩人不僅是工作上的好夥伴，他們甚至相鄰而居，早晨相約一起出門上班，傍晚又等著一起坐車回家，五十年如一日，親密無間，形影不離。

　　這一對好夥伴，就是魯兵先生和聖野先生，人稱中國的「格林兄弟」。

　　魯兵生於一九二四年，聖野生於一九二二年。魯兵比聖野小兩歲，應是弟弟。可是人們印象中總以為魯兵是兄，聖野為弟。這是因為魯兵的身材略顯魁梧，性格也豪爽，外向；而聖野則長得瘦弱，生性文靜和內向。事實上，魯兵正是像照顧小弟弟一樣一直照顧和保護著聖野，而聖野也一直從心裏把魯兵敬若兄長。

　　要寫這兩個人，也只能一起來寫。原因很簡單：要說魯兵，你無法繞開聖野；同樣，提起聖野，也不可能不提到魯兵。他們也像雅各和威廉一樣，沒有什麼能夠把他們分開的。但為了行文的方便，我們暫且還是把兩人分開來說。分開是暫時的。他倆就像同一片原野上的兩條溪水，最終還是要匯流到一起的。

　　先說聖野。稍帶也會說到魯兵。

　　聖野姓周，原名周大鹿，現名周大康，一九二二年二月十六日出生於浙江東陽的一個農家。還在念初小時，他就非常喜歡當時的《小朋友》雜誌，喜歡聽老師教唱的黎錦暉先生的《葡萄仙子》和《可憐的秋香》等歌曲，這在他幼小的心靈裏最早播下了同情和愛的種子。十六歲時，聖野考進了著名的金華中學初中部。教國文的是學識廣博而且頗

有文學修養的李偉平先生。李先生指導聖野第一次讀到了冰心的《寄小讀者》和朱自清的《背影》等，使他漸漸悟出：古今中外只有那些寫出了真感情的文章才是好文章。有一次，李先生看到了聖野寫的一篇悼念二哥的文章，覺得寫得真摯無華，便在作文題上連圈了四個圈兒，並批語道：「纏綿悱惻，哀感動人，二哥不死矣！」聖野對這個批語記憶猶新。這個時期，聖野的五哥周槐庭（也是一位詩人），為了指導弟弟多看點書，便經常幫他到學校圖書館裏借書看，而且借閱的大都是五四以來的新詩集和散文作品，其中就有文學研究會編輯出版的《雪朝》，收錄了冰心、鄭振鐸、俞平伯等二十多位新詩人的作品。這本《雪朝》使少年的聖野對新詩發生了強烈的興趣。

一九四一年秋天，聖野升入遷入金華蒲塘的金華中學高中部。他從蒲塘的民智書局裏，買到了當時在桂林出版的詩刊《詩創作》。從這本詩刊上，他欣喜地讀到了艾青、田間和歐陽予倩等人的詩作，這些詩以清新、質樸和剛健的風格把一位文學少年引向了一個廣闊的文學的原野。不久，他即和高自己半年的詩友胡譜承等一起成立了一個新詩社，並編印起名曰《蒲風》的詩刊來了。幾期《蒲風》油印出版之後，聖野便試著向外面的報刊寄稿了。他把一首題為《悵惘》的詩寄給了上饒的《前線日報》，不久，居然在「學生園地」裏發表了，而且還有一元錢的稿費。聖野的興奮與激動自不待言。他用這第一次的稿費買了蕭紅的自傳體小說《呼蘭河傳》，作為「初戰告捷」的紀念。蕭紅憂傷苦難的童年經歷，女性作家的細膩的觀察和蒼涼沉鬱、力透紙背的筆致，都給了聖野以強烈的震動。

不久，金華淪陷，母校停辦。一九四三年春天，聖野轉到縉雲金竹去讀高二。這時候，他給當時浙東頗為有名的青年詩人畸田寫了封信，請教有關詩的問題。畸田收到信後，立刻給他寄來一大疊手抄的艾青詩作，有〈大堰河，我的保姆〉、〈透明的夜〉、〈黎明的通知〉等等。在縉雲鄉間的山岡上，聖野大聲地朗讀著這些詩篇，說不出的感奮與激動。他說：「這才是使我大開眼界的真正的好詩！是我所讀到的熱情奔

放的五四以來最好的詩篇了！」那時他雖然沒有完全弄懂，艾青詩裏的「黎明」指的是什麼，但他已經隱約地明白，不能為寫詩而寫詩，詩，應當是有所追求的。

到了高中即將畢業時，比聖野早兩年畢業，曾應約為《蒲風》寫過舊體詩的魯兵。從浙南流浪回來，到金竹看望母校來了。他帶了幾份自寫自編自印的《岑風》文藝別刊作見面禮。聖野和魯兵一見如故，親如手足。他們略一商量便一拍即合，攜手編印起《岑風》來。聖野為《岑風》寫了篇頗有浪漫色彩的小說〈討火的人〉。他這時候無論是詩還是散文，都顯然比《蒲風》時期向前邁進了一步。雖然這時候的聖野對於中國該往何處去還是相當朦朧的。

重要的是，他找到了一個很好的志同道合的夥伴。他們一邊攜手編輯《岑風》，一邊準備一起報考浙江大學。——多少年後，聖野深情地回憶道：「與魯兵的相逢，顯然為我最終走上文學之路，增添了一份重要的支持的力量。」

一九四五年九月，聖野和魯兵一同考進浙江大學師範學院的英文系。共同的理想和志趣，把這一對青年人召引到了美麗的西子湖畔。在大學裏，聖野和魯兵又邀請了同學徐朔方、金津等一同加入了《岑風》的合唱，並把原來的綜合性的文藝別刊改成了純粹的詩刊。一九四六年下半年，他們由平湖遷入了大學路校本部，這兩位一個睡上鋪、一個睡下鋪的同學，不但成了生活上的形影不離的好朋友，而且也是文學上的並肩作戰的戰友。魯兵在六十年代曾寫過一首七絕，追述過他們這一時期的創作情景，其中後兩句是這樣寫的：「中宵得句披衣起，我亦分嚐苦與甜。」這是當時的聖野的寫照。那時，他愛詩愛得如癡如醉，連夢裏也在做詩，有時夜半突然醒來，匆匆跳下床來奮筆疾書。

在浙大這個被稱為「南方的民主堡壘」裏，聖野不僅在創作上得到了進一步的發展，而且逐步走出了思想上的朦朧狀態，開始了最初的覺醒。他以田間式的富於鼓動性和戰鬥力的節律，寫下了健朗、昂揚的〈節日與旗〉、〈夜祭〉等詩篇。這也並不奇怪。詩的成長，永遠也離

不開人的成長。詩人必須在生活的洪波中沐浴自己的靈魂，他的心中才有光亮，才能在生活中看到詩，看到光明；同時，也才能夠用詩去照亮他所歌唱的生活。

隨著浙大民主空氣的日益高漲，他和魯兵都參加了學校的民主社團如戲劇班、旗社等進步團體。一九四六年冬天，在創作上已經進入一個飛躍時期的聖野，與魯兵一同結識了《中國兒童時報》的主編，並應約為這個報紙創作了第一批小詩謎〈認識我嗎？〉。從此，他的創作進入了為兒童們寫作的天地。在這裏，他找到了真正屬於自己的豎琴，找到了那失去已久的純真的童心。果然，一本以《啄木鳥》命名的詩集——這是聖野的第一本詩集，共收詩五十七首——以旗社的名義於一九四七年八月出版問世了。有人評價說，出現在《啄木鳥》中的「小我」，已經和為推翻「三座大山」而戰鬥的「大我」融合為一了。這對於年輕的聖野來說，當然是一個不小的進步。

一九四七年七月以後，聖野和魯兵由於與《中國兒童時報》的交誼，兩人均由開始的幫忙性質，正式成了它的義務編輯。魯兵編文藝版，並開設了一個專為小朋友解答難題的《冰兒信箱》；聖野則編輯專門刊登兒童作品的專欄《自己的崗位》。可以說，他們由創作而編輯，邁開了兒童文學事業的第一步，應該從這裏算起的。這時候聖野的詩作也不僅限於《中國兒童時報》上。上海的《新民報晚刊》（《新民晚報》前身）上的「夜光杯」副刊、《天行報》的「原野」副刊、蘇金傘在河南編輯的《詩之頁》、洛汀在《中國新報》主編的「新文藝」副刊、吳儂在湖南編的《詩與木刻》以及胡白刃在《武漢時報》主編的「揚子江」上⋯⋯都出現了他的詩作。中國詩壇上的一顆新星正在升起。

然而不久，一宗同學遇害事件，使他們受到牽連而不得不離開杭州。魯兵躲避到了上海，聖野則隱居到臨安天目山鄉間。這是他們在白色恐怖中的第一次匆匆的分別。然而他們的心思是分不開的。魯兵在上海創作《小虹的故事》的時候，聖野也不約而同地在天目山上的小屋裏開始寫作起《小妹妹的故事》來。一九四八年六月，他的兒童詩集《小

燈籠》作為「小草叢刊」之一出版了。為籌印這套小書，《中國兒童時報》的主編石雲於甚至賣掉了自己愛人的結婚戒指。聖野後來這樣滿懷感激地寫道：「當我捧著這套紅字藍底的小叢書，我看到的是金光閃閃的友誼。」

從一九四八年下半年起，聖野的詩開始見於他心仰已久的《小朋友》雜誌了。那時，主編《小朋友》的是陳伯吹先生。他為聖野發表了〈歡迎小雨點〉、〈泥土的童話〉等早期的有代表性的兒童詩作品。當然那時候聖野也沒想到，十年之後，他的命運也將和《小朋友》緊緊地聯繫在一起。

一九四九年三月，為了迎接新中國的黎明，聖野和魯兵相繼告別了即將畢業的浙大，告別了《中國兒童時報》，到浙東游擊區去參加了游擊隊，後來又轉為中國人民解放軍。在浙東游擊縱隊金蕭支隊裏，聖野仍然念念不忘他的《中國兒童時報》，不忘他的小讀者。他利用行軍野營的間隙，寫下了〈姆媽同志〉、〈槍的故事〉等詩，託人帶到滬杭等地的報刊去發表。這時候，他的感情是全新的，他覺得「已經像一粒小水珠一樣，把自己溶進了革命部隊這個英雄的集體」。

一九五五年三月，聖野的第三本詩集《歡迎小雨點》在上海出版，次年，榮獲浙江軍區業餘創作一等獎。這是全國解放後，聖野獻給祖國的孩子們的第一份優厚的禮物。這年五月，魯兵離開部隊，轉業到上海的少年兒童出版社，重新開始了他的兒童文學事業。他當然忘不了他的好夥伴聖野。果然，一九五七年，聖野應命歸隊，一對難兄難弟又相逢了。這一次的相逢，對於聖野來說，尤其珍貴。他說：「一個我多年來的夢想──終生從事兒童文學的編輯工作──終於實現了！」

在上海延安西路一千五百三十八號的少年兒童出版社，聖野和魯兵，把他們的整個後半生，全部獻給了中國的兒童文學事業。聖野由童年時做《小朋友》的小讀者，青年時做《小朋友》的作者，而變成了現在的《小朋友》的編輯。他在《小朋友》一待就是三十多年。「文革」中，《小朋友》被迫停刊。而「四人幫」一倒臺，他很快又歸隊，籌備

《小朋友》的復刊。一九八六年後，他從《小朋友》雜誌離休。離休之後，他壯心不已，仍繼續在社裏幫助工作。一九九二年，《小朋友》創刊七十周年時，他主持編輯了紀念文集《長長的列車》，記錄下了《小朋友》七十年來數代讀者和作者所走過的坎坷的歷程……

與此同時，他也從未停止過為孩子們的寫作。近半個世紀以來，他寫下了近萬首兒童詩，出版了四十多部作品集，其中《春娃娃》、《瓜果謠》、《詩的散步》和《銀亮的大樹》等先後在全國性的評獎中獲獎。他自喻為一隻「愛唱歌的鳥」，越到老年，心中越有著唱不完的歌……

一九八七年八月，在全國首屆幼兒圖書評獎中，為了表彰聖野多年來在幼兒圖書編輯崗位上所做的貢獻，有關機構特向他頒發了金光閃閃的榮譽證書；這一年冬天，中國作家協會在向二十五年以上編齡的文學期刊編輯頒發榮譽證書時，也把證書頒給了聖野。

在那部厚達五百多頁、帶有總結性的巨著《聖野詩選》的「後記」裏，聖野這樣寫道：「青少年的時候，我曾經做過一個無比美妙的天藍色的文學夢，我在夢裏面寫詩，我在夢裏面尋覓我的佳構和警句。我連續做了五十年的文學夢，我的夢，還沒有醒來呢……」

再說魯兵。自然，間或還將提及聖野。

魯兵原名嚴光化，一九二四年出生於金華澧浦鄉瑣園村。三四歲起，他即在雙溪之濱的外祖父家度著他的童年。他的外祖父是前清的拔貢，沒有做過官。辛亥革命後一直任中學教師，是一位「從來沒有發表過詩作的詩人」。外祖父家裏文學氣氛十分濃厚，可謂「書香門第」。魯兵從小深受懦染。所以他從十六歲起就能寫作舊體詩，中年以後曾有舊體詩選集《小詩自詠》行世。除了古典詩詞，家鄉的昆劇和婺劇，以及豐富的民間文學，也培養了他多方面的藝術興趣，以致在他成年之後，在中國畫、書法、戲曲等方面，都有著相當好的素養。尤其是他潛心煉就的指畫、指書藝術，可謂獨樹一幟。正如《葡萄仙子》、《可憐

魯兵先生

的秋香》為聖野的心靈最早播下了愛的種子，中國的古典文學、家鄉的
民間文化，也成了灑在魯兵童年心靈上的「江南春雨」。

　　一九四二年，魯兵即將從金華中學畢業時，家鄉淪陷，他被迫避難
於山村老家，扛起山鋤，做了一個少年農夫。戰亂的年月，不能更好地
文明其頭腦，卻意外地磨煉了他的肢體。果然，不到半年的時間，一個
十八歲的後生鍛煉出來了──挑著滿桶水，光著腳板也能走上二三十里
山路。但待在山村裏終究不是長久之計。
　　一九四三年一開春，母親在他的舊棉襖裏縫進了七十元錢，含著
淚水望著心愛的兒子離開了家鄉。年少氣盛的魯兵，隻身越過「陰陽
界」，尋找自己未知的前程去了。但等待著他的是兵荒馬亂的戰爭年月
和無休無盡的流浪的路途。這年春天，他到達龍游時，已經是蓬頭赤
腳，一囊書外，別無長物了。他在兩年中三考大學而三次名落孫山。
　　一九四四年十月，他從浙南流浪回來，回到遷至縉雲的母校。在
縉雲與聖野相逢，先一同編刊物，寫詩，然後又一起考入浙大，在浙
大又一起投入到學生愛國民主運動的洪流之中。他的兒童文學生涯從
一九四六年的暑假開始。他的第一首兒童詩題為〈秋天〉：「多少勞苦
的人們／在等待著我，／多少饑餓的人們／在等待著我，／我來了，／
乘著風雨來了！／我給荒涼的大地／鋪滿了黃金，／可是我聽到的／
依然是哭泣和呻吟。」

　　從一開始，他的詩便直面現實，直面嚴峻的人生，表達了自己對周圍環境的憤懣。當時聖野用童話的筆調為大學時代的魯兵寫過一個「速寫」，其中有這樣的描寫：「到快熄燈的時候，他的腦筋最新鮮，老是闖到有著燈光的地方，一支煙接一支煙地工作。」「他的感覺，第一靈敏的是天氣，第二靈敏的是肚子。雨下個不停，他總要咒死咒活的咒，好像天氣這樣不客氣。要是天氣是一個人，早就一拳打過去了。」「上午，他每到上第四堂課的時候，總是要叫肚子餓，他一餓起來，叫餓的聲音，叫得所有不餓的人，也都覺得餓了。」「他曾在外面流浪過好多年，這段飄流的生活，使他很崇拜流浪，很喜歡流浪……」當然，聖野也最能懂得他這位「喜歡流浪」的，正在報紙上主持一個專為小朋友解答生活難題的《冰兒信箱》的「冰兒哥哥」的內心的願望：「他的臉孔紅極了，像紅寶石一樣紅，像頂紅的火光一樣紅，一種火一樣的愛孩子的熱誠，永遠的在他的紅臉上發燒。……他正在努力，使他的寢室，成為大孩子們的寢室，使他的大學，成為大孩子們的大學；使他的中國成為大孩子們的中國……他去和孩子們並肩開步走，去向孩子們認真地看齊！」

　　可是一九四七年，因為一同學遇害案的牽連，魯兵卻被迫與聖野分手，避居上海，得與仇重、賀宜和陳伯吹等兒童文學作家交往。他的終生從事兒童文學事業的基礎也就此奠定。一九四八年六月，小草叢刊社為他出版了童話集《橋的故事》。

　　他以童話詛咒黑夜，又以散文詩呼喚黎明。而且，在新中國的黎明即將到來的時候，他又毅然放下自己的學業，投筆從戎。魯兵先是在路北縣人民政府做新聞宣傳工作，並編輯《路北通訊》和《戰士畫報》等。一九四九年六月，他從游擊隊轉到中國人民解放軍，十月便從枝江出發進軍大西南。一九五一年三月又參加中國人民志願軍，奔赴到了抗美援朝的最前線。

　　身在軍營，而心存自己的小讀者中間。他在游擊區的硝煙裏，在朝鮮戰場上的風雪中，都寫下了許多給孩子的小詩。他寫於這些時期的

〈蚯蚓〉中的幾句，似可視為他勞作的寫照：「沒有人知道，感謝我，／我也不需要他們知道，／就是這樣工作，／默默地不斷工作。」他的心中有一個「詩的王國」：「每個人都工作，每個人都快樂，每個人都是國王。」

一九五五年五月，魯兵轉業到了上海，在少年兒童出版社的編輯崗位上，開始了他兒童文學事業的新階段。兩年之後，他把自己一直視若小弟弟般的聖野，也召喚到了身邊。兩個人又成了創作和編輯上形影不離的好夥伴。

中間「十年浩劫」，魯兵和聖野都無一例外地經受了這場大風雨，但動亂一結束，他們又都先後歸隊，重新開始，初衷不改，情懷不變。

一九八七年，因為魯兵在編輯「365夜系列」等兒童圖書上的傑出成就，他榮獲中國首屆「韜奮出版獎」。《365夜故事》，自一九八〇年第一次印刷發行後，如今已印行了一千萬冊，仍然暢銷不衰。一九九一年，魯兵又榮獲「全國優秀兒童工作者」的光榮稱號。一九九四年，他主編的《365夜故事》又榮獲首屆國家圖書獎。與此同時，魯兵在解放後為幼兒們創作的兒歌〈太陽公公起得早〉等，為兒童們創作的膾炙人口的童話詩〈不知道和小問號〉、〈老虎外婆〉、〈小

中年時期的魯兵先生

豬奴尼〉等，也是家喻戶曉，流傳在幾代孩子的口頭和心中了。他把這些童話詩編成了《魯兵童話詩選》，這是當代兒童文學寶庫中不可多得的珍品。

魯兵本來視力微弱，多年來伏案編書、寫書，那兩盞小油燈，幾乎要熬乾了。對此，他這樣夫子自道：「燈火何妨如豆小，也添明亮在人間。」這兩句詩，頗為寫實地傳達了魯兵一向豁達、自信和幽默的性格特徵。

現在，讓我們把兩人放在一起來說。

聖野七十歲生日時，魯兵寫過一首五言絕句，作為禮物。詩中寫的是他們半個世紀的友情：「四十九年前，相逢兩少年。溪流經百曲，長醉在詩船。秋盡收千籽，春闌種二家。牽牛開幾朵，共數隔牆花。」就我所知，這樣相互間的贈詩，在他們兩人之間，委實是不少的，而且大都質樸動人，如同他們純潔樸素的友誼本身。

聖野在一篇散文中，對自己與魯兵這位半個多世紀的「好鄰居」親密無間的友誼的描述，則更顯得具體和「家常」。拋開詩人間的堅貞不渝的友情不論，單是人與人之間的這種相處與交往，也頗能體現中華民族最可珍貴的美德懿行來。他這樣寫道：「我家炒了一只好小菜，我要盛一碗給你；你家燒好一鍋茶葉蛋，你要端一碗給我。下午三點鐘一到，我們輪流出去買晚報，一買總是兩份，一人出門，兩家可以共用到先睹為快的快樂。吃好晚飯，我把垃圾裝進塑膠袋，亦把你家的瓜皮菜葉魚骨頭一起帶走了。看到新的排球賽、足球賽、圍棋賽和精彩的家鄉戲及京崑老藝人的演出，總要把隔壁的球迷、棋迷、戲迷叫過來一同欣賞。寫好一組詩、一篇小散文，第一個邀請參加欣賞的，當然是隔壁的評論家、鑒賞家，你。這幾年，你的眼睛經常眼底出血，為了減少你讀書的疲勞，我把才見到的好文章，讀一點給你聽聽。夏天到了，牽牛花似乎有情，從我家的牆頭，爬到你家的牆頭，今天一共開幾朵？我從我家數到了你家……」

是的，就是這樣朝夕相處，這樣親密無間地生活的。當魯兵坐在他那個窗戶朝南的房間裏寫著獻給孩子們的童話時，僅僅一牆之隔，在另一個小房間裏，另一些鮮亮的小詩，也從聖野的手上誕生了……它們是中國當代兒童文學寶庫中的「雙璧」，是盛開在兩位老詩人心湖裏的「並蒂蓮」。有時候，這些作品，會像兩家院裏的牽牛花一樣，不約而同地，在一些報刊上開到了一起，好像也是形影不離的老朋友。

　　「文革」中，魯兵和聖野都被迫放下了手上的詩筆。他們的友情也經歷了這無情的風雨的吹打。到了運動後期，他們又被迫分手，一個將赴東海之濱的「五七幹校」，一個將下放到吉林的長白山區去。臨別時，他們各寫了一首詩為朋友壯行。現在看來，這無疑也是人間最動人的驪歌之一。

　　魯兵的送別詩是：「勸君一杯酒／送君千里行／一似少年從軍去／老兵今日赴新營／漫道情親反輕別／壯哉從行情更切／酒沸成詩詩亦熱／驚散遼東連天雪／長白山頭豈長白／樹木十年披綠髮」。

　　聖野的答謝詩是：「江南長夜賦同仇／破霧迎曦快壯游／五十年華壯志在／六千里路素心酬／星移物換翻新曲／地闊天高得自由／東海波連遼海浪／放歌更上一層樓」。

　　馬來西亞的女作家愛薇寫過一篇題為〈風雨同舟五十年〉的長文，細說了魯兵和聖野的漫長而動人的友情。她在援引了上面這兩首贈別詩之後，深有感觸地用「愛過方知情真，醉過始知酒濃」兩句話來讚美之，我頗以為然。是的，半個多世紀的坎坷風雪路，為兩人的友誼增添了多麼沉重的份量！如果說，他們的友誼是一株老樹，經歷了五十年的風吹雨打的考驗，到今天，這株老樹已經枝如鐵，幹如銅，堅如磐石，根深而葉茂了。他們的友誼本身，就是一首瑰麗的長詩，就是一篇神奇的童話。

　　或問：魯兵和聖野，兩個人在性格上其實是一個趨於耿直、豁達和外向，另一個則明顯的是文靜、謙恭和內向，這五十年來，難道就沒有過「吵鬧」和「磨擦」麼？也確有好奇的人這麼探問過。對此，魯兵坦

率地説：「誰説沒吵？為了作品可沒少吵。有時候下了班，兩人就一路吵著回來，第二天早晨一塊到公園裏鍛煉身體時又接著吵……」而聖野卻説：「和他吵，總是我吃虧。這個傢伙脾氣暴，喉嚨又響，吵起來嚇人。我不睬他，一會兒就風平浪靜了。」

不知怎的，我總覺得，這兩人的吵架，也頗像蓋達爾小説裏的那兩個大孩子丘克和蓋克的吵架。愛薇女士也這麼認為：這兩個人，「一文一火，真可謂天造的一對，地設的一雙。」這一對脾性相異而又能和睦共處半個多世紀的老朋友的友誼的基礎，其實就是他們共同的志趣：對生活的愛，對文學的愛，對兒童的愛……

關於兒童文學，魯兵有一部厚厚的理論集《教育兒童的文學》。兒童文學就是「愛的文學」，就是「教育兒童的文學」，這是他幾十年來矢志不渝的觀點；聖野則有《詩的散步》、《詩的美學自由談》、《聖野詩話》等專著。他認為，一首好的兒童詩，不只是孩子們喜歡，連大人，連老師，也會喜歡。它是用星星和花朵，用一顆天真的童心，聯結人與人之間的一條絢麗的紐帶。當魯兵用自信的口吻寫著：「兒童文學創作不是施捨，兒童文學作家不是『慈善家』。為孩子們創作，第一條就是熱愛孩子們」的時候，聖野也這樣宣告道：「讓別人批評，這也很幼稚，那也不成熟吧！我就欣賞你（指《兒童文學》）那一份天真的稚氣！」沒有錯，在中國兒童文學的園地裏，魯兵和聖野，既是一對辛勤的耕耘者，又是兩個忠於職守的老園丁，兩位慈祥而又嚴肅的護花老人。

而在對待生活的態度上，兩人都厚道待人，不貪權勢而甘於淡泊。他們童心不泯，對生活永遠懷著好奇和熱情。他們從與全國各地的小讀者、小作者的接觸中，從自己所無限鍾愛的文學裏，找到了人生的樂趣和真諦。

就我所知，聖野這些年來，與全國各地的十幾位小朋友保持著親密的忘年的友誼。如石家莊的小作者李晨，湖南的焦炬，金山的陳娟，青海的陳焱，杭州和江南的趙晨……他不停地給他們回信，修改習作，推薦作品，到了節日，還互相贈詩，贈送賀卡，好像最親密的朋友一樣；

魯兵呢，愛薇女士曾引用過聖野的女兒、浙江師大兒童文學研究所的青年評論家周曉波的一席話，也使我們不難想像這個可愛的老頭兒的晚年的生活。曉波說：「魯兵叔叔為人十分開朗、活潑和幽默，待人接物，平易近人。尤其是對孩子，更有一種天生的親切感。在孩子面前，他完完全全是個快樂、調皮、愛逗人笑的『老孩子』。」

除了寫童話詩、童話故事等，魯兵的興趣是多方面的。他的舊體詩，頗得行家的讚賞，貴州美術出版社為他出版了一部十分雅致的《姜東舒書魯兵詩鈔》；他的中國畫和書法藝術特別是指畫、指書，自成一家；此外，他還是一個戲曲迷，無論是京劇、昆劇和婺劇，都愛得如癡如醉。而聖野呢，相比之下，興趣和愛好就顯得專一了，除了詩，還是詩。「愛詩如命」本來含有誇張的意味，但用在聖野身上，卻很自然貼切。周曉波這樣評價父親道：「他一生似乎就是生活在詩的王國裏。走路、等車、坐車，甚至吃飯、睡覺時，都在琢磨詩。常常一夜幾次拉亮燈，來記下他在夢中所得的詩句。有時吃飯也得母親三催四請，還有道理呢：飯涼了，可以再熱，車走了，還會再來，而詩跑了，就再也找不回來了。而每次出差從外地回來，他帶給母親的最好的禮物，是一批新的詩作……」

我在想，魯兵和聖野，這兩位七十多歲的老人的天真、樸素與純淨，不正是由於他們對於詩、對於孩子、對於整個人生的迷戀與熱愛嗎？而在我的今天所處的這個商潮澎湃、物慾橫流、追逐時尚、榨取世界，甚至「個人尊嚴寄生於交換價值，人際關係維繫於現金交易，親情脈脈的紗幕，詩人學者的桂冠，也被金錢的威力撕得粉碎」（柯靈語）的時代裏，我們所缺少的，不正是這樣的一種樸素和純淨，這樣的一點點對於詩，對於人類文化的理想的癡迷嗎？

「亦予心之所善兮，雖九死其猶未悔。」是的，我們每個人，其實都應該學會這樣的生活，學會這樣用自己的雙手，去捧住那一碗珍貴的、純淨的精神的「活水」，用自己的心，去守護住那一片美麗的友誼的芳草地……

　　聖野最近寄給我一首新寫的詩，題為〈友誼樹〉：「我有一棵友誼樹／友誼樹上／生長著繁茂的樹枝／春天還沒到／樹枝上／已經爆出／數不清的芽苞／春風一吹／這些小芽苞／像天上的小星星一樣／已變成了／千朵萬朵白亮亮的小花／花兒請了蜜蜂／到花的心來做客／蜜蜂走了／帶走了一份／樹送給他們的／心底的蜜／不久，我的／這一棵友誼樹／又結下了甜甜的果實／友誼樹／是常青的／我的這棵樹／像我寫的詩一樣／永遠年青……」

　　這首詩不是寫給魯兵的，但卻傳達出了他們兩人的共同的心聲和共同的期待。他們向著這個世界，敞開了他們寬厚的老樹懷抱。就像他們的童話和詩歌裏所寫到的，沒有什麼能夠奪走，他們對於兒童、對於整個人類和生活的愛心。在中國兒童文學遼闊的星空裏，他們是一個光華璀璨的「雙子座」，但那溫和的星光，卻情願普照著遍地青嫩的小草和帶露的小花或如魯兵的兩句詩所言：「讓我，和我的夥伴／為人們／指點著／他們的歸途……」

芳草萋萋：現代作家與武漢

魯迅：最壯麗的紀念碑

　　魯迅先生與武漢沒有太多和太直接的關係，要說有，那也是令先生不愉快乃至憤怒的。約在一九三六年三月間，設在武漢的「華中圖書公司」刊行的小品文雜誌《人間世》第二期上，刊載了魯迅的〈日譯本《中國小說史略》序〉一文。該刊不久改刊名為《西北風》。《西北風》第一期發表了魯迅〈白莽作《孩兒塔》序〉，第三期又發表他的雜文〈我要騙人〉。然而，這三篇文章，既非魯迅先生的投稿，也不是刊物向他正式邀約的文稿，而是這兩個雜誌的同一個編者，採取既欺騙作者又蒙哄讀者的手法弄來發表的。

　　兩個刊物的編者史濟行，又名史天行，原在上海當編輯，出版過神話小說《遊仙窟》等。他在上海時曾幾次向魯迅約稿，但因此人在出版界名聲不佳，魯迅未予理睬。史他後來到武漢繼續編輯期刊，主編漢版《人間世》。該刊效仿林語堂主編的《論語》、《人間世》、《宇宙風》等刊物的格調，發表幽默和休閒的小品文。史濟行利用這個機會，化名「齊涵之」，投書魯迅，謊稱自己是青年詩人、革命烈士白莽（殷夫）的朋友，打算出版白莽的遺詩集《孩兒塔》，因此特請魯迅為詩集寫一篇序文。於是有了魯迅那篇〈白莽作《孩兒塔》序〉。等到魯迅把序言寄到武漢，發表在《西北風》創刊號上之後，白莽的詩集卻了無消

息，終未出版。魯迅弄清楚真相後，不免憤怒，於四月十一日寫了〈續記〉一文述及受騙的前後過程，並對史濟行的醜行予以揭露。魯迅先生說，本來，「他（史濟行）在漢口，我是聽說過的，但不能因為一個史濟行在漢口，便將一切漢口的不相識者的信都看作卑劣者的圈套，我雖以多疑為忠厚長者所詬病，但這樣多疑的程度是還不到的。」文章最後說，「中國原是『把人不當人』的地方，……所以史濟行的把戲，就更是微乎其微的事情。我所要特地聲明的，只在請讀了我的序文而希望《孩兒塔》出版的人，可以收回了這希望，因為這是我先受了欺騙，一轉而成為我又欺騙了讀者的。」魯迅的序文和〈續記〉都收入《且介亭雜文末編》。漢版《人間世》只出了兩期，後來改名為《西北風》。雖然都是以幽默小品為號召，但相比林語堂的《人間世》和《宇宙風》，卻是不可同日而語的。

　　《中國小說史略》序言，本來是魯迅先生應日譯本出版者東京某書店之約，用日文寫的。上述期刊編者從日本雜誌《改造》譯出後，未經魯迅校閱和同意，便冒充是魯迅自己的譯稿刊發出來。對此，魯迅

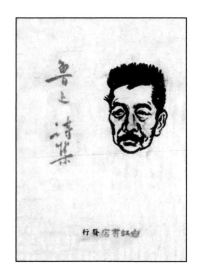

抗戰時期白虹書店出版的《魯迅詩集》封面

在〈續記〉中也給予了揭露和批評。〈我要騙人〉這篇雜文，也是《改造》向魯迅的約稿，《西北風》的編者又故伎重演，如法炮製，而且譯得「錯誤滿紙」。文章刊出後，魯迅先生在上海雖然知曉內情，但其時他已身患重病，沒有精力去理會這類欺世盜名的混帳事了。

上述事情，雖使魯迅與武漢發生了「關係」，但顯然是不愉快、甚至是令先生憤怒的。一九三七年七月，田漢根據魯迅同名小說改編的五幕話劇《阿Q正傳》，由漢口戲曲時代出版社列為「抗戰戲劇叢書之一」出版，次年一月再版。可算魯迅與武漢的又一件事情。同年十一月一日，在武漢出版的詩刊《時調》創刊號上，刊發了魯迅先生〈對新詩的意見〉一文（未列入該刊目錄）。這是先生一九三四年十一月一日寫給當時一位青年詩人竇隱夫（名杜談）的一封書信的摘要，其中談到自己一些詩歌創作上的見解。杜談和蒲風、嚴辰、柳倩、王亞平等均是三十年代「中國詩歌會」的成員。抗戰時期，這些人大多先後來漢，並發表有關抗戰題材的詩作。魯迅先生在這封書信裏說到他對新詩的「意見」：

「……我只有一個私見，以為劇本雖有放在書桌上的和演在舞臺上的兩種，但究以後一種為好；詩歌雖有眼看的和嘴唱的兩種，也究以後一種為好；可惜中國的新詩大概是前一種，沒有節調，沒有音，它唱不來；唱不來，就記不住；記不住，就不能在人們的腦子裏將舊詩擠出，占了它的地位。許多人也唱『毛毛雨』，但這是因為黎錦暉唱了的原故，大家在唱黎錦暉之所唱，並非唱新詩本身。新詩直到現在，還是在交倒楣運。

「我以為內容且不說，新詩先要有節調，押大致相近的音，給大家容易記，又順口，唱得出來。但白話要押韻而又自然，是頗不容易的。」

也是在同一年，一九三七年十月十九日，武漢文藝界舉辦了一場「魯迅先生逝世周年祭」活動。據當時參加了「周年祭」的一位文學青

三十年代魯迅先生在上海的寓
所內景

年吳先銘先生回憶，這天，有年老的、年輕的、男的、女的三五成群地
從各路彙集到漢口黎黃陂路基督教青年會。抗戰爆發後，武漢成為全國
政治、軍事、文化的中心。自從大革命以來一直處在「窒息」狀態的武
漢，已經燃燒起了抗日的熊熊烈火，成為抗戰的實際首都。數以百計的抗
日救亡團體行動起來了，被人們稱之為「沙漠」的武漢空前熱鬧。魯迅
先生逝世周年祭，就是在這樣的時代背景下舉行的。

　　會場上，最先簽名的是音樂家冼星海，他所創作的《青年進行
曲》、《在太行山上》等歌曲，唱出了中國人民抗日救國的決心。陸續
前來的還有胡風、洪深、金山、王瑩、柯仲平、胡愈之……應大家的要
求，冼星海指揮著大家，一連唱了好幾首救亡歌曲，作為紀念會的前奏
曲。鈴響之後，全體肅立，向魯迅先生遺像行三鞠躬禮，俯首默念三分
鐘。然後開始大會發言。「講話的人用樸素的語言，傾瀉了自己心裏要
說的話。他們談得很廣泛，歸結一點：魯迅先生的生命是那樣的短暫
——只有55歲，然而他閃耀的光輝卻指明人們憎惡黑暗，追求光明，
照亮人們從迷信、愚昧、落後、保守的深淵解放出來。他的嘴不再說話
了，但他的話將永遠活在生者的心裏。」
　　最後，電影演員、女作家王瑩朗誦了一首高蘭寫的悼念魯迅先生
的詩。她念得真有功夫，咬字發音，清晰爽朗，錚錚作響，使全場人員

為之感動，「每個字、每句話，節奏感強、表情豐富，聽眾以長時間的鼓掌，表示心底的共鳴。」朗誦畢，歌聲、口號聲響成一片。在情緒悲壯的氣氛中，大會結束了。但人們遲遲不肯離開。大家都被一種激昂的情緒感染和鼓舞著。冼星海在別人請其題字的本子上，寫下了他所作的《青年進行曲》中的一句歌詞：「前進！中國的青年！」並在這句歌詞上，用五線譜寫上了音符。

終場時，曾有國民黨反動派的小特務前來搗亂，但是，「他們的這些惡作劇，怎麼也阻擋不住抗日的洪流，怎麼也動搖不了為懷念魯迅先生而樹在人們心中的最壯麗的紀念碑。」吳先銘先生回憶說。

茅盾：「幻滅・動搖・追求」

茅盾（一八九六至一九八一年），原名沈雁冰，浙江省桐鄉縣人。現代文學巨匠，「文學研究會」發起人之一。早年曾任商務印書館編輯，主編《小說月報》。

一九二六年年底，北伐軍攻佔領武漢，國民政府成立。茅盾受組織派遣，於次年元月由上海來到武漢，在中央軍事政治學校武漢分校（校址即兩湖書院舊址）擔任政治教官，住在武昌閱馬場福壽里二十六號。這年四月，又任《漢口民國日報》主筆，並遷至漢口歆生路德安里一號樓上居住。該報名義上是國民黨湖北省黨部的機關報，但社長是董必武，經理為毛澤民，實質上是中共中央宣傳部直接領導的一份全國性日報。茅盾其時主要工作是審定稿件，寫作思想述評和社論，用文字做革命鼓動和宣傳。

「《漢口民國日報》是董老創辦的，約在北伐軍佔領武昌後創刊。……當時董老抓的工作很多，忙不過來，對這份日報中宣部抓得多一些，但董老也管。」矛盾後來回憶說，「在董老的領導下，報社有主筆和經理。主筆先是宛希儼（曾任中共武漢市委宣傳部長），後是高語罕

青年時代的沈雁冰（茅盾）先生

（安徽人，當時是共產黨員），一九二七年四至七月才是我。當時沒有記者，由主筆領導一批編輯人員。我們搞編輯工作的不過十人。報紙的消息來源，主要不是靠派人去採訪，而是由各有關單位提供：工運消息由全國總工會和湖北全省總工會提供；農運消息由全國農協和湖北省農協提供；軍事、政治的消息由武漢國民政府提供，都是主動供稿。當然，北洋軍閥、蔣介石右派不會向我們提供，都是我們黨、工農群眾組織和國民黨左派向我們提供。內容編排分國際國內要聞、本埠新聞、工運、農運、軍事等項。各版由誰負責編輯已記不清了。我任主筆時，所有要發的稿件我都要看，社論很短，多是我寫的。我記得副刊是由馬哲民負責編輯的。經理是毛澤民，總管報社事務，管印刷發行。」（胡傳章、程安輝一九七九年七月十七日在北京記錄整理的茅盾談話，武漢市博物館國民政府舊址管理部供稿）

　　從四月到七月初，茅盾為該刊撰寫了〈五五紀念中我們應有的認識〉、〈二十一條與一切不平等條約〉、〈蔣逆敗象畢露了〉、〈武漢市民怎樣解除目前經濟的痛苦〉等三十餘篇社論和述評。這一時期茅盾從事文學活動不多，僅在武漢發起並成立了一個有十人組成的文學團體「上游社」，社員有沈雁冰（茅盾）、陳石孚、吳文祺、樊仲雲、郭紹虞、傅東華、梅思平、顧仲起、陶希聖、孫伏園，同時出版《上游》週

刊，附載在《中央副刊》上（亦稱《中央副刊星期日特別號》）。茅盾為
該刊寫了〈「紅光」序言〉、〈《楚辭選釋》序〉和〈最近蘇聯的工業
與農業〉等文章。

「進入（一九二七年）五月，武漢這個大熔爐，捲起了一個個更大
的漩渦。北伐前線捷報頻傳，這是鼓舞人心的，但是後方——武漢卻是
困難重重，險象疊起。蔣介石那時也沿著津浦線『北伐』，但一刻也
沒有忘記對武漢政府的破壞和顛覆。他勾結帝國主義和江浙財團對武漢
進行經濟封鎖；他收買四川軍閥楊森向武漢進犯；他派遣密使暗探在武
漢軍政要員中散發謠言，進行策反活動；潛伏城鄉的反動勢力、土豪劣
紳受到蔣介石叛變革命的鼓舞，也紛紛蠢動，向農民協會反撲。《漢口
民國日報》天天收到各地反頑勢力騷動和農協反擊的消息，我們據實報
導，並加了一個總標題：〈光明與黑暗的鬥爭〉。」

「那時候，武漢的局面相當混亂，有所謂三多：政府多、官多、
鈔票多。漢口武昌兩地有三個政府：國民政府、湖北省政府、漢口市
政府，每個政府下面又有各種部、處、科以及各式各樣的委員會。政府
多自然官也多，而且從長江下游和廣州跑來了不少『四‧一二事變』的
倖存者，他們也得安排一官半職，這樣官就更多了。鈔票多是因為濫發
紙幣：由於農村動亂，與上海方面又斷了經濟聯繫，政府的收入主要依
靠武漢三鎮，收入少，開支大，就只有靠發鈔票來維持。那時的鈔票是
由中國、交通兩銀行發行的，由於軍閥混戰，各省發的鈔票上都加印了
本省的標誌。有湖北省標誌的鈔票充斥市面，物價就天天上漲，大有早
晚市價不同之勢。一月的一元錢到三月只值五角，到五月份就更不值錢
了。外省乾脆拒收湖北省的鈔票。為了解決嚴重的財政困難，武漢政府
也想了一些辦法，譬如發行『有獎債獎』和『國庫券』等。我還為了推
銷『有獎債券』專門在《漢口民國日報》上寫過一篇社論。但這些只能
救一時之急，並不能挽救陷於經濟絕境中的武漢政府。」（茅盾《我走
過的道路‧上卷》）

汪精衛叛變後，茅盾辭去日報主編職務，於七月二十三日離開武漢赴上海。自一九二七年八月至次年六月，他寫出了自己的第一部長篇小說《蝕》三部曲（包括《幻滅》、《動搖》和《追求》）。這個三部曲以湖北為背景，反映了大革命前後一些小資產階級知識青年的精神狀態和生活經歷，也是這個時期作者在武漢的一段血火交織的鬥爭生活的記錄。

「《動搖》的生活素材，取自我主編《漢口民國日報》時所聽到和看到的，可以說我在《動搖》中只不過反映了當時湖北各縣所發生的駭人聽聞白色恐怖的一鱗半爪。」作者回憶說。在作品發表時，他用了「矛盾」作為筆名。他在一九五七年寫的〈寫在《蝕》的新版後面〉，說這個筆名的理由：「為什麼我取『矛盾』二字為筆名？好像是隨手拈來，然而也不儘然。『五四』以後，我接觸的人和事一天一天多而且複雜，同時也逐漸理解到那時漸成為流行語的『矛盾』一詞的實際；一九二七年上半年我在

茅盾小說《蝕》封面

中年時期的沈雁冰（茅盾）先生

武漢又經歷了較前更深更廣的生活上，不但看到了更多的革命與反革命的矛盾，也看到了革命陣營內部的矛盾，尤其清楚地認識到小資產階級知識份子在這大變動時代的矛盾，而且，自然也不會不看到我自己生活、思想中也有很大的矛盾。但是，那時候，我又看到有不少人們思想上實在有矛盾，甚至言行也有矛盾，卻又總以為自己沒有矛盾，常常侃侃而談，教訓別人，——我對這樣的人就不大能夠理解，也有點覺得這也是『掩耳盜鈴』之一種表現。大概是帶點諷刺別人也嘲笑自己的文人積習吧，於是我取了『矛盾』二字作為筆名。但後來還是帶了草頭出現，那是我所料不到的。」「我從武漢回到上海，一時無以為生，朋友勸我寫稿出售，遂試為之，在四個星期中寫成了《幻滅》。那時候，只有《小說月報》還願意發表，葉聖陶先生代理著這個刊物的編輯。可是，在那時候，我是被蔣介石政府通緝的一人，我的真名如果出現在《小說月報》，將給葉先生招來麻煩，而且，《小說月報》的老闆商務印書館也不會允許的；為了能夠發表，就不得不用個筆名，當時我隨手寫了『矛盾』二字。但在發表時卻變為『茅盾』了，這是因為葉先生以為『矛盾』二字顯然是個假名，怕引起注意，依然會惹麻煩，於是代我在『矛』上加個草頭，成為『茅』字，『百家姓』中大概有此一姓，可以蒙混過去。這當然有點近乎『掩耳盜鈴』，不過我也沒有一定要反對的理由。」

　　十年之後，一九三七年至一九三八年的抗戰時期，茅盾又先後三次來到武漢，從事抗日文藝活動。他曾在漢口開明書店與葉聖陶、徐伯昕等商討開辦書店、編輯刊物事宜；由他主編的《文藝陣地》雜誌即是此次在武漢籌備就緒後，在廣州出版的。他向在漢的許多作家為《文藝陣地》組約了稿件。一九三八年二月十一日，他為當時隸書郭沫若領導的「第三廳」的紅色兒童劇團「孩子劇團」題辭；二月十三日，又應邀出席「回應國際反侵略大會宣傳周兒童日大會」；二月十四日在漢口量才圖書館作題為《文藝大眾化問題》演講，三月，發起成立「全國文藝界抗敵協會」，並當選為「文協」理事；三月十四日發起舉辦錢亦石先生

茅盾先生在寫作中

追悼會。五月十四日在漢口出版的《抗戰文藝》（中華全國文藝界抗敵協會會刊）第一卷第四號上，發表了著名的〈給周作人的一封公開信〉，具名的文藝家中也是以茅盾打頭的……

　　茅盾這次到武漢，也寫了不少文章，如〈關於大眾文藝〉、〈關於鼓詞〉、〈我們怎麼回答朋友的熱心〉、〈記「孩子劇團」〉、〈論加強批評工作〉、〈「青年日」速寫〉、〈珍惜我們民族的未來主人〉、〈「作戰如平時」解〉、〈文藝大眾化問題〉、〈保衛武漢的決心〉等。在〈保衛武漢的決心〉裏，茅盾寫道：「在保衛大武漢的呼聲中，包含著一些意義重大──所爭不在一城一地之得失，而為民族存亡轉機所在的政治的建議。」「要有這樣的決心，則雖不幸而武漢終於不能終保，即取得了代價以後，為戰略的退卻，但最後勝利卻真真有了保障！不然，本來絕對正確的『一城一地，無關大局』這句話，會將來成了啼笑不得的諷嘲！」「保衛大武漢！勝負之機在馬當香口之間者尚少而在『店堂』者實多。我們對於開會中國民參政會議不能不有極大的希望。」是年二月十九日，茅盾離開武漢，經長沙去往廣州。

豐子愷：「大樹被斬伐……」

　　一九三八年春，現代作家和漫畫家豐子愷先生（一八九八至一九七五），應漢口開明書店之邀，從長沙來到武漢，在此度過兩個月。此間，他從報紙、雜誌上收集了許多幅抗日漫畫，從中選出五十幅並附上撰文，編輯為《漫文漫畫》一書（《漫文漫畫》於一九四一年七月在重慶出版）。在武漢期間，豐子愷出席了中華全國文藝界抗敵協會成立大會，並被「文協」會刊《抗戰文藝》聘為編輯委員。《抗戰文藝》的封面設計和題字，均系豐的手跡。

　　老舍先生在〈記「文協」成立大會〉裏寫到他對豐的印象：「……啊，我看見了先生！久想見見他而沒有機會，又絕沒想到他會來到漢口，今天居然在這裏遇到，真是驚喜若狂了。他的鬍子，我認得，見過他的相片。他的臉色（在相片上是看不出來的）原來是暗中有光，不像我理想的那麼白皙。他的眼，正好配他的臉，一團正氣，光而不浮，秀而

豐子愷先生

誠樸。他的話,他的舉動,也都這樣可喜而可畏。他顯出不知如何是好
的親熱,而並不慌急。他的官話似乎不甚流利,可是他的眼流露出沈著
誠懇的感情。」

　　作為著名漫畫家,豐子愷在漢期間創作了《生機》(又名《戰地之
春》)、《寄語我兒郎》、《空軍殺敵歸》、《大樹》等一批有名的
抗戰漫畫,還創作了散文〈中國就像一棵大樹〉、〈佛無靈〉,詩歌
〈望江南〉六首,文藝論文〈談抗戰歌曲〉等文學作品。他創作的抗戰
詩畫配自成風格,寓意深刻,深受民眾歡迎。其中有一幅《大樹被斬
伐……》可視其為此間的「代表作」。此畫作於一九三八年,其創作背
景,作者自己有所說明:「春間在漢口,偶赴武昌鄉間閒步,看見野中
有一大樹,被人斬伐過半,只剩一幹。而春來幹上怒抽枝條,綠葉成
蔭。新生的枝條長得異常的高,有幾枝超過其他的大樹的頂,彷彿為被
斬去的『同根枝』爭氣復仇似的。」大樹的勃勃生機引發了他的感觸。
後來,恰好又遇到了一男一女兩個小孩,在他們相互的對答中,大樹的
寓意得意深化。回到漢口寓所後,他心有所念,提筆就把當日所見的情
景畫了下來,並題詩曰:「大樹被斬伐,生機並不絕。春來怒抽條,氣

「大樹被斬伐……」(豐子愷作於一九三八年)

象何蓬勃。」雖是寫實，卻有著中華民族樹大根深、雖受暫時的斫傷而新生力量仍然不可摧折和抗戰必勝的深刻寓意。

　　前面說到的《漫文漫畫》，是一本愛恨分明、揚善懲惡的抗日讀物。有人把抗戰與他的《護生畫集》聯繫起來看，對此，豐在〈則勿毀之已〉一文中寫道：

> 　　一到漢口，就有人告訴我：「×××（即曹聚仁）說你的《護生畫集》可以燒毀了。」我說：「不可，不可！此人沒有懂得護生之旨及抗戰之意。」
>
> 　　《護生畫集》之旨，是勸人愛惜生命，戒除殘殺，由此而長養仁愛，鼓吹和平。惜生是手段，養生是目的。故序文中說「護生」就是「護心」。頑童一腳踏死數百螞蟻，我勸他不要。並非愛惜螞蟻，或者想供養螞蟻，只恐這一點殘忍心擴而充之，將來會變成侵略者，用飛機載了重磅炸彈去虐殺無辜的平民，故讀《護生畫集》，須體會其「理」，不可執著其「事」。
>
> 　　說者大約以為我們現在抗戰，正要鼓勵殺敵；倘主張護生，就變成不抵抗，所以說該書可以燒毀。這全是不明白護生之旨及抗戰之意的緣故。我們不是侵略戰，是「抗戰」，為人道而抗戰，為正義而抗戰，為和平而抗戰，我們是以殺止殺，以仁克暴。我們的優待俘虜，就是這主義的實證。倘同日本一般樣見識地殺人，那就變成以力服人，以暴易暴，步義大利、日本軍閥之後塵，而為擾亂世界和平的魔鬼之一了！
>
> 　　護生者，王者之道也。我欲行王政，則勿毀之已！

　　在〈焦土抗戰的烈士〉裏，他也記述了自己的「緣緣堂」的被毀。「六年之前，我在故鄉，浙江石門灣，蓋造一所房子，名叫緣緣堂。房屋並不富麗，更非摩登；不過多年浮家泛宅的一群家族，從此得到了一處歸宿之所，自是歡喜。堂成之後，我從杜甫詩裏竊取兩句，自寫對

聯，裱好了掛在堂前。聯曰：暫止飛烏才數子，頻來語燕定新巢。去年
（一九三七年）十一月二十一日，寇兵迫近石門灣。我率眷老幼十人攜
行物兩擔，離開故鄉，流徙桐廬。二十三日，石門灣失守。我軍誓死抗
戰，失而復得。後來得而復失，失而復得，以至四進四出。石門灣變成
焦土，緣緣堂就做了焦土戰的烈士。」一年後，他又寫了〈還我緣緣
堂〉、〈告緣緣堂在天之靈〉等散文，表達了他對日本強盜的憤怒，對
故園舊宅的念想。

　　《漫文漫畫》裏還有一則〈殺敵的女性〉，文曰：楊樹浦住著一對
姓張的夫婦，有一天，三個日本兵闖入張家。丈夫想逃走，被日本兵當
即殺死。妻子被三個日本兵輪番污辱。不久，有兩個日本兵離去，剩下
一個仍躺在床上。妻子被蹂躪後一心尋死，可是，眼前就是殺害丈夫的
人，這仇非報不可。她從躺在床上的日本兵身邊抽出一把匕首，將其刺
殺。為丈夫報了仇，妻子越牆逃走。豐子愷在文末寫道：「連女性也能
舍生復仇，不抵抗的中國男人應感到恥辱。」其竭力喚醒民眾起來抗戰
的決心，於茲可見。

　　一九三八年八月，豐子愷先生離開武漢赴往桂林。

張恨水：「愁花恨水生」

　　現代章回小說家張恨水先生（一八九五至一九六七），原名張心遠，
江西省廣信縣人。祖籍安徽省潛山縣。

　　他在《寫作生涯回憶》一書裏的「失學之後」一節裏，回憶了他少
年時代在漢口的生活：「那是民國四年，九、十月間，我因為有一位族
兄和一位本家在漢口，搞文明新戲和小報，我冒著危險，借了一筆川資
到漢口去。」其時張恨水十九歲，正是「愁花恨水生」的年齡。他所投
奔的本家叔伯名叫張犀草，時為漢口一家小報的「獨角編輯」。「我去
了，他倒是很歡迎，天天讓我寫些小稿子填空白。我寄寓在一家雜貨店
樓上，我和族兄住在一處，本也很無聊，天天到小報館去混幾小時，倒

張恨水先生

張恨水先生《寫作生涯回憶》封面

也無可無不可。但又有個意外，我那種小稿，居然有人看，有人說好，雖不得錢，卻也聊以快意。本來在墾殖學校作詩的時候，我用了個奇怪的筆名，叫『愁花恨水生』。後來我讀李後主的詞，有『自是人生長恨水長東』之句，我就斷章取義，只用了『恨水』兩個字。當年在漢口小報上寫稿子，就是這樣署名的。用慣了，人家要我寫東西，一定就得署名『恨水』。我的本名，反而因此湮沒了。」在這裏，「恨水」又帶「惜時」的意思。在說到這個名字的來歷時，他順便澄清了一些人對他的這個名字的妄猜，「名字本來是人一個記號，我也就聽其自然。直到現在，許多人對我的筆名，有種種的揣測，尤其是根據《紅樓夢》，女人是水做的一說，揣測的最多，其實滿不是那回事。」

　　張恨水當時在漢口寫的那些「小稿」，自然都散落在當時的舊報紙上，作者自己大概也沒有收集，不過，他寫於一九一六年的幾首小詩，卻保留了下來，並且收入了後來出版的《張恨水全集》。《全集》第六十一卷為詩詞卷，名《剪愁集》。其中有〈月下〉一首：「愁鬢梳風瘦，單衫怯露寒。當頭今夜月，去歲故園看。」詩寫得清秀，猶帶少

年不識愁滋味卻偏上層樓的情調。還有一首〈月泊公安將入長江赴武昌〉：

> 月落滄波暗，堤橫去路回，
> 市聲穿岸柳，燈火隱樓臺。
> 聚散疑如夢，飄零歎不才，
> 過江應自笑，恰向武昌來。

　　一九一四年十二月，張恨水族兄張東野巡迴演出路過武漢，邀恨水辭去報社工作，跟著他參加了文明話劇團，幹些寫説明之類的宣傳工作。張在回憶錄裏寫到了，「在漢口住了幾個月，毫無成就，我族兄介紹我進文明進化團演戲。這是笑話，我怎麼會演話劇呢？平生沒想到這件事。但主持人李君磐先生，他倒不一定要我演戲，幫著弄點宣傳品，寫寫説明書，也就讓我在團裏吃碗閒飯。於是我隨這個進化團到湖南常德，又到灃縣。在這團裏久了，所謂近朱者赤，我居然可以登臺票幾回小生，我還演過《賣油郎獨佔花魁》的主角。事後想來，簡直是胡鬧。」

　　二十年後，一九三四年秋，張恨水應張學良之邀，由北平來漢，向張學良詳談自己當年五月的西北之行見聞。次年，張恨水在《武漢日報》副刊《鸚鵡洲》上連載中篇小説《屠沽列傳》。九月又東去上海。

　　抗日戰爭爆發後，一九三七年十二月底，張恨水第三次來到漢口，擬組織隊伍去大別山打游擊。他不是説著玩的，曾真的在武漢寫就一篇呈文，上交國民黨第六部請予承認。但遭到拒絕。他在當時漢口版《申報》副刊《自由談》連載了長篇小説《游擊戰》。次年一月十日到重慶後，他又根據自己在武漢請纓而碰壁的經歷，寫成了長篇小説《瘋狂》，在《新民報》副刊《最後關頭》上連載。為何取名《瘋狂》，他曾解釋道：「我對這事非常憤恨，覺得有愛國而發狂的所在，所以我就寫了這篇小説」。

張恨水先生在寫作中

　　一九三八年三月，「中華全國文藝界抗敵協會」在漢成立，張恨水被選為理事。抗戰勝利後，一九四七年十二月上旬，張恨水和電影演員秦怡、呂恩等由重慶赴南京，途經武漢，曾稍事逗留，不日即去。路過武漢時，武漢的《文藝月刊》主編胡紹軒以武漢文藝社的名義領銜，約集武漢文化界人士在漢口中山公園舉行了一次歡迎茶話會。張恨水很高興，聽說《文藝月刊》準備復刊，就為胡紹軒趕寫了一篇文論，題為《章回小說在中國》。文章論述了中國章回小說的發展軌跡，頗有史料價值，也為讀者所歡迎。

王瑩：「不寫詩的詩人」

　　施蟄存先生晚年寫過一篇〈寶姑〉，說的就是長篇自傳體小說《寶姑》的作者王瑩。王瑩（一九一五至一九七四），現代作家、演員，原名王克勤。施蟄存在文章裏說到，「我認識的王瑩，並不是『明星』，而是一個初試筆墨的文學青年」。的確，在二十世紀三十年代上海的女影星中，王瑩是文學素養和水準較高的一位。進入電影界後，她先後主演過《塞上風雲》、《狂歡之夜》、《女性的吶喊》等影片。雖然已經

在電影界成名，但她還是十分迷戀文學寫作，曾在《現代》、《文飯小品》等著名的文學雜誌上發表過一些作品，成為當時上海獨一無二的文學、演藝雙棲明星。施蟄存先生那時就認為她「文學趣味極高」。老舍先生也曾讚揚王瑩的文學才華，説她是一位「不寫詩的詩人」。

　　抗戰期間，一九三七年十月三日，王瑩隨「上海救亡演劇隊」來到武漢，投身於三鎮的抗戰救亡宣傳。她多次在漢口的大街、武昌黃鶴樓下，與金山合演《放下你的鞭子》，被譽為「文鞭子」。至於其他各種會演、公演，以及在「光明大戲院」、「天聲舞臺」等演出舞臺上，都能見到王瑩活躍的身影。她還主演過《保衛祖國》、《最後的勝利》等抗日戲劇。是年十月十九日，在武漢文化界以及《七月》社、《哨崗》社召開的「魯迅先生逝世周年祭」大會上，王瑩首次領銜朗讀高蘭寫的朗誦詩〈我們的祭禮〉，作為代祭詞。據當時參加祭念活動的人回憶，她的朗誦真見功夫，咬字發音清晰爽朗，錚錚作響，使全場人員為之感動，「每個字、每句話，節奏感強、表情豐富，聽眾以長時間的鼓掌，表示心底的共鳴。」自此開始，武漢的詩朗誦活動此起彼伏。

少女時代的王瑩

一九三八年四月，台兒莊大捷喜訊傳來，王瑩參加了武漢的群眾遊行後，十分振奮，和舒群、樓適夷、錫金、羅烽、羅蓀等集體創作了劇本《台兒莊》。羅烽在序中談到了該書的寫作情況：「四月七日的晚上，我們參加了武漢市民慶祝台兒莊大捷的火炬遊行……一直到我們從遊行的行列中走出來時，狂熱高漲的情緒，還是使我們無法遏止。也就在這個時候，有人提議，合寫一個劇本。……分配好了由王瑩、適夷擔任寫第一幕，錫金和我寫第二幕，舒群、羅烽寫第三幕。」這個劇本一九三八年由漢口讀書生活出版社出版，成為抗戰初期最有影響的劇目之一。此後王瑩一直在武漢周邊地區巡迴演出和宣傳。一九三八年七月三日又隨「演劇二隊」赴河南潢川。不久，又到海外華僑中作抗日募捐獻演。

正是在一九三七年前後，王瑩因主演夏衍創作的《賽金花》一劇，無意中得罪了當時的演員藍蘋（即後來的江青），從此種下禍根。儘管她在抗戰時期因出色地主演《放下你的鞭子》，曾得到美國總統羅斯福

中國青年出版社出版的《寶姑》封面（丁聰繪製、插圖）

的接見，為反法西斯盡過大力，可是到了五十年代，她卻厄運臨頭，直到在「文革」中被迫害至死。她在五六十年代創作自傳體長篇《寶姑》和《兩種美國人》時，曾得到美國著名女作家賽珍珠的支持和幫助。

曹聚仁：「失望的旅行」

曹聚仁（一九〇〇至一九七二），浙江金華人，現代著名作家、新聞記者。他和張恨水先生一樣，都是現代文壇上著作等身的多產作家，據他晚年回憶，他一生寫作的文字超過四千萬字。僅僅在他二十多歲時所作，見於報刊上的，已達百萬字以上。

一九二一年夏天，青年曹聚仁從家鄉到南京投考東南高等師範，卻因為課業荒疏而落第。於是就買棹溯江而上，轉到武漢投考當時的武昌高師。「買到了從南京到漢口去的統艙位，就在扒手圍攻中上了船，找到了床位，安頓下來，讓擾擾攘攘的塵囂帶著我西行。我一躺下來就開始看《桃花扇》，我也是第一回懂得南曲的韻味。那時，我的記憶力頗不錯；一路邊看邊念，念熟了八首著名的曲詞。晚清以來，江南一帶一直有著南明氣象：饑兵驕將，貪官污吏，串成了政治暮景，所以念起《桃花扇》來格外對景。即如〈投轅〉那一節：『你看城枕著江水滔滔，鸚鵡洲闊，黃鶴樓高，雞犬寂寥，人煙慘澹，市井蕭條；都只把豺狼餵飽！好江城畫破圖拋，滿耳呼號，鼙鼓聲雄，鐵馬嘶驕。』正是我所投奔的那個城市——武昌的寫照。」曹後來在回憶錄《我與我的世界》中「失望的旅行」一節裏如是寫道。

此次旅行，也真的是令這位早慧的青年才子大失所望。且看他的一連串遭遇：「我到了漢口，正如上月經過上海一般，只從它的邊沿上溜過，給搬運夫敲詐了一筆小錢，當天下午就到了武昌了。武昌形勢上的雄偉，也和金陵城相伯仲；而城市景象之慘澹，還在南京之上。恰巧，我到武昌時，正當武昌兵變之後，所有熱鬧街市，大商店、銀行都被搶

入學考試前的學生們。二十年代曹聚仁先生在武昌所見。

劫焚燒光了。那位王占元大帥，正在天津開會，他的饑兵，就上演了這麼一幕大軸戲，把武昌老百姓害得夠苦了。我到武昌，真是無枝可棲，就在斗級營小旅館『一枝棲』中住著餵臭蟲和蚊子，捱過武昌高等師範的入學考試期。我也自笑有志於做新聞記者的人，卻連武昌大兵變的大新聞都不曾注意呢。武昌高師就像老太爺那樣龍鍾老態，和英俊小夥子的南京高師正相對比。為了避免臭蟲群的大劫難，我每天就睡在方桌上挨蚊子的圍咬，這樣，秋涼一開始，便打擺子了。第一天，考國文，還勉強應付得。第二天，寒熱大作，只好不應考了。以後聽說那回投考的學生並不多，要是我能終場的話，大概會錄取的。不過，我對武昌高師的印象很壞，即算錄取，也未必會留下來。當時，我不知為什麼不想轉到北京去。一待杭州的匯款一到，我就東歸了。那一個月，並不曾渡江到漢口去看洋人的租界；武昌的勝跡，我只到過黃鶴樓，登樓憑欄，對著浩浩江流，不禁大哭一場。那時，我還不會做詩，只好把《桃花扇》中的詞句，反覆吟誦，宣洩胸中的愁苦。等到一九三八年夏初，我重到武昌，已經面目一新，除了黃鶴樓舊跡，其他什麼都不認識了。」

十六年後，一九三七年，已經成為文壇和報界名人的曹聚仁又來到武漢。此時恰在南京淪陷之後，戎馬倥傯，又是戰時景色。「那年冬初，武漢淪陷，我的眼前，又看到《桃花扇》所描敘的蒼涼畫面。武漢，自古為四戰之地，黃鶴樓一直在戰火中歷經世變，寫不盡家國興亡新愁舊恨！」他在〈黃鶴樓〉一文中寫道。

抗戰初期赴往前線的曹聚仁先生

　　真正使曹聚仁對武漢不再感到失望的一次行旅，是在新中國成立之後。一九五七年，曹聚仁北行途中，又到武漢。這一次，他興致勃勃地遊覽了三鎮不少名勝，並在不久就寫下了〈大江東去〉、〈芳草萋萋鸚鵡洲〉、〈黃鶴樓〉等遊記散文，收入《萬里行記》中。

　　「黃鶴樓，在黃鵠磯上，俯臨大江；我們心目中，彷彿走上杭州城隍山（吳山），也彷彿南京的燕子磯。仙人跨鶴飛去的傳說，於是逐漸演變，從仙人王子安扯到三國蜀相費褘，再扯到比李白遲了一百年的呂洞賓；群眾說他是呂洞賓，也就成為千來年的祭奉人物，黃鶴樓旁說有呂祖廟，廟中也還有費仙像。廟中香火很盛，樓閣係木構，因此，幾度失火，黃鶴樓也就化為烏有，得群策群力，重新建構，照樣香火祭奉，照樣有道士做廟祝，沿廊都是看相、算命以及賣吃食、玩耍物品的小販，跟著遊客討錢的叫化子。上一世紀末期，張之洞做湖廣總督，許多文士在他的幕府，附庸風雅，因此，黃鶴樓中有著他們的吟詠聯句。

　　「不過，湖北人有一句和黃鶴樓有關的成語，叫做『黃鶴樓上看翻船』，這倒是驚心動魄的一景。浩浩江流，風狂雨驟，可是，人事急

於星火，非從武昌到漢口去不可。那時，武昌大智門外黃鵠磯頭，自有膽大的趙子龍搖著帆船來渡你過江。只要你有膽子乘，他就有膽子搖，一櫓在手，一手拉帆，箭也似的直向漢口；十多里斜飛江面，不到一刻鐘便到了對岸。當然，一個浪頭把小船（上海人稱之為舢板）吞了下去也是常事，就看呂祖照應不照應。在黃鶴樓上看翻船，三分驚駭，三分痛快，三分疑慮，還有一分同情，這也代表著湖北人的人生哲學。我的一位朋友，就在武漢動亂時代，冒著大雨乘著舢板過江，留著微命到漢口的。」

此時，他眼中的黃鶴樓，與當年他所感受的類似《桃花扇》裏的蒼涼畫面，顯然已經有所不同了。

艾青：「雪落在中國的土地上」

艾青（一九一〇至一九九六），浙江省金華縣人，中國現代詩壇最具影響力的詩人之一。早年留學法國，學習繪畫，三十年代初期開始詩歌創作。一九三三年一個春寒料峭的日子，在監獄裏寫出了中國現代文學史上的一首不朽的詩歌名篇《大堰河——我的褓姆》。

詩人艾青先生

　　抗日戰爭爆發後，一九三七年冬天，艾青辭去在家鄉杭州惠蘭中學的教務，來到武漢。是年七月六日，即「七七事變」前一天，詩人在滬杭路上寫了一首〈復活的土地〉，其中有這樣的預言：

　　　　就在此刻，
　　　　你──悲哀的詩人呀，
　　　　也應該拂去往日的憂鬱，
　　　　讓希望蘇醒在你自己的
　　　　久久負傷著的心裏……

　　艾青來到武漢後，居住在曇花林武昌藝術專科學校的一間狹窄而陰冷的小屋子裏。這時候，戰爭已經到了十分危險的關頭，國民黨內的投降派甚至提出了和談的主張。是年十二月二十八日，艾青懷著悲哀的心情，寫出了那首如「大堰河」一樣深沉和不朽的作品：〈雪落在中國的土地上〉。
　　他在詩中寫到了自己的精神狀態：

　　　　──躺在時間的河流上
　　　　苦難的浪濤
　　　　曾經幾次把我吞沒而又卷起──
　　　　流浪與監禁
　　　　已失去了我的青春的
　　　　最可貴的日子……

　　全詩寫得沉痛而悲涼，但也呈現著中華民族面對苦難奮起抗爭、英勇和不屈的偉大意志。在詩的最後，他寫道：

　　　　中國，

艾青早期的美術作品

　　我的在沒有燈光的晚上

　　所寫的無力的詩句

　　能給你些許的溫暖麼？

　　詩人寫這首詩時，天空只是充滿雪意，並沒有真的在下雪。奇怪的
是，晚上把詩寫完了，第二天，果然竟紛紛揚揚地下起了大雪。雪落在
了中國的土地上。詩人當時曾對一個朋友說，「知道麼，今天這場雪是
為我下的。」那個朋友說：「你這個人自我中心太厲害了，連天都聽你
指揮的。」與其說，詩人相信人是有預感的，不如說，這是一個偉大的
詩人對於自己祖國和民族的命運的深沉的感知與牽念。

　　一九三八年一月十六日，詩人又寫了〈我們要戰爭──直到我們自
由了〉一詩，發表在創刊剛五天的《新華日報》上。此詩一掃詩人昔日
詩篇中憂鬱和悲哀的色調，表達了誓滅倭寇的民族決心：「讓我們射擊
那／闖進我們國土來的盜匪……射擊那／帶給四萬萬五千萬人以無止境
的悲苦的太陽旗／──侵略的標誌」；「我們要戰爭呵／──直到我們
自由了。」

在武漢期間，他滿懷激情地參加了轟轟烈烈的武漢抗戰文藝活動，和郭沫若、老舍、茅盾等一起聯名發佈了〈中華全國文藝界抗敵協會發起趣旨〉，大聲疾呼「希望大家來樹起這面中華文藝界抗敵協會的大旗」。

是年二月，茅盾來漢籌辦《文藝陣地》雜誌，艾青應約擔任特約編委。同時數次參加胡風主持的《七月》社召開的抗戰文學討論會，就當時文藝運動、詩歌新形式的探索和舊形式的利用、詩的大眾化等問題發表了自己的意見。

在抗戰詩歌活動中，艾青極力提倡詩歌的大眾化，主張詩走上街頭，走向廣場，擔負起動員民眾的歷史職責。他竭力倡導「朗誦詩」、「街頭詩」的群眾詩歌活動，使詩歌走出文藝沙龍，深入抗戰前線，在抗戰中發揮作用。

這年春天，他還曾應李公樸之邀，短期離漢到陝西工作，沿途經過了武勝關、風陵渡、潼關等地，不久又返回武漢。五月，當周作人投敵叛變的消息傳來時，艾青出於民族義憤，揮筆寫下了〈懺悔吧，周作人〉一詩，痛斥了周賣國求榮的委瑣靈魂。「周作人／你能忘掉自己／是這流血的種族的子孫麼？」「周作人／你能容忍／獰笑的惡魔／在你兄弟的墳墓上跳舞麼？」他的詩表達了當時一代愛國的熱血青年的憤慨和道義感。「周作人／殘暴的敵人是會消滅的／而受難的祖國是會勝利的」。他在詩中堅定地預言道。

此後在武漢的幾個月中，艾青又寫出了奠定他在中國現代文學史上的傑出詩人地位的一大批詩歌力作，可以說，這個時期是他創作的豐收期。〈風陵渡〉、〈北方〉、〈手推車〉、〈驢子〉、〈乞丐〉、〈車過武勝關〉、〈人皮〉、〈向太陽〉、〈他起來了〉等名篇，更不用說此前的著名詩篇〈雪落在中國的土地上〉了，都是在武漢完成的。其中〈反侵略〉是當時武漢最流行和最具號召力的朗誦詩之一；稍後創作於赴渝途中的著名敘事長詩〈火把〉，也是以武漢軍民慶祝台兒莊大捷的十萬人火炬遊行的壯闊場面為題材。因此，有人說，正是在揚子江邊，

在戰火與鬥爭的考驗中，艾青從一個「吹蘆笛的詩人」，成為一個奔向太陽的「吹號者」。在武漢的這個短暫的時期，在他漫長的創作生涯中，無疑有著十分重要的意義。

一九三八年七月，艾青離開武漢去往桂林。

凌叔華、袁昌英、蘇雪林：珞珈散文三傑

二十世紀三十年代，武昌珞珈山麓的武漢大學文學院裏，有三位知名的女作家：凌叔華、袁昌英、蘇雪林。她們在任教之餘都不輟創作，且都以小說、散文和學術上的成就，在現代文學史上爭得各自的一席地位，也成為三十年代珞珈山麓和武漢三鎮的文學幸事。三人當時即有「珞珈散文三傑」的美譽。

凌叔華（一九〇〇至一九九〇），原名凌瑞棠，筆名素心、叔華等。原籍廣東番禺，生於北京。凌是二十世紀三十年代裏與冰心、張愛玲齊名的女作家，曾師從齊白石等學習繪畫。一九二二年入燕京大學外語系，一九二五年發表小說《酒後》成名。此後主要在《現代評論》、《新月》和《晨報》副刊上發表作品。一九二八年由「新目書店」出版小說集《花之寺》。次年隨丈夫、學者陳西瀅（陳源）到武漢大學文學院任教。教學之餘，仍不輟創作，一九三〇年在武漢文藝期刊《日出》上發表過短篇小說〈鳳凰〉等一批名篇。三十年代裏陸續在商務印書館、良友圖書公司出版了小說集《女人》、《小孩》和《小哥倆》。同時為《武漢日報》主編《現代文藝》週刊，邀約過現代文學史上不少知名作家寫稿，力圖活躍文壇的空氣。該刊共出刊近百期，是當時武漢報紙文藝副刊中生命最長的。她的小說曾得到魯迅先生評價，認為她的作品「適可而止地描寫了舊家庭中的婉順的女性」，使人得以看見「世態的一角」，尤其是「高門巨族的精魂」；魯迅還認為，凌的小說「恰和馮沅君的大膽、敢言不同，大抵很謹慎」（魯迅《中國新文學大系·小說二集·導言》）。一九三八年三月，凌叔華列名〈發起趣旨〉中的文化

凌叔華女士

工作者群體中，參與發起成立了「中華全國文藝界抗敵協會」。是年夏天，凌叔華隨武漢大學遷移到四川樂山。

　　袁昌英（一八九四至一九七三），湖南省醴陵人，現代女作家、教授。一九二九年結束在上海中國公學的教務，來到武漢，住武昌華村街，執教於武漢大學文學院，為外文系教授，擔任法文、戲劇、希臘神話和悲劇、莎士比亞、歐洲近代戲劇等課的教學。一九三二年，武大新校舍建成，即遷居珞珈山前一區教授住宅。此間袁昌英寫作了大量散文、小說和文學評論，大致都發表在《現代評論》、《現代文藝》和《武大文哲季刊》等刊物上，如〈毀滅〉、〈琳夢湖上〉，譯文〈蘋果夫人〉等。其後將這些作品結集為《山居散墨》，由商務印書館出版；「商務」還出版過她寫的劇本《孔雀東南飛》；「正中書局」出版過她的《飲馬長城窟》。一九三七年十二月三十一日，「中華全國戲劇界抗敵協會」在漢成立時，她被選為理事。抗戰爆發前，袁在武漢的《文藝》月刊上發表過一篇〈現階段所需要的文學〉，同時該刊還發表了蘇雪林寫的〈過去文壇病態的檢討〉。這兩篇文論皆站在胡適、陳源（即陳西瀅）等所謂「學院派」的文學觀點寫的。而袁和蘇都是武大文學院

教授，文學院院長是陳西瀅。陳與魯迅論戰多年，受到過魯迅先生一再痛斥。一九三八年武大遷校四川樂山，袁昌英全家隨行。

蘇雪林（一八九九至二〇〇〇），安徽省太平縣人。現代女作家、教授。三十年代也在武漢大學任教。二十年代中期，她曾去法國留學。後來以「綠漪」為筆名，在北新書局先後出版過《棘心》、《綠天》兩本集子。前一部系自傳體散文，講述她留法的異國生活，以及對故國家園、對親人的懷念之情；後一部是小說，表現那時的青年一代對愛情的渴望、追求、挫折以及悲歡。在武大任教期間，對我國古典文學和古代文學史的研究用力甚勤，出版過《唐詩概論》、《遼金元文學》等著作。一九三一年，蘇在陳瘦竹編輯的《武漢文藝》創刊號上發表〈易經和生殖器崇拜〉一文，頗為引人注目。她的小說〈黃山齊在金陵獄〉，曾被趙清閣選入她主編的女作家作品選《無題集》。一九三三年，《我們的詩》由「荒村詩社」編輯，在武大校園裏問世。這是武大師生自己創辦的一份詩刊，以發表各個詩歌流派的新詩為主，同時也刊登舊體詩詞。當時為之寫稿的除該校吳宓、袁昌英、蘇雪林等教授外，還有不少在校學生如金克木等，以及其他幾個常在武漢發表作品的詩人。一九三六年，上海「新興書店」出版過一冊《蘇綠漪創作選》；「女子書店」出版過一部《綠漪自選集》。

蘇雪林寫過一篇〈憶武漢大學圖書館〉，說到了武大圖書館的美觀而不甚實用，至今為武大師生們所稱道。「一個人想寫篇學術性的東西是非多跑圖書館不可的，可是為了怕爬那百餘級石階，我往往寧可讓自己文章一個典故昧其出處；一位古人生卒時間，說得不大正確；或可供佐證的資料，聽其缺少一條或數條；或該注的原文記不清楚，只有以自己的文字總括幾句；還有為懶查書，當把別人已說過的話，矜為自己的創見；別人已矯正過的錯誤，我來大駁特駁，……要不是為了我們的圖書館龍門千尺，高不可攀，我何至於在這典籍豐富、獨步華中的最高學府混了幾年，學問上還是依然故我？天下美觀與實用不能兩全，則應該捨美觀而取實用，惜乎武大校舍的設計者當時未曾注意及此。」是故，

文中又有此言：「我對世間萬事一無所好，所愛只是讀書。若一個神仙以三個願望許我選擇，我所選擇的第一願，要有一個完備的圖書館，讓我終日獺祭其中；第二願，有一個和美的家庭；第三願，太平時代的中產之家的收入。倘神仙所許的僅一願，那麼，給我圖書館吧。」「但使魯戈長在手，斜陽只合照書城。」她引用了龔自珍的詩做了這篇散文的收束。

曾卓：夢裏依稀慈母淚

　　曾卓（一九二二至二〇〇一），湖北黃陂人。現代詩人、散文家和評論家。詩人祖籍是湖北黃陂，但那是他「失去的鄉土」。一九二二年三月五日，當他降生到這個世界上時，他的祖父，一位曾在黃陂鄉下種過田的名叫曾梁府的老農民，因為生活所迫，已經帶著家人從黃陂來到了漢口，在緊靠著老慶安裏的一條小巷裏居住了下來。所以，曾卓早年的詩歌中，那些有關故鄉的記憶，應該都是來自老漢口的街衢裏巷的。「問我懷念家鄉不／説起童年時下雪的日子／我們在雪地上／撲雪人打雪仗……」；「當故鄉的風／吹過山城的峰巒／我聽見了大地／對她的

詩人曾卓先生

孩子們的呼召……」；還有，「這樣的天氣，在我們的家鄉／還只是開始的秋天／窗外，遠遠地響起了鞭炮聲／我們靜默了，想像著／故鄉的血與火……」

他生下來的時候，並沒有玫瑰花。那是舊中國的一個黑暗、混亂、貧窮和落後的年代。「我的童年並不是那樣甜蜜，甚至可以說是有些黯淡。」漢口的老街，給童年的曾卓留下了這樣的記憶：「一些粗俗而又濃裝豔抹的女人，入夜後在巷口站著或是進進出出，招引來一些不三不四的男人。還有一些地痞流氓在這一帶活動。離我家不遠的斜對面一條直街上，集中了好幾家舞廳，舞客大都是外國水手和水兵──這裏臨近長江邊，在那個年代，江上是經常停著外國商輪和軍艦的。那些水手和水兵常常喝得醉醺醺的，高唱著或呼嘯著遊蕩在大街上，有時還互相鬥毆。……」這其實也是從那個年代過來的人們的共同記憶。具體到曾卓個人童年的苦澀與悲哀，則是和他的母親的不幸的命運聯繫在一起的。

他在一九四五年寫的那首題名〈母親〉的長詩的開頭，這樣寫道：「我的母親，是一個沒有名字的女人。／坐在陰暗的小窗前的／中國的

少年時代生活在漢口的曾卓

可憐的母親們／是沒有名字的」。詩人的確不知道母親的名字。如同艾青不知道慈愛的保姆的名字一樣。在苦難的歲月裏，名字對於那些更為悲哀的母親們來說是奢侈的。母親留給詩人最早的記憶僅僅是：她出生在一個鄉村的貧苦農民家庭。父母早逝，她由「媒妁之言」而嫁給了詩人的父親──一個「在當時的新潮流裏打滾的」，對母親充滿了冷淡和鄙夷而沒有一絲愛情的小資產階級知識份子。當詩人只有四歲時，父親就遺棄了母親而離家出走。這，既使詩人幼小的心靈上落下了一層對於人世淒涼和屈辱的冰霜，更使母親善良無助的生命從此便陷進了比利箭還要刺疼心靈的世態譏嘲的境地。

　　但他的母親是自尊而剛強的。以後的生活正如詩人所寫的那樣：「從此一座陰暗的小樓／就是您的世界。／您在油污的廚房裏／洗衣、切菜、煮飯／或是俯身坐在視窗／做著各種刺繡。／窗外沸騰著喧囂的大街／大街上遍地陽光／和您拉上了寬闊的鴻溝。／您低著頭，更深地低著頭／一步一步，艱辛地／耕耘著堅硬的日月。」相濡以沫的兒子成了母親心中唯一的安慰和希望。她慈愛地也是嚴厲地管束著兒子的童年。她的淚血心中最大的希望是自己的兒子能有一個綻出花朵的將來裝飾她的暮年。詩人記得，幼年時，有許多個夜半，母親把他搖醒，為了他白天而犯過的什麼過失而狠狠地責打他，但這時候流淚比責打更觸痛兒子的愧疚的心靈。

　　曾卓六歲時進入漢口的第六小學。細心的母親為他訂了《小朋友》和《兒童世界》兩份雜誌。一九三四年秋天進入市第一男中讀初中。除了狂熱地喜愛新文藝，他這時候也迷上了體育，尤其是足球，曾立志當一名運動員。他在母親的淚水、歎息和矚望裏漸漸變得敏感、好強和早熟。上初中時，他把參加全武漢市演講比賽得的第一名的獎品──一支帶有黑色劍鞘的七星劍，雙手捧給了母親，懸掛在母親的床頭。他從母親的淚光中看到了母親內心的幸福和喜悅。

　　一九三四年，曾卓在漢口《時代日報》副刊《時代前》發表第一首詩〈生活〉，漫長而坎坷的創作之路由此開始。第二年，他參加

「一二・九」學生愛國運動，成為武漢市「中華民族解放先鋒隊」的第一批成員，幾乎與創作道路同時，也走上了革命者的道路。抗日戰爭爆發後，他成為學校救亡活動的積極參加者和組織者，並於一九三八年在中學加入中國共產黨。是年，武漢淪陷前夕，他隻身流亡到重慶，在復旦中學讀高中，在地下黨的領導下，與幾位同學成立了「復活社」，並任宣傳委員。一九三九年在靳以主編的《文群》上發表為一個投奔延安的同學壯行的詩歌〈別〉。

四十年代初，他高中畢業後在復旦大學校友服務部當職員，經鄒荻帆倡議，與復旦大學的幾位同學一起成立「詩墾地社」，並創辦了《詩墾地叢刊》，受到了進步文學青年的關注，並在青年詩人中產生了較大影響。在此期間，他在閱讀大量的文藝名著和進步文化書刊同時，也親眼目睹了當時中國社會光明與黑暗、善良與醜惡的衝突與較量，創作上出現第一個「高峰期」，如〈母親〉、〈除夕〉、〈小城之冬〉、〈行列〉、〈拍賣〉、〈瘋婦〉、〈熟睡的士兵〉、〈沙漠和海〉、〈鐵欄與火〉等詩作，真實地表現了殘酷的社會現實和時代精神，唱出了底層人民的心聲，在社會上產生了廣泛的影響。一九四二年，他經貴州流亡到重慶，次年就讀於設在重慶的中央大學歷史系，並參與組織了學校的文藝團體「桔社」和「中大劇藝社」，出版壁報，組織詩歌朗誦會，演出夏衍的《上海屋簷下》、老舍和宋之合編的《國家至上》、魯迅的散文詩劇《過客》等。一九四四年夏，二十二歲的曾卓出版第一部詩集《門》。一九四四至一九四六年，他參與了《詩文學叢刊》和《詩文學叢書》的編輯工作。一九四七年，他回到武漢，除在幾家私立中學教學外，大部分時間用於編輯《大剛報》副刊《大江》。小小的副刊團結了一批思想進步的青年作家，發表了許多暴露反動統治下的黑暗現實、呼喚光明、自由與解放的作品。

就在一九四四年冬天，抗戰後期，國民黨軍隊從湘桂大撤退之時，詩人的母親和詩人年老的祖父等一行人由淪陷的家鄉逃難到桂林。而這時的詩人作為一個流亡學生，正在千里之外的重慶嘉陵江邊，焦急

地等待著親愛的母親的消息。烽火年月，身處兵荒馬亂和饑寒交迫中的母親，日夜惦念著曾經與自己相依為命的兒子。在往重慶途中，身體原本就虛弱的母親得了重病。但與兒子相見的希望支撐著她，每天仍然掙扎著向前走著。幾天之後，她終於支持不住了，而當時風傳大兵即將到來。母親不願意拖累同行的人，她要他們先走，自己卻艱難地倚坐在一面破敗的牆邊。她的身邊留下的唯一的東西是兒子中學時獲得的那件獎品：一把小小的七星劍。她扶著七星劍，望著同行的人在慌亂的人流中漸漸走遠……從此，再也沒有人知道她的下落了。災難的年代，把過去的歲月留給詩人的個人生活的最後的退路——和親生母親的關係徹底地切斷了！那地點，是在貴州都勻附近。

　　同為衣食人子，我們不忍想像，在陌生的異鄉的兵荒馬亂的土地上，沒有一片遮風蔽雨的屋簷，身邊沒有一位親人，甚至沒有一張熟識的面龐，貧病交加，耳邊響過的只有淒慘的逃難的呼喊，而敵人的鐵蹄隨時可到。可憐的母親，當她扶著愛子的一件紀念品，淒涼地倚靠在牆邊，或艱難地喘行在塵土飛揚的異鄉的道途上，她是有著怎樣的心情。她將帶著她最後的眼淚，最後的對於兒子的牽掛與祝福，倒斃在哪一個角落呢？……而當千里之外的詩人終於得知自己日夜思念的母親，竟是這樣的與自己永遠地不辭而別了的時候，我們同樣不忍想像，他是如何的悲痛和哀傷！

　　夢裏依稀慈母淚。年年柳色，年年秋風。詩人曾經暗暗地期待過，也許，年老的母親有一天會突然出現在他的面前……但許多年過去了，詩人再也不可能得到母親的哪怕是一絲一縷的消息了！歷盡了多少人生的滄桑和世態的冷暖，一九八二年秋天，已屆花甲的曾卓旅行到祖國的西南部。當車過貴州都勻，詩人望著青青的原野、起伏的山巒和稀疏的叢林，眼眶裏無聲地噙滿了熱淚。一顆蒼老的痛苦的心在劇烈地跳動著。他在內心裏深情地呼喚著：母親！母親！當時他唯一的希望是，會不會在什麼山凹裏或土崗上，在哪一棵大樹下，看見一座野草蓬蓬的荒墳？那也許就是自己的母親的孤墳吧？倘若母親徘徊無依的亡靈有知，

她該看到年老的兒子終於能夠來到這裏接她回家了，她該聽到兒子心中那痛苦的呼喚了。而這麼多年來，她的吮吸著她的乳血長大的兒子——在她的苦難、善良、屈辱、自尊和希望裏默默早熟的兒子，在離開了她之後，又與自己的祖國和人民一起，經歷了多少風風雨雨和命運的波折，走過了何其坎坷的人生道途，九死一生而走到今天。這，卻是默然長眠的母親所不知道的。

　　曾卓是一位善良的抒情詩人，更是一位鍾情的赤子。在他的半個多世紀的詩歌創作中，他寫給朋友們和愛人的詩最多，而他最長的詩則是寫給母親的。他在四十年代初期和中期先後寫過兩首題名為〈母親〉的長詩，曾經影響過幾代詩人。八十年代初，他又寫下長篇散文〈母親〉。這些作品是詩人為苦難的母親——為整整一代被時代的車輪所軋傷的中國的母親們寫下的最真實的傳記。

　　詩人的一生和坎坷的命運，與武漢這座城市有著千絲萬縷的聯繫。他這長長的一生啊，經歷了多少痛苦和悲傷！在多少個孤獨和痛苦的長夜裏，他用無聲的眼淚澆灌著自己的生命之花，洗滌著自己痛苦和焦灼的靈魂。他的老朋友們都認為，「他是朋友之中淚流得最多的一個」。多少年來他把自己的全部所有、全部的愛，都獻給了這座大城，獻給了他所熱愛的人們。這些人包括他在知識界的朋友，他的親人，他的讀者，他認識的或不認識的文學青年，社區裏的孩子，普通工人，甚至計程車司機……他向他們獻出了他的善良、寬厚和仁愛的心。在多少個長長的黑夜裏，當這座大城裏的人們都進入夢鄉的時候，他卻難以入眠。他不是在回憶自己半個多世紀以來所承受的創傷，也不是在咀嚼個人隱隱的痛楚和撫摸自身的創痕。不，「不是悲哀——是溫柔／溫柔使我的眼睛潮潤……」他說。而在那個春天，當他永遠地閉上了眼睛，整座城市都在細雨中為他哭泣。

人蹤書影：發現的愉悅
（代後記）

　　據説，張愛玲晚年的生活是「隱居」式的，非常低調。但儘管如此，在她寓所樓下，每天仍有不少記者在遊蕩。有一個説法是：她家每天送到樓下的垃圾袋，都會有人去翻幾遍，試圖從中尋找和發現一點什麼。如果這個説法是真的，那實在是有些恐怖了。而事實也的確如此。有關張愛玲的佚文散簡、甚至學生時代幼稚的課堂作文與練筆習作的挖掘與發現，從上個世紀八十年代以來，好像從未間斷過，有不少人一直是樂此不疲的。他們真的是做到了「上窮碧落下黃泉」，連一寸小小的紙頭也不會放過的。最近又有消息説，張愛玲的一部原件本來已經丟失的稿子《同學少年都不賤》，也即將問世，有人找到了這部稿子的複印件。

　　對於挖掘者和發現者們的努力，有人表示讚賞，認為這是在為作家研究和文學史研究發掘資源、積累資料，是一種基礎工作，而且這類工作有漸成「顯學」之勢；但也有一些人對此並不以為然，尤其認為那種「為文學而文學」的、獵奇搜秘的、乾嘉學派式的繁瑣考證，實在是挖掘者的一廂情願，並沒有多大意義。特別是在作家本人，更是未必領情。張愛玲現在當然是「一瞑之後，言行兩亡」，無法對這些做法提出什麼抗議，而只有聽人擺佈了。但我記得，她在生前對此是有過抗議的聲音的，只是那聲音十分微弱，而且鞭長莫及，她已經無力去阻止什麼

了。錢鍾書先生生前在給黃裳的書信裏，也表達過對一些人擬搜集他的「少作」和佚文的態度，他説：「……弟老而無成，壯已多悔，於賈寶玉所謂小時候的營生，諱莫如深。兄不為錦被之遮，而偏效羅幃之啟，薄情忍心，竊有怨焉。」在另一封信上他又寫道，「……搜集拙作，弟堅拒不許。蓋並世諸公，自識之無時，即已吐言為珠璣，擲地比金石，故數十年來片紙隻字皆珍惜如頭目，而自信可以壽世。弟於舊作，自觀猶厭，敝屣視之。……他年弟身後有為此（指搜集少作與佚文）者，弟不能如鄭板橋之化厲鬼以擊其腦，亦唯含恨泉下。一息尚存，則掩耳搖手而已。……」（見黃裳《書之歸去來‧故人書簡──錢鍾書》）黃裳先生對此也深表理解，認為那些被好事者發掘出自己的「少作」或「集外文」的作家，有如被人抖落出了某些隱私一樣，其尷尬的處境，「著實值得同情」。

然則世界上的事情，又總是互為依存、相輔相成的。有佚失的遺憾，就會有發現的愉悅；有刪汰和割裁，就會有勾沉和輯補；有掩藏，就會有發掘；有丟失，就會有尋找。而後者，往往是能做到鍥而不捨、終有所獲的，所謂「只要尋找，就能尋見」，所謂「再狡猾的狐狸也鬥不過好獵手」。在我的印象裏，像上海的陳子善先生，北京的姜德明、李輝先生，四川的龔明德先生等，就是這樣孜孜不倦、心細如絲而目光如炬的「發現者」和「好獵手」。他們每個人都通過自己幾十年來鍥而不捨的發掘、發現和研究，而成就了各自的事業，奠定了各自作為中國現代文學學者的地位，取得了令海內外學人所豔羨的成果。

最近讀到的李輝先生主編的《人蹤書影文叢》，也正是這樣一套充滿了「發現的愉悅」的讀本。文叢共有六種，六位作者都是當今的文化名人，有的本身就具有被挖掘和被發現的資源價值，何況他（她）們的周圍與背後又有那麼多值得去探究的文化朋友。有的則是以「尋找」和「發現」為事業，早晨一醒來即「走進別人的花園」，也許到深夜才能回到自己的書房。他們從一些被遮蔽了、被掩埋了和被丟棄了的舊紙碎片中，尋繹著和發現著歷史的、文化的、思想的毫光，也勾畫出人與書

的蹤影和命運的路線圖。他們所從事的是打撈沉船、發掘字紙、尋訪遠去的人蹤和書影的工作。

李輝有言：「每個人都在人生旅途中走著，身影遠去，留下一道道蹤跡，或深或淺，彙聚一起，就是一本大書。……書和人一樣。一本又一本書誕生的過程，一個又一個有心人尋訪書的故事，本來就是人的生活過程。書影和人的蹤跡一樣，總是留給我們無限的興趣。」這些尋訪「人蹤書影」的作者們果然都是從最細微的蹤跡入手，從一個紙條、一紙書簡、一則日記、一張照片、一頁手稿、一本舊書……入手，漸漸進入作家的生活與內心，進入某段歷史現場，甚至進入一些書與人的痛苦的命運的漩渦裏。這時候，僅僅用「發現的愉悅」和「走進別人的花園」來描繪他們的工作情景，顯然是不夠準確的了，倒是畫家郁風筆下的「超載負重的心」、「巴黎都暗淡了」，詩人邵燕祥先生筆下的「血淚文章」、「惟知音者傾聽」，還有散文家趙麗宏筆下的「黑暗中的訪客」、「黑暗中的花」、「壺碎了，詩還在」……這樣一些字詞和語句，也許更能顯示他們的工作的深入和他們所呈現的文字的分量。

「人蹤書影」的作者們為我們提供的是「真實的世界，真實的人，真實的故事」。的確如此。這不僅因為有他們扎實和質樸的文字，更有每本書裏所呈現的那些鮮為人知的圖片、手跡、書影等等為證。每個人的文字和圖片都在凸顯著一種真實的親歷性，凸顯著一種足以對讀者、對後來人、對文學史和思想史負責的紀實性的史料風格。

閱讀這些「發現之書」，看到他們這些最新的、細微的和獨特的發現成果，也分享著和體會者他們這些真切的和持續不斷的「發現的愉悅」，我同時也生出一些另外的想法，那就是開頭所說到那種「恐怖」——我會忍不住替那些可憐的、已經故去的尤其是即將故去的老作家擔憂：假如你們還有什麼不想存留在這個世界上的、或永遠不想讓世人看到的文字和秘密，那麼你們最好趁自己一息尚存而趕快動手，徹底地、不留任何蹤跡與線索地毀滅它們吧，無論是依靠水火還是碎紙機之類，而且一定要親眼看到它們化為烏有才可放心釋念。否則，如果像卡夫卡

那樣，把自己想要焚毀的手稿即使交給了自己最好的朋友幫助處理，也是不可靠的，難免會被朋友偷偷截留下來，終至於流傳於世。假如你們「不幸」而有此類文字流散於世，而且又「不幸」遇到了心細如絲、勤勞如蟻的陳子善、李輝（當然還有在這套叢書之外的姜德明、龔明德）們，那你們就算「死定」了！你們從此將無處可逃，即便是逃亡到了天涯海角，即便是潛藏到了牛津、哈佛的汗牛充棟的圖書館裏，或者是即便躲藏進了遙遠的敦煌石窟裏，他們也照樣有本事如「宜將剩勇追窮寇」一樣窮追不捨，直到最終把你「挖掘」出來「示眾」為止。這也是許多作家和書籍、字紙所無法逃脫的一種命運。不只是現代作家有此等遭遇，其實古代的作家裏面已有先例了。據說唐代詩人韋莊出於一種保護自己的願望，曾費盡心機想從文學史上抹掉自己早期的一首詩作〈秦婦吟〉，然而一千多年後，這首詩還是被人從敦煌石窟裏給發掘出來了。也就是說，就算你躲藏到了荒無人煙的千年古洞裏，也會有人挖地三尺把你給挖掘出來！今天挖不出來不要緊，一千年、一萬年後照樣有人能把你給挖出來。你是小小的孫猴子，怎逃得出如來的手掌心？

謹以前面這幾段寫於三年前的文字，作為《現代文人的背影》一書的代後記。

承蒙青年學者、同事和朋友眉睫君的建議和襄助，把我這些年來所寫的各種有關現代文人的人蹤書影的文字，收攏在一起，印成這麼部書，我不免有點惶恐不安。因為我自知這類文字良莠不齊，散落各處，倒還沒有什麼，倘若集中在一起，就難以藏拙了。不過，虛榮心使然，再加上那麼一點敝帚自珍的心理作用，這本書最終還是編成了。

本書所收集的，也並非我的這類文字的全部。還有一些，尤其是寫於八十年代裏的，我還沒有使用電腦寫作之前，既未留存底稿，一時也找不到當初刊登時的刊物，所以也只能暫付闕如了。

最後，要再次向眉睫君致謝，沒有他的提議和襄助，我是不會贊同去編選這麼一部書的。最後還要感謝未曾謀面的蔡登山先生慷慨接受

這本書的出版。蔡先生這些年來所孜孜經營的學術出版和品質精良的印本，使諸多寂寞的同道朋友深受其惠，可謂功德無量。

　　　　　　　　　徐魯寫於二〇一〇年春天，東湖梨園

世紀映像叢書

世紀映像叢書

世紀映像叢書

世紀映像叢書

世紀映像叢書

世紀映像叢書

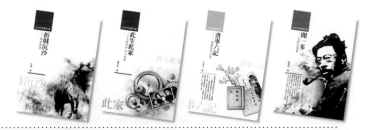

史地傳記類　PC0128

現代文人的背影

作　　　者/徐　魯
主　　　編/蔡登山
編　　　者/眉　睫
責任編輯/邵亢虎
圖文排版/陳湘陵
封面設計/蕭玉蘋

發　行　人/宋政坤
法律顧問/毛國樑　律師
印製出版/秀威資訊科技股份有限公司
　　　　　114台北市內湖區瑞光路76巷65號1樓
　　　　　電話：+886-2-2796-3638　傳真：+886-2-2796-1377
　　　　　http://www.showwe.com.tw
劃撥帳號/19563868　戶名：秀威資訊科技股份有限公司
　　　　　讀者服務信箱：service@showwe.com.tw
展售門市/國家書店（松江門市）
　　　　　104台北市中山區松江路209號1樓
　　　　　電話：+886-2-2518-0207　傳真：+886-2-2518-0778
網路訂購/秀威網路書店：http://www.bodbooks.tw
　　　　　國家網路書店：http://www.govbooks.com.tw
圖書經銷/紅螞蟻圖書有限公司
　　　　　114台北市內湖區舊宗路二段121巷28、32號4樓
　　　　　電話：+886-2-2795-3656　傳真：+886-2-2795-4100

2010年12月BOD一版
定價：400元

國家圖書館出版品預行編目

現代文人的背影 / 徐魯著 ; 眉睫編. -- 一版.
　　-- 臺北市 : 秀威資訊科技, 2010.12
　　　　面 ; 公分. -- (史地傳記類 ; PC0128)
　　BOD版
　　ISBN 978-986-221-628-6(平裝)

　　1. 作家 2. 傳記 3. 中國當代文學

782.248　　　　　　　　　　　99019269

讀 者 回 函 卡

感謝您購買本書，為提升服務品質，請填妥以下資料，將讀者回函卡直接寄回或傳真本公司，收到您的寶貴意見後，我們會收藏記錄及檢討，謝謝！如您需要了解本公司最新出版書目、購書優惠或企劃活動，歡迎您上網查詢或下載相關資料：http:// www.showwe.com.tw

您購買的書名：＿＿＿＿＿＿＿＿＿＿＿＿＿＿＿＿＿＿＿＿＿＿＿

出生日期：＿＿＿＿＿年＿＿＿＿＿月＿＿＿＿日

學歷：□高中 (含) 以下　　□大專　　□研究所 (含) 以上

職業：□製造業　□金融業　□資訊業　□軍警　□傳播業　□自由業
　　　□服務業　□公務員　□教職　　□學生　□家管　　□其它＿＿＿

購書地點：□網路書店　□實體書店　□書展　□郵購　□贈閱　□其他

您從何得知本書的消息？

　　□網路書店　□實體書店　□網路搜尋　□電子報　□書訊　□雜誌

　　□傳播媒體　□親友推薦　□網站推薦　□部落格　□其他＿＿＿＿＿

您對本書的評價：（請填代號　1.非常滿意　2.滿意　3.尚可　4.再改進）

　　封面設計＿＿＿　版面編排＿＿＿　內容＿＿＿　文／譯筆＿＿＿　價格＿＿＿

讀完書後您覺得：

　□很有收穫　□有收穫　□收穫不多　□沒收穫

對我們的建議：＿＿＿＿＿＿＿＿＿＿＿＿＿＿＿＿＿＿＿＿＿＿＿

＿＿＿＿＿＿＿＿＿＿＿＿＿＿＿＿＿＿＿＿＿＿＿＿＿＿＿＿＿＿＿

＿＿＿＿＿＿＿＿＿＿＿＿＿＿＿＿＿＿＿＿＿＿＿＿＿＿＿＿＿＿＿

＿＿＿＿＿＿＿＿＿＿＿＿＿＿＿＿＿＿＿＿＿＿＿＿＿＿＿＿＿＿＿

11466
台北市內湖區瑞光路 76 巷 65 號 1 樓

秀威資訊科技股份有限公司 　　　收

BOD 數位出版事業部

....

（請沿線對折寄回，謝謝！）

姓　　名：＿＿＿＿＿＿＿＿　年齡：＿＿＿＿　性別：□女　□男

郵遞區號：□□□□□

地　　址：＿＿＿＿＿＿＿＿＿＿＿＿＿＿＿＿＿＿＿＿＿

聯絡電話：(日)＿＿＿＿＿＿＿＿＿＿ (夜)＿＿＿＿＿＿＿＿＿＿

E-mail：＿＿＿＿＿＿＿＿＿＿＿＿＿＿＿＿＿＿＿＿＿＿